中国共产党历次代表大会史丛书

第一辑

中共二大史

中共上海市静安区委党史研究室　著

中共党史出版社

图书在版编目(CIP)数据

中共二大史 / 中共上海市静安区委党史研究室著
. -- 北京:中共党史出版社,2024.1
(中国共产党历次代表大会史丛书 . 第一辑)
ISBN 978-7-5098-6441-8

Ⅰ.①中… Ⅱ.①中… Ⅲ.①中共二大(1922)-史料
Ⅳ.①D220

中国国家版本馆 CIP 数据核字(2023)第 233300 号

书　　名:中共二大史
作　　者:中共上海市静安区委党史研究室

出版发行:中共党史出版社
责任编辑:李杨
责任校对:申宁
责任印制:段文超
社　　址:北京市海淀区芙蓉里南街 6 号院 1 号楼　**邮编:**100080
网　　址:www.dscbs.com
经　　销:新华书店
印　　刷:北京盛通印刷股份有限公司
开　　本:680mm × 960mm　1/16
字　　数:200 千字
印　　张:14
版　　次:2024 年 1 月第 1 版
印　　次:2024 年 1 月第 1 次印刷
书　　号:ISBN 978-7-5098-6441-8
定　　价:36.00 元

此书如有印装质量问题,请联系中共党史出版社读者服务部　电话:010-83072535
版权所有·侵权必究

中共二大旧址

编 委 会

顾　问： 于　勇

主　任： 宋宗德

副主任： 林　捷　郭晓静

委　员： 化燕楠　李烨洁　强成文

目 录
CONTENTS

序 言

1922 年 7 月 16 日至 23 日，中国共产党第二次全国代表大会在上海举行。出席大会的代表 12 人，代表全国 195 名党员。这次大会在中共党史上占有重要的地位。

中共二大第一次以全国党代会的名义公开发表了《中国共产党宣言》（以下简称《宣言》）。《宣言》分析资本主义、帝国主义列强侵略中国和中国社会演变为半殖民地半封建社会的历史。初步阐明了现阶段中国革命的性质、对象、动力、策略、任务和目标，指明了中国革命的前途。中国共产党从此有了具体的奋斗目标。

中共二大第一次提出了明确的反帝反封建的民主革命纲领。在中国共产党成立之前，无数仁人志士和劳苦民众不屈不挠地进行过反抗外国侵略者和本国封建统治者的斗争，但都以失败而告终。究其原因就是没有弄清革命的动力和对象，没有正面提出过反对帝国主义和封建势力的主张。党成立刚刚一年，就把这个问题基本解决了。中国共产党从此有了正确的革命方向。

中共二大第一次制定了比较完备的《中国共产党章程》。这部党章遵循马克思主义建党学说基本原理，借鉴俄国党的建设的基本经验以及中国共产党成立一年来的工作体会，对党员条件、党的各级组织的建设和党的纪律作出了具体规定，明确地体现了民主集中制的原则。中国共产党从此有了最高的行为规范。

中共二大第一次提出了统一战线的思想和主张。中国共产党人深刻认识到为了实现反帝反封建的革命目标，必须组成“民主主义的联合战线”。

大会通过的《关于“民主的联合战线”的议决案》，在分析中国社会和中国革命性质的基础上，指出了建立民主联合战线的重要性和必要性，并指明了民主联合战线的任务、计划、原则、步骤和发展前途。中国共产党从此有了制胜的重要法宝。

除此之外，中共二大还第一次比较完整地对工人运动、妇女运动和青少年运动提出了要求，通过了《关于“工会运动与共产党”的议决案》《关于妇女运动的决议》《关于少年运动问题的决议案》。第一次选举产生了中央执行委员会。第一次正式决定加入共产国际，通过了《中国共产党加入第三国际决议案》。第一次明文提出“中国共产党万岁”的口号。

正是此会，为灾难深重的中华民族获得独立和解放、为中国革命的正确进行指明了方向。从中共一大确定直接搞社会主义革命，到中共二大确定首先进行民主革命然后再进行社会主义革命，这是党的战略方针的一次重大转变。中共二大不仅明确提出反对帝国主义、反对封建主义的民主革命任务，并指出要通过民主革命进一步创造条件，实现社会主义和共产主义，这是党把马克思主义基本原理同中国革命实际相结合的一个重要成果。

深入研究中共二大，对马克思主义中国化的发展有重要的理论意义和现实意义。中共二大通过的《宣言》、制定的革命纲领及各项决议案表明，它已经把马克思主义的基本原理与中国革命的具体实际结合起来，它们是符合中国实际的，是具有中国民族形式和特点的马克思主义的革命纲领、方针和政策。同时，它们又指引着中国共产党领导的新民主主义革命实践的深入开展，影响着新民主主义理论体系的逐步形成，丰富了马克思主义中国化的发展。

第一部分　从一大到二大

1921 年 7 月 23 日，中国共产党第一次全国代表大会在上海开幕。中共一大宣布中国共产党正式成立。党成立后，学习运用科学的理论来观察、分析和探索中国的具体国情，并找出一条解决中国问题的可行道路至为关键。中国共产党在成立后的一年时间里，通过学习和掌握马克思主义，经过革命斗争的实践，对国际国内形势、中国社会状况和中国革命的基本问题，开始有了进一步的认识。中央局依据中共一大通过的纲领和决议，领导各地党组织迅速开展各项工作。工人运动蓬勃发展，农民、妇女和青年运动呈现新局面、新面貌、新态势。这一时期，党一方面通过革命实践探索中国革命的基本问题，另一方面接受列宁关于民族和殖民地问题的理论，并开始把这两个方面结合起来，逐渐酝酿和形成了自己的政治主张。

一、发布《中国共产党中央局通告》

因党员人数较少、党的地方组织尚不健全，因此中共一大决定暂不成立中央执行委员会，而是设立中央局作为中央的临时领导机构。一大选举陈独秀、张国焘、李达组成中央局，陈独秀任书记。虽然陈独秀并未出席中共一大，但由于其在五四运动和上海共产党早期组织中的突出贡献，依然当选为中央局书记。正如毛泽东在中共七大预备会议上说的：“五四运动替中国共产党准备了干部。那个时候有《新青年》杂志，是陈独秀主编的。被这个杂志和五四运动警醒起来的人，后头有一部分进了共产党，这些人受陈独秀和他周围一群人的影响很大，可以说是由他们集合起来，这才成立了党。”[①]

中共一大召开期间，陈独秀正在广东从事教育工作。在一大当选为中央局书记后，共产国际代表马林多次提出陈独秀应辞去广东省教育委员长职务，回到上海主持中央局工作。1921年9月9日，广东省教育委员会职员为陈独秀饯行[②]。在返回上海的船上，包惠僧回忆：“我问他中国革命怎么革法？他说，共产主义运动是国际的潮流，共产主义在中国怎样进行还要摸索。干革命是因为不满现状，尤其不满北洋军阀的乌烟瘴气。作为共产党首先要信仰马克思主义，其次是发动工人，组织工人，武装工人，推翻资产阶级政权，消灭剥削制度，建立无产阶级专政。”[③]可见，当时陈独秀已经在思考中央局接下来的工作重点。回到上海后，陈独秀还住在老渔阳里2号。当月主持召开了中央局第一次扩大会议，会议着重讨论党、团组织发展以及工人运动和宣传工作等问题。会议决定首要任务是加强党的建设，发展党的组织[④]。

由于陈独秀的特殊身份，他一回到上海就被法租界巡捕房盯上。巡捕房掌握了他的一些政治活动情况，准备寻找机会采取行动。10月4日，法租界巡捕房以《新青年》宣传赤化为借口，逮捕陈独秀。经过多方营救，陈独秀于10月26日被保释出狱。他出狱后，继续致力于党的工作，多次与马林、李达、张国焘等商议，拟定进一步开展工作的计划。

1921年11月，陈独秀以中央局的名义向全国各地党组织发出《中国共产党中央局通告——关于建立与发展党团工会组织及宣传工作等》。这是中央领导机构成立后下发的第一份文件。通告对近期党、团组织的发展以及工人运动、宣传出版工作、青年及妇女运动等，提出了具体的计划和要求。

通告全文如下，“同人公鉴：中央局议决通告各区之事如左：（一）依团体经济状况，议定最低限度必须办到下列四事。（A）上海北京广州武

---

① 中共中央文献研究室编：《毛泽东文集》（第3卷），人民出版社1996年版，第294页。

② 《广东群报》1921年9月10日。

③ 《包惠僧回忆录》，人民出版社1983年版，第369—370页。

④ 张启华主编：《中国共产党历史重要会议辞典》，中共党史出版社、党建读物出版社2019年版，第4页。

汉长沙五区早在本年内至迟亦须明年七月开大会前，都能得同志三十人成立区执行委员会，以便开大会时能够依党纲成立正式中央执行委员会。（B）全国社会主义青年团必须在明年七月以前超过二千团员。（C）各区必须有直接管理的工会一个以上，其余的工会也须有切实的联络；在明年大会席上，各区代表关于该区劳动状况，必须有统计的报告。（D）中央局宣传部在明年七月以前，必须出书（关于纯粹的共产主义者）二十种以上。（二）关于劳动运动，议决以全力组织全国铁道工会，上海北京武汉长沙广州济南唐山南京天津郑州杭州长辛店诸同志，都要尽力于此计划。（三）关于青年及妇女运动，请各区切实注意；‘青年团’及‘女界联合会’改造宣言及章程日内即寄上，望依新章从速进行。一九二一年十一月中央局书记 T. S. Chen”[①]
其中，团体指的是中国共产党，T. S. Chen 是陈独秀的英文签名。

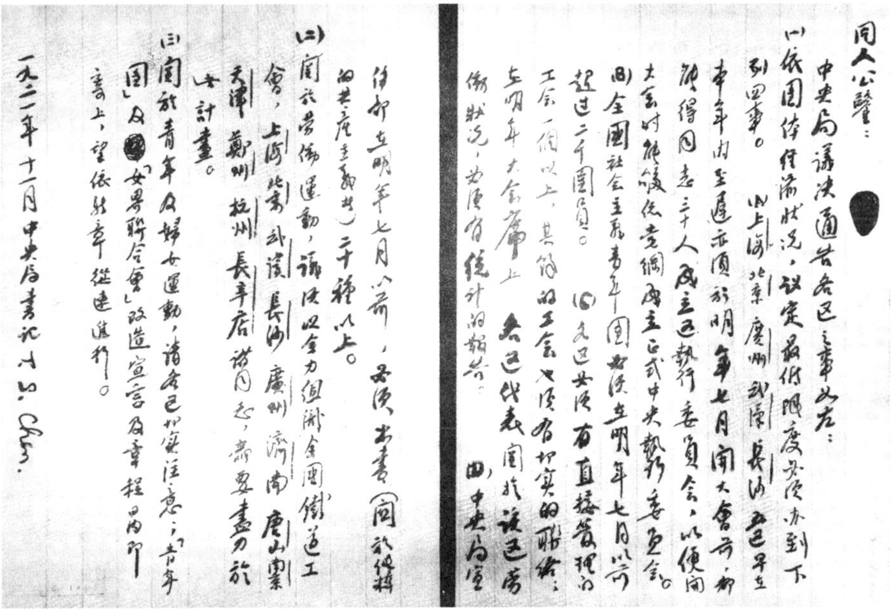
同人公鉴：
中央局议决通告各区之事如左：
（一）依团体经济状况，议定最低限度必须办到下列四事。
（A）上海、北京、广州、武汉、长沙五区早在本年内至迟亦须于明年七月开大会前，都能得同志三十人成立区执行委员会，以便开大会时能够依党纲成立正式中央执行委员会。
（B）全国社会主义青年团必须在明年七月以前超过二千团员。
（C）各区必须有直接管理的工会一个以上，其余的工会也须有切实的联络；在明年大会席上，各区代表关于该区劳动状况，必须有统计的报告。
（D）中央局宣传部在明年七月以前，必须出书（关于纯粹的共产主义者）二十种以上。
（二）关于劳动运动，议决以全力组织全国铁道工会，上海、北京、武汉、长沙、广州、济南、唐山、南京、天津、郑州、杭州、长辛店诸同志，都要尽力于此计划。
（三）关于青年及妇女运动，请各区切实注意；「青年团」及「女界联合会」改造宣言及章程日内即寄上，望依新章从速进行。
一九二一年十一月中央局书记 T. S. Chen.

1921 年 9 月，陈独秀到上海主持中共中央局工作。图为 11 月由陈独秀署名的中央局给各地方组织的通告。

① 中央档案馆：《中共中央文件选集（1921—1925）》第 1 册，中共中央党校出版社 1989 年版，第 26—27 页。

中央局和各地党组织根据这个通告的计划和要求，积极开展工作。

1. 组织建设

1921年12月，中共上海地方委员会[①]成立，直属中共中央领导。第一任书记是陈望道，负责管理党务。1922年6月，陈望道辞职，张太雷接任书记。1922年初，中共武汉区执行委员会在中共武汉工作委员会的基础上成立，包惠僧任书记。1922年5月，中共湘区执行委员会在湖南支部的基础上成立，毛泽东任书记，委员有何叔衡、易礼容、李立三、郭亮。1922年6月，中共广东区执行委员会在中共广东支部的基础上成立，谭平山任书记。1922年7月，中共济南地方支部（也称中共山东区支部）[②]成立，直属中共中央，王尽美任书记。

党员人数方面，到中共二大召开前，基本上实现了组织发展计划，全党人数达到195人，其中上海50人，长沙30人，广东32人，湖北20人，北京20人，山东9人，郑州8人，四川3人，留俄国8人，留日本4人，留法国2人，留德国8人，留美国1人[③]。青年团经过整顿和恢复后，到党的二大召开前，达到5000余人。

2. 政治宣传

1921年9月，中央局在上海成立人民出版社，社址位于南成都路辅德里625号（今老成都北路7弄30号），由中央局成员李达负责，组织马克思、列宁著作的出版。1922年11月，李达赴湖南自修大学任校长，人民出版社的工作逐步结束。根据中央局通告的要求，先后出版马克思全书两种：《共产党宣言》《雇佣劳动与资本》；列宁全书五种：《列宁传》《劳农会之建设》《讨论进行计划书》《劳农政府之成功与困难》《共产党礼拜六》；共产主义丛书五种：《共产党计画（布哈林）》《俄国共产党党纲》《国际劳动运动中之重要时事问题》《第三国际议案及宣言》《从

---

① 1922年7月，改组为中共上海地方执行委员会兼上海区执行委员会。

② 1923年10月，改为中共济南地方执行委员会，1925年2月，改建为中共山东地方执行委员会。

③ 中央档案馆：《中共中央文件选集（1921—1925）》第1册，中共中央党校出版社1989年版，第47页。

十月革命到布列斯特和约》[①]。以上 12 种书各印 3000 份，加强了马克思主义的理论宣传，为马克思主义的广泛传播作出积极贡献。1926 年上半年，时任中共驻共产国际代表团团长的蔡和森撰写的《中国共产党史的发展（提纲）——中国共产党的发展及其使命》中指出："人民出版社，设在广东[②]为我党言论机关，出版了很多书籍，对思想上有很大的影响。"[③]

李达书房兼卧室，在此他曾编辑革命书籍。

除此之外，上海党组织还编写和印发了揭露华盛顿会议、纪念马克思诞辰和卢森堡遇难、声援香港海员大罢工、《中国共产党对于时局的主张》等内容的小册子数万份。1922 年 1 月 28 日（农历正月初一），上海地方党组织根据陈独秀的提议，发动党员、团员 100 多人上街头开展贺年活动，

① 中央档案馆：《中共中央文件选集（1921—1925）》第 1 册，中共中央党校出版社 1989 年版，第 49 页。

② 为确保安全，人民出版社编辑书籍都以"广州人民出版社"名义出版，其实社址是在上海。

③《蔡和森文集》下，人民出版社 2013 年版，第 806 页。

沿途散发“贺年帖”6万张，帖上印有宣传共产主义的《太平歌》。租界巡捕房惊呼：“共产主义到上海来了！”北京、长沙、武汉、广州等地的党组织也因地制宜，开展了不同形式的宣传活动。

3. 劳动运动

根据中央局通告中“以全力组织全国铁道工会”的要求，各级党组织尽心谋划，以铁路工人为重点，深入铁路沿线城市，做工人运动的发动和组织工作。1922年4月，直奉战争爆发，直系军阀获胜，吴佩孚控制北京政府，提出“保护劳工”的主张。党组织抓住这一时机，经北京政府交通总长允许，向每条铁路派一个密查员。经李大钊介绍，共产党员张昆弟、安体诚、陈为人、何孟雄、包惠僧、袁子贞分别担任津浦路、京奉路、正太路、京绥路、京汉路和陇海路的密查员。他们名义上是交通部的密查员，实际上是劳动组合书记部领导的铁路工人运动的秘密特派员。除此之外，还有共产党员沈干城任沪杭铁路特派员，童昌荣任道清铁路特派员，王麟书担任京奉铁路特派员。据邓中夏回忆，“共产党员得着护符，不仅不怕人而且使人怕，得以往来各路，通行无阻。……主要的是在各路工人群众中活动，帮助工人组织俱乐部和进行斗争。……这样一来，我们在铁路上的工作得到顺利的开展，差不多六条铁路都建立了相当的基础，特别是京汉铁路沿线都成立了工人俱乐部，共计十六个之多。”①

4. 青年运动

由于早期团组织的人员成分复杂，信仰不一，在1921年5月前后，多地团组织处于停顿状态。8月前后，中共中央委派张太雷对青年团进行恢复和整顿。11月，根据中共中央局通告，制定发表《中国社会主义青年团临时章程》，并通知各地依章程尽快恢复青年团工作。1922年1月15日，在中共中央的指导下，青年团临时中央和上海社会主义青年团在上海宁波会馆发起召开“德社会学者纪念会”，纪念李卜克内西、卢森堡殉难三周年。1922年2月，青年团临时中央局成立马克思主义学说研究会，组织团

---

① 《邓中夏文集》，人民出版社1983年版，第444—445页。

员和革命青年学习马克思主义理论。

5. 妇女运动

根据中央局通告"'女界联合会'改造宣言及章程日内即寄上，望依新章从速进行"的要求，各地加快开展妇女运动。在宣传上，1921 年 12 月，在上海创办《妇女声》半月刊，这是在中国共产党领导下创办的最早的妇女刊物。在干部培养上，1922 年 2 月，平民女校开学。这是中国共产党创办的第一所培养妇女干部的学校。在女工运动上，从办女工夜校、女工俱乐部入手，进行无产阶级意识的启蒙教育，用通俗易懂的语言向女工灌输马克思主义。同时特别注重对女工领袖的教育和培养，提高她们领导女工斗争的能力，以推动女工运动的发展。仅 1922 年在上海、广东、湖北三地，女工罢工的工厂就有 60 余个，罢工人数达 3 万人，罢工次数达 18 次[①]。

二、工人运动开始兴起

中国共产党是工人阶级的先锋队，它的全部活动都是为工人阶级和人民群众谋利益的，是为他们的解放事业服务的。中共一大要求党集中力量领导工人运动，《中国共产党第一个决议》[②]对工人组织、工人学校、工会组织的研究机构等作出了具体规定，指出"本党的基本任务是成立产业工会。"[③]因此从中央到地方的各级组织的主要精力是成立产业工会，从事工人运动。

在党组织的发动和领导下，中国工人阶级的觉悟提高很快，工人运动开始出现蓬勃兴起的局面。从 1921 年下半年，上海、武汉、广东、湖南、直隶等省市和航运、铁路、采矿等行业相继爆发了工人罢工斗争。这些罢工斗争大部分是党组织或党领导的工会组织直接发动的。工人运动的迅猛发展，锻炼了工人阶级队伍，增强了工人阶级的斗争和信心，巩固了党的阶级基础，扩大了中国共产党和工人阶级在全国的政治影响。

---

① 向警予：《中国妇女运动》，《前锋》第 1 期，1923 年 7 月 1 日。

② 英文稿标题为《中国共产党关于（奋斗）目标的第一个决议》。

③ 中央档案馆：《中共中央文件选集（1921—1925）》第 1 册，中共中央党校出版社 1989 年版，第 6 页。

（一）成立中国劳动组合书记部

在中共一大召开前，1921 年 6 月，赤色职工国际驻赤塔的代表斯穆尔基斯在写给赤色职工国际的报告中指出，应该在中国成立一个组织工人运动的机构，这个机构还应该出版自己的刊物，并成立工人学校①。

在中共一大召开后，据张国焘回忆："我们谈到新中央将如何根据大会决议展开工作时，马林提出那个已经决定了要组织起来的工人运动的中央机构，应该用甚么名称。我告诉他，这个名称还在考虑之中，我们不能称之为总工会，因为还不是由各地工会所产生出来的机构，并反问他，根据各国工人运动的经验，以使用甚么名称最为合适？他建议可以叫做'中国劳动组合书记部'，这说明这个名称适用于一般共产主义者从事工会组织工作的称号。"②于是，在共产国际代表马林的建议下，中央局于 1921 年 8 月 11 日在上海成立中国劳动组合书记部，作为公开做职工运动的总机关，也是中华全国总工会的前身。张国焘担任书记部主任，李启汉担任秘书，李达负责宣传工作，董锄平、李震瀛、许白昊、包惠僧、顾耕野、李新旦等担任委员③。办事机关设在上海公共租界北成都路 19 号 C。8 月 16 日，张国焘等 26 人发表《中国劳动组合书记部宣言》。宣言分析了中国工人的悲惨景况，强调工人阶级联合起来的重要性。宣言呼吁："我们只有把一个产业底下的劳动者，不分地域，不分男女老少，都组织起来，做成一个产业组合。因为这样一个团体才能算是一个有力的团体，要这样的组织法，劳动者才能用他们的组织力，做奋斗事业，谋改良他们的地位呢。"④宣言称："中国劳动组合书记部是由上海——中国产业的中心——的一些劳动团体所发起的，是一个要把各个劳动组合都联合起来的总机关。它的事业是要发达劳动组合，向劳动者宣传组合之必要，要联合或改组已成立的劳动团体，

---

① 王萌萌：《铿锵序曲——中国劳动组合书记部》，上海人民出版社 2019 年版，第 27 页。

② 张国焘：《我的回忆》第 1 册，东方出版社 1980 年版，第 151 页。

③ 中共中央组织部、中共中央党史研究室、中央档案馆：《中国共产党组织史资料》第 1 卷 党的创建和大革命时期（1921.7—1927.7），中共党史出版社 2000 年版，第 67 页。

④ 《中国劳动组合书记部张特立等二十六人宣言》，原载《共产党》第 6 号。

使劳动者有阶级的自觉，并要建立中国工人们与外国工人们的密切关系。但是这些事业是必须大家都来做的，所以我们请求那些已成立的劳动团体加入我们这个书记部与我们共同进行。”[①] 但这 26 人的姓名并未留下确切记录，据当事人回忆，其中包括部分共产党员和共青团员如张特立（即张国焘）、李启汉、李中、李震瀛等人，以及青年学生李新旦、杨意贞、董锄平等人[②]。根据董锄平的回忆，“中国劳动组合书记部宣言署名的是张特立等 26 人发起，这是为了对外宣传，实际上没有 26 人。”[③] 又据 1921 年 10 月 13 日《驻赤塔赤色职工国际代表斯穆尔斯基的信》称，“中国劳动组合书记部是在今年八月十一日建立的”，“总部主任外……还有六位同志（共七人）”[④]。可见，当时在中国劳动组合书记部工作的人并不多，但在加强工人阶级团结，集中力量领导工人运动方面依然发挥了重要作用。

中国劳动组合书记部旧址。

① 《中国劳动组合书记部张特立等二十六人宣言》，原载《共产党》第 6 号。

② 钟恭馗、高志菲、闫永飞：《创生 1921—1925：从中国劳动组合书记部到中华全国总工会》，中国工人出版社 2020 年版，第 39 页。

③ 《党史资料》丛刊，1982 年第 1 期。

④ 政治学院党史研究室：《中共党史教学参考资料》第 12 册，第 330—331 页。

中国劳动组合书记部成立不久，相继建立北方分部、湖南分部、广东分部、武汉分部、天津支部。山东分部（亦称山东支部）和上海分部分别于1922年6月、8月建立。1921年8月，北方分部成立，机关设在北京，由罗章龙任主任，王尽美任副主任，同时兼任秘书，其他负责人主要有邓培、史文彬、孙云鹏、王荷波、唐鸿景、时奎元等。工作范围包括直隶、山东、山西、陕西、甘肃及东北三省，工作重点是发动和组织北方地区的铁路工人和开滦煤矿工人，指导建立北京长辛店工会、道清铁路工会、正太铁路总工会等工作。1923年初，京汉铁路工人大罢工失败后，北方分部停止活动。1921年8月，湖南分部成立，机关设在长沙，由毛泽东任主任，其他负责人有李立三、刘少奇、郭亮。工作重点是发动湖南各地以及江西安源路矿工人运动。1921年8月，广东分部成立，机关设在广州，谭平山、阮啸仙先后任主任。工作重点是发动和组织广东土木建筑、机器工运工作。1921年9月，武汉分部成立，机关设在武昌，包惠僧、林育南先后任主任，其他负责人主要有项英、陈潭秋、黄负生（黄福生）、许白昊等。工作重点是发动和组织湖北各地和京汉、粤汉铁路工人。1921年9月，天津支部成立，主要是随北方分部的设置而建立，由安幸生任主任，李培良任副主任。工作重点是直接发动领导天津地区的工人运动。1922年6月，山东分部成立，机关设在济南，王尽美、王用章先后任主任，其他负责人有王翔千、邓恩铭。工作重点是发动山东地区工人运动，指导建立济南津浦大厂工会、山东矿业工会、山东理发业联合总会、济南鲁丰纱厂工会、四方机车车辆工会等革命工人团体。1922年7月，中国劳动组合书记部被上海公共租界巡捕房查封，总部从上海迁往北京后，在上海设立分部，由袁达时（袁大石）任主任。工作重点是直接领导上海地区工人运动[①]。各分部在本地区开设工人夜校，创办工人刊物，领导罢工斗争，对工人运动的发展起了重要作用。

1. 开设工人夜校，成立工会和工人俱乐部

上海工人半日学校是中国共产党发起组于1920年秋创办的第一所工人

① 中共中央组织部、中共中央党史研究室、中央档案馆：《中国共产党组织史资料》第1卷 党的创建和大革命时期（1921.7—1927.7），中共党史出版社2000年版，第68—70页。

学校。1921 年 8 月，中国劳动组合书记部成立后，委派干事李震瀛在半日学校基础上恢复办学，改名为“上海第一工人补习学校”。学校分为日夜两班授课，李启汉、李震瀛和包惠僧等人轮流授课。主要讲授“工人为啥受苦”“帝国主义怎样压迫我们”“资本家怎样剥削我们”等内容，用通俗的语言对工人进行启蒙教育，培养工人骨干，这些人在之后的上海工人大罢工和五卅运动中都发挥了积极作用。

唐山工人图书馆是中国共产党创建时期在唐山成立的工人图书馆。1921 年，在中国劳动组合书记部北方分部的领导下，由唐山京奉路制造厂、唐山矿局和启新洋灰公司工人合办[①]。办馆宗旨是增高工人智识，联络工人感情。图书馆设有书刊室和阅读室，陈列马克思、恩格斯、列宁的著作和《新青年》《工人周刊》《劳动周刊》等革命刊物。这里还是党组织和工会的秘密联络点，上海、北京等地劳动组合书记部的来信、文件也都先寄到这里。

安源工人夜校是中国共产党创办的萍乡安源路矿第一个工人补习学校[②]。1921 年冬，中共湘区委员会书记、中国劳动组合书记部湖南分部主任毛泽东，与李立三、宋友生等来到安源，深入工人群众中实地考察后，由李立三于 1922 年 1 月创办该校。工人夜校不断启发工人群众政治觉悟和阶级意识，酝酿建立工会和改善生活的斗争，为后来的安源路矿大罢工做了重要的前期准备。

在中国劳动组合书记部广东分部的领导下，1921 年冬，在广州土木建筑工会的基础上组织成立广东全省土木建筑工会。1922 年底，改组顺德旧工会为顺德县总工会。1923 年秋，改组广东旧油业工会为广东油业总工会。在广东分部的影响下，广州盐业工会成立。

在中国劳动组合书记部武汉分部的领导下，1922 年 1 月，江岸京汉铁路工人俱乐部成立。2 月 26 日，徐家棚粤汉铁路工人俱乐部成立。第一次劳动大会后，汉口扬子机器厂、汉阳钢铁厂、汉阳兵工厂等纷纷成立工人俱乐部。

---

① 谷安林主编:《中国共产党历史组织机构辞典》，中共党史出版社、党建读物出版社 2019 年版，第 230 页。

② 中华全国总工会:《中国工会百科全书》上卷，经济管理出版社 1998 年版，第 578 页。

7月23日，汉口租界人力车夫工会、京汉铁路工人俱乐部南段总部、徐家棚粤汉铁路工人俱乐部、扬子机器厂工人俱乐部等工团联合发起成立武汉工团临时联合委员会，在汉阳钢铁厂工人罢工胜利后，改为武汉工团联合会①。武汉地区工人俱乐部的迅速发展，为后来的京汉铁路大罢工打下了坚实的基础。

在中国劳动组合书记部山东支部的领导下，在济南先后组织建立了理发业工会、金汁（即挑粪业）工会、山东铁路工会、纺织工会，还在淄博矿区建立了矿业工会。

2. 创办工人刊物

为了扩大宣传和联络，中国劳动组合书记部于1921年8月20日出版指导工人运动的机关刊物《劳动周刊》，由李启汉、李震瀛负责编辑。《劳动周刊》声明自己的任务是“专门本着中国劳动组合书记部的宗旨为劳动者说话，并鼓吹劳动组合主义”。并表示：“我们希望中国的工人们都拿材料供给这个惟一的言论机关，都来维护这个惟一的言论机关。扩大解放全人类的声浪，促进解放全人类的事业实现。”②

《劳动周刊》是第一份全国性工人性质的报纸，四开四版，每周六出版，设有评论、通讯、连载、社会调查、工会消息、世界要闻等栏目。主编张国焘，编辑有包惠僧、李震瀛、李启汉、董锄平等。《劳动周刊》以宣传劳动组合主义、促进解放全人类事业的实现为宗旨。主要任务是用通俗易懂的语言向工人宣传马克思主义，引导他们组织起来进行社会主义革命。着重报道中国共产党成立后各地开展工人运动的情况，教育工人认识工人阶级利益的一致，以产业联合结成团体，消除工人中的帮派思想③。该刊的出版发行，表明中国共产党开始有组织地在工人群体中开展宣传工作，并加强对工人运动的领导。在南方工人群众，尤其是上海、广东、湖南、湖北等地的纺织、海员、铁路、矿山、电车、烟草等工人中传播，为党在工

---

① 高万娥：《为有牺牲多壮志：武汉红色文化故事》，长江出版社2019年版，第20页。

② 中共中央党史研究室：《中国共产党历史》第一卷（1921—1949）上册，中共党史出版社2011年版，第73页。

③ 中国大百科全书总编辑委员会、《新闻出版》编辑委员会、中国大百科全书出版社编辑部：《中国大百科全书 新闻出版》，中国大百科全书出版社1990年版，第189页。

人群众中树立了很高的威信，充分发挥了教育工人、引导工人的作用。工人说它是“指路明灯”。《共产党》月刊称赞它“办的非常完善，大可以增进劳动者的知识，这真是教育训练劳工们的一个最好的机关报”①。

要目

世界的工人們聯合起來啊！

（星期六）　（第一版）

中國勞動組合書記部出版

勞動週刊

（本期出版一張）

通訊處上海公共租界新閘路北成都路口十九號

第十六號

每星期六出版　每份售銅元一枚

特載

隴海路大激戰

勞動者獲得盡工權利

中国劳动组合书记部出版的《劳动周刊》。

① 中华全国总工会：《中国工会百科全书》下卷，经济管理出版社 1998 年版，第 1144 页。

正是因为《劳动周刊》在工人群众中日渐扩大的影响力，引起了资本家的恐慌和记恨，1922 年 6 月 1 日，上海公共租界工部局以“唆使邮差罢工，发表激烈文告”等罪名逮捕李启汉（后判处 3 个月的徒刑，并驱逐出租界；期满后又递解给军阀何丰林处监禁 2 年 4 个月，直到 1924 年 10 月 13 日才出狱）。6 月 3 日，《劳动周刊》出版第 41 期，6 月 9 日，被工部局勒令停刊。

除了《劳动周刊》，1922 年 6 月，山东分部出版机关刊物《山东劳动周刊》。1922 年 12 月，武汉分部出版机关报《劳动周报》。

3. 领导罢工斗争

在劳动组合书记部及其分部的领导下，工人罢工斗争此起彼伏。如 1921 年 8 月和 10 月，广东分部领导的土木建筑工人、革履业工人大罢工。1921 年 11 月、1922 年 8 月和 10 月，北方分部先后领导的陇海铁路工人大罢工、长辛店工人罢工、京奉铁路唐山制造厂工人罢工。1921 年 10 月和 12 月、1922 年 2 月和 3 月，武汉分部先后领导的徐家棚粤汉铁路工人大罢工和汉口租界人力车夫大罢工、汉阳钢铁厂工人罢工和武汉电话局工人罢工。1922 年 4 月和 5 月，劳动组合书记部领导的上海邮政工人大罢工、浦东日华纱厂工人大罢工。这些罢工斗争都由劳动组合书记部或分部领导，主要负责同志参与起草罢工宣言和各种传单、召集工人代表秘密开会、指导罢工具体行动、代表工人与资方谈判等。这些罢工斗争大部分都取得了胜利，改善了工人的待遇，提高了工会的威信，显示了工人团结斗争的精神，对工人运动的发展起到促进作用。

（二）召开第一次全国劳动大会

在劳动组合书记部和各地分部的领导推动下，全国工人运动蓬勃发展，为了加强对日益高涨的工人运动的指导，加强工人阶级的内部团结，并使广大工人摆脱黄色工会的控制和影响，1922 年 4 月 10 日，中央局以中国劳动组织书记部的名义向全国各地工会发出召开第一次全国劳动大会的通告。通告上宣布开会宗旨是“纪念‘五一’节；联络全国工届感情；讨论改良生活问题；各代表提议事件。”[1] 4月27日至30日，根据少共国际代表达林的建议，中共中央在广州召开会议，陈独秀、张国焘及各地党组织负责人出席。会议讨论党在第一次全国劳动代表大会和中国社会主义青年团第一次代表大会应该遵循的路线，以及国共合作的问题。据张国焘回忆，“所以他[2]在做结论的时候，主张中共应与国民党所有革命分子合作，国民党内部既有斗争，我们现在应先观察清楚，再作决定。他指出第一次全国劳动大会应避免卷入国民党内部的斗争，力求各地工会不分党派，团结合作，使能形成一个全国性的工人组织。这次会议就接纳了他的这种提议。”[3]这就为党在处理劳动大会期间的各种问题统一了思想。

1922年5月1日至6日，第一次全国劳动大会在广州召开。到会代表来自上海、北京、天津、唐山、太原、武汉、长沙、南京、山东、江西、广州和香港12个城市，共173人，代表着铁路、矿山、海员等行业在内的110多个工会和34万有组织的工人。陈独秀、张国焘、邓中夏、李启汉、刘少奇、张太雷、谭平山等中央局领导和劳动组合书记部负责人出席大会。苏兆征、林伟民作为中华海员工业联合总会的代表出席。大会总结以往工人运动的经验，接受中国共产党的政治主张。大会讨论并通过《八小时工作制案》《罢工援助案》《全国总工会组织原则案》和《惩戒工界虎伥案》等10项决议案，公开发表《全国劳动大会第一次会议宣言》，宣言分析中国工人阶级遭受痛苦的根源，指出摆脱痛苦的道路，号召全国工人阶级团结起来，削平行帮，消除隔阂，不分地域，不分党派，不分男女老少，联合成一个阶级战线，反对国际帝国主义和封建军阀。大会决定在全国总工会成立以前，委托中国劳动组合书记部为全国工会的总通讯机关，并负责召集第二次全国劳动大会。这次大会是中国工人阶级第一次全国性的盛会，事实上承认了中国共产党在工人运动中的领导地位，引导工人阶级开始走向在全国范围内团结奋斗的道路。

---

① 《民国日报》1922年4月15日。《申报》1922年4月22日。
② 指的是陈独秀。
③ 张国焘：《我的回忆》（上），东方出版社2004年版，第223页。

工人运动的兴起和蓬勃发展，充分显示中国共产党领导下的工人阶级在反帝反封建革命中的战斗威力和优秀品质，体现了工人阶级坚定的革命性和坚强的战斗力，扩大了作为工人阶级先锋队的中国共产党在全国的政治影响。同时，培养锻炼了一批党和工人运动的优秀干部，涌现出苏兆征、史文彬、项英、邓培、王荷波等一批优秀人物，他们纷纷参加了党的队伍，为党建立同其他革命力量的合作、掀起全国规模的大革命准备了一定的条件。

三、组织开展妇女运动和农民运动

党成立后，致力于组织领导工人运动的同时，也派出力量组织领导妇女运动和农民运动，使之呈现出新的面貌。

中国共产党把争取妇女的彻底解放作为反封建斗争的一项主要内容，探索妇女解放的道路，并把组织领导妇女运动列为党的一项重要工作。党的早期重要成员很重视妇女运动，多次发表谈论妇女解放的文章，为妇女运动指导思想和方针计划奠定理论基础。如陈独秀在《广东群报》发表《妇女问题与社会主义》，论证了妇女问题与社会主义的关系，指出“社会主义不止解决妇女问题，且可以解决一切问题。”[①] 李大钊从经济基础、阶级划分、社会制度等方面探讨妇女问题，主张将妇女运动纳入民族解放和阶级解放运动中去，发表《现代的女权运动》；李达在《女权运动史》一文中详细介绍近代世界女权运动的发展演变历史，指出俄国妇女运动取得成功的根本原因在于社会主义革命的开展和社会主义制度的建立[②]。向警予、瞿秋白、陈望

向警予

① 王光远：《陈独秀年谱》，重庆出版社 1987 年版，第 105 页。
② 《李达文集》第 1 卷，人民出版社 1980 年版，第 180、184 页。

道、恽代英等进步分子认识到马克思主义对指导妇女运动的重要理论意义。向警予认为，私有制是妇女压迫的根本原因，“这种制度，在理不应当存在，在势不能存在”[①]。瞿秋白在《新社会》第7期发表《小小一个问题——妇女解放问题》，愤怒谴责广大妇女遭受旧宗教、旧学说、旧社会的残酷压迫[②]。这些文章以马克思主义为指导，猛烈抨击封建礼教和资本主义制度，深刻剖析妇女受压迫的社会根源，号召人们起来改造旧社会，争取妇女的解放。

（一）改造中华女界联合会

以“拥护女子在社会上政治的及经济的权利，反对一切压迫”为宗旨的中华女界联合会成立于1919年，由徐宗汉[③]等人在上海发起。中华女界联合会在徐宗汉的领导下，吸引了一大批有志于妇女解放的革命女青年参与其中。当时，王会悟通过沈雁冰介绍，到中华女界联合会工作，成为徐宗汉的秘书。1921年4月，王会悟与李达在上海结为夫妻，因为她的关系，陈独秀、李达与中华女界联合会多有联系。中共一大曾对妇运工作“略略谈到大要”，因时间紧迫，便“决定交未来的中央负责处理”[④]。在党的妇女组织没有建立之前，需要一个公开的机构获得领导妇女运动的便利和合法性。因此，在党的领导下，王会悟（李达夫人）和高君曼（陈独秀夫人）开始和中华女界联合会联系，帮助中华女界联合会进行改组。

中华女界联合会改组筹备委员会由徐宗汉、王剑虹、高君曼、王会悟等23人组成。1921年9月1日《新青年》第9卷第5号刊登了由陈独秀、李达审阅过的中华女界联合会改造宣言、纲领和章程。中华女界联合会原

---

① 向警予：《女子解放与改造的商榷》，《少年中国》1920年第2卷第2期。

② 丁言模、刘小中：《瞿秋白年谱详编》，中央文献出版社2008年版，第56页。

③ 著名革命家黄兴的夫人，近代颇有名望的女革命家。中华民国成立后，积极投身妇女界的政治工作，为争取妇女权益和谋求妇女解放而奔走。

④ 中国社会科学院现代史研究室、中国革命博物馆党史研究室：《“一大”前后 中国共产党第一次代表大会前后资料选编》（二），人民出版社1980年版，第181页。

则上赞同“两性一体”，在提出教育平等、言论自由、职业平等、要求选举权、遗产权和其他权利的同时，也要求争取女工和童工的人权，动员他们共同加入抵抗军阀、财阀的运动，与帝国主义者斗争，与国外妇女团体联合①。

1921年12月，中国共产党又以中华女界联合会的名义，创办《妇女声》半月刊。12月10日，《妇女声》第1期刊登《〈妇女声〉宣言》：“我们既然知道我们不应该永远为弱者，为什么屈从环境，甘受他人支配，不起来打破呢？我们既然知道我们不应该永远是贫者，为什么忍饥挨饿，甘受他人掠夺，不起来反抗呢？人类的历史指示我们说，女子是最初的劳动者，在初民性的分工时代，男女两性享受平等的幸福和自由，并无支配和服从的实事……人类的历史又指示我们说，女子是人类社会底一分子，有应尽的义务和应享的权力，应当为自己支配自己的生活。”

（二）创建平民女校

1921年10月，陈独秀与李达商议，准备以中华女界联合会的名义，在上海创办一所平民女校，“以期养成妇运人才，开展妇运工作”②，招收“一班有觉悟而无力求学的女子”入学。办学初衷主要有三方面，一是上海烟厂、纺织厂女工比较集中，女工付出的劳动和她们所得的报酬不成正比，更容易受到工头的凌辱和压榨，是一支不可忽视的革命力量；二是随着女工工作的开展，党也需要培养一批妇女干部以适应革命形势的需要；三是有一批来自各地的革命同志，家属的文化水平普遍较低，缺乏谋生手段，通过女校学习，既可以学到文化知识，也能够掌握劳动技能，赚取一些费用补贴家用。1921年12月，《妇女声》和《民国日报》刊登了平民女校的招生广告，1922年2月10日，平民女校正式开学，李达任校长，王会悟负责行政管理工作，校址位于南成都路辅德里632号A（今

---

① 肖扬：《中国妇女运动百年简史》上，中国妇女出版社2009年版，第65页。

② 中国社会科学院近代史研究所现代研究室：《“二大”和“三大” 中国共产党第二、三次代表大会资料选编》，中国社会科学出版社1985年版，第585页。

老成都北路 7 弄 42 号），这是中国共产党创办的第一所培养妇女干部的学校。

平民女校旧址。

平民女校主要招收渴望追求革命真理和有志于妇女解放的女青年或贫穷家庭的失学女子。设有学习部和工作部，其中学习部设高等、初等两个班级，学制为两年，共有学生 30 人左右。高等班主要招收中学以上文化程度者，初等班主要招收年长失学者。女校大部分课程都由共产党员讲授，还有一些支持妇女解放、热心平民女子教育的人士也会到校授课，他们都是义务兼课。当时，高等班由邵力子、高语罕、陈望道、张守白等教国文，李达教数学，沈雁冰、沈泽民等教英文，周昌寿教物理、化学，陈独秀教社会学，李希贤教经济学，范寿康教教育学。初等班由王会悟教国文，柯庆施教算术，沈泽民教英语。陈独秀、李达、施存统、恽代英、张太雷、刘少奇、张秋人、陈望道等人都在平民女校为学生作过时事政治报告。学校实行半工半读，工作部就是学生参加劳动的场所，设缝纫、织袜、编织三个组。1922 年 3 月，李达在《说明本校工作部底内容》中要求参加工作部的学生："第一，须有刻苦耐劳之精神，切不可好逸恶劳，懒于操作。第二，须有严格自制的意志，切不可依赖他人或仰助学校。"他还特别声明："本工作部是为一般愿意工读书的女子而设的，凡入工作部的人，都要靠自己作工维持生活，本校尽可能设法代为介绍工作，却没有能力给以经济上的补助。"①

平民女校不仅教授文化知识，而且还注重社会实践，组织学员参加各种革命活动，学生们深入工厂，接近工人，办女工识字班，宣传革命道理。女校学生就读期间先后参加过声援日华纱厂工人罢工活动和上海市学生组织的支援工人募捐活动。通过学习和社会实践，学员的政治觉悟、文化水平和生活能力得到全面提高，王会悟认为"各教师所选的教本，都是适应新思潮，又合于平民的"；本校教员轮流主讲的讲演课"讲的都是关系我们平民女子切身的问题，这一课别的女学校没有，也可以说是平民女学的特点了"②。

中国妇女运动在党的领导下，得到迅速发展，出现了崭新的面貌。广大妇女争取自身解放的觉悟明显提高，群体意识大为增强，成为反对帝国主义、反对封建主义斗争的一支重要力量。

（三）中国第一个新型农民组织——浙江萧山衙前农民协会

共产党早期组织成立后，就开始关注占中国人口大多数的农民。《共产党》月刊曾发表《告中国的农民》一文，指出："中国农民占全人口底大多

---

① 鹤：《说明本校工作底内容》，《妇女声》第 6 期，1922 年 3 月 5 日。
② 会悟：《入平民女学上课一星期之感想》，《妇女声》第 6 期，1922 年 3 月 5 日。

数，无论在革命的预备时期，和革命的实行时期，他们都是占重要位置的。设若他们有了阶级的觉悟，可以起来进行阶级斗争，我们底社会革命，共产主义，就有了十分的可能性了。”[①] 党成立后，在集中力量领导工人运动的同时，开始到农村开展农民运动。

1921年夏，早期共产党员沈玄庐回到家乡萧山县衙前村，向农民宣传革命道理，从事农民运动。沈玄庐，又名沈定一，出身地主家庭，家境殷实，早年留洋日本，深受社会主义思想的影响。1920年同陈独秀等人在上海发起马克思主义研究会，是上海共产党早期组织的重要成员。他和俞秀松等最初计划开展农民运动，曾多次“讨论农村计划”“组织农村”“下功夫去改造”农民，打算几个月后到乡下去试行农村计划。后因俞秀松前往莫斯科参加青年共产国际第二次代表大会，这项计划就落在了沈玄庐一人身上[②]。沈玄庐回到家乡后，着普通农民打扮，用方言土语到农民群众中演说，1921年8月18日，他在衙前东岳庙发表演讲，19日，在龛山东著草庵戏台发表题为《谁是你底朋友》演说。这些演说揭露地主阶级及资本家剥削农民的残酷事实，号召农民团结起来反抗斗争。在沈玄庐的带动下，不多久，在上海、杭州等地求学或教书的萧山籍进步青年宣中华、杨之华等也回到乡里，热情地向农民宣传革命道理，使萧山农民开阔了眼界，提高了觉悟。

在与农民群众打交道的过程中，沈玄庐逐步萌生了筹备农民协会的想法。为了促进农民协会的建立，他先是筹资兴办衙前农村小学，招收学生，聘请进步教师授课，后与教师们学习马列著作，探讨社会变革和农民革命问题。在沈玄庐的启发教育下，萧山涌现出一批积极分子，如李成虎、陈晋生等，他们开始与沈玄庐一起筹备成立农民协会的事宜。经过一系列的酝酿和准备，1921年9月27日，萧山衙前村农民大会在衙前东岳庙召开。大会通过了《衙前农民协会宣言》和《衙前农民协会章程》,《宣言》提出：“我们底觉悟，才是我们底命运。我们有组织的团

---

① 《共产党》月刊第3号，1921年4月7日。

② 肖甡：《中共党史百人百事》第2版上册，上海人民出版社2011年版，第67—68页。

结，才是我们离开恶运交好运的途径。决定我们底命运，正是决定全国人底命运。”《章程》规定：“凡本村亲自下气力耕种土地的，都得加入本会，为本会会员”，并规定，“本会与田主、地主立于对抗地位。”“凡生产工人及社会主义运动者，本会都认为极良好的朋友；遇必要时，本会对于你们底团体和工人，应当尽本会能力所及，加以扶助。”《章程》还规定，协会由全体大会选举6人为本会委员，又由委员6人中互选，选出议事委员3人，执行委员3人。委员一年一任，只得连任一次[①]。大会选出6名农协委员，推举李成虎为领导人。至此，中国第一个新型的农民组织正式成立，这是中国共产党领导的第一个有纲领、有章程的农会组织。

（四）大力发展农会

衙前农民协会成立的消息，很快在浙江各地引起轰动，迅速传遍四周的农村。随后衙前农会带领农民进行的抗税抗捐、减租减息斗争对附近几十个村庄的农民产生了巨大影响。1921年冬，绍兴、萧山等县方圆150公里内的几十个村庄的农民，纷纷行动起来，以衙前农民协会为榜样，先后建立80个农民协会。这些农会把农民团结在自己的周围，为维护农民的利益进行了多方面的斗争。

这个时期，广东海陆丰的农民运动也很有声势。开创者是后来被人们誉为“农运大王”的彭湃。彭湃，出身地主家庭，早年留学日本，毕业于早稻田大学，在日本留学期间深受马克思主义思潮的影响。1922年6月，彭湃回到家乡海丰县赤山约[②]，深入农村，向贫苦农民宣传革命道理。彭湃的宣传在贫苦农民中产生了一定的影响，7月，彭湃与张妈安等人成立了赤山约第一个秘密农会。一个月后，赤山约农会发展到30多人。赤山约秘密农会，一方面宣传农民团结求解放的道理，另一方面举办济丧会、医药

① 《新青年》第9卷第4号，1921年8月1日。

② “约”是清代南方农村的行政建制，相当于后来大的“乡”一级建制。

房，帮助农民解决生死病痛中的困难，使农民亲眼看到组织、团结起来的好处[①]。

农会的发展壮大，农民运动的兴起，必然引起地主阶级的仇视和反扑。1922 年 12 月中旬，李成虎被捕，衙前农民协会被强行解散。彭湃后来也在越来越严峻的形势下离开了海陆丰。虽然农民运动暂时遭到挫折，但为后来更大规模的农民运动埋下火种，提供了经验。

四、恢复和发展青年运动

中国共产党对青年运动十分重视，把它作为党的活动的重要组成部分。中共一大后，青年运动很快出现了新局面。

（一）恢复和整顿社会主义青年团

“青年团从一开始就是在中国共产党领导下建立和发展起来的。”[②] 这是施复亮（即施存统）1957 年回忆 1920—1923 年的社会主义青年团时说的。1920 年 8 月，在中国共产党发起组的领导下，上海社会主义青年团成立，其宗旨是实行社会改造，宣传社会主义。发起人有俞秀松、施存统、沈玄庐、陈望道、李汉俊、叶天底、袁振英、金家凤 8 人，俞秀松任书记[③]。到年底，在上海社会主义青年团的联络下，北京、广州、长沙、武汉等地相继成立社会主义青年团。1921 年 3 月，中国社会主义青年团临时中央委员会在上海成立，俞秀松任书记。但是，“那时的中国社会主义青年团，只不过带有社会主义的倾向，并没确定了哪一派社会主义。所以分子就很复杂：马克思主义者也有，无政府主义者也有，基尔特社会主义者也有，工团主

① 胡艳辉、唐振南、王国宇：《中国共产党与中国农民》第 1 卷，湖南人民出版社 2002 年版，第 24 页。

② 中共上海市委党史研究室、中国社会主义青年团中央机关旧址纪念馆：《觉悟渔阳里——上海社会主义青年团创建史料选辑 1919.5—1922.5》下册，上海人民出版社 2017 年版，第 1327 页。

③ 谷安林主编：《中国共产党历史组织机构辞典》，中共党史出版社、党建读物出版社 2019 年版，第 227 页。

俞秀松

义者也有，莫名其妙的也有”[1]。由于成分复杂，信仰不一，所以遇到一件事情或一个问题时有很大分歧，冲突不断，团体精神不振，组织处于涣散状态，加上缺少领导骨干，因此在1921年5月前后，上海及一些地方的团组织停止活动。

中国共产党正式成立后，即开始着手恢复和加强青年团的工作。8月，先后[2]出席共产国际第三次代表大会和青年国际第二次代表大会的张太雷从莫斯科返回上海。根据少年共产国际[3]的指示和中共中央局的决定，张太雷负责对已停止活动的中国社会主义青年团组织进行恢复和整顿，并于同年11月组织制定《中国社会主义青年团临时章程》，并通知各地党组织要切实注意青年运动，对青年团组织要“依新章从速进行”。各地党组织根据中央局的要求，培养、吸收和选派一批党员投入整顿和重建青年团的工作，使各地青年团组织得到迅速恢复和发展。在恢复和整顿的过程中，党吸取之前的经验教训，重点从思想建设入手，明确规定“社会主义青年团应为信奉马克思主义的团体”，“以研究马克思主义，实行社会改造及拥护青年权利为宗旨”。这样，一些信仰有分歧的团员逐渐离开了团组织，一些团员转变了立场，接受马克思主义，初步取得了思想上的一致，团员的成分没有初期那么复杂。临时章程还规定：“有五个地方团成立时，即召集全国大会，通过正式章程及组织中央机关。正式中央机关未组成时，以上海机关代理中央

① 《先驱》第8号，1922年5月15日。

② 1921年6月至7月。

③ 简称少共国际，也称青年共产国际，是根据列宁倡议于1919年11月成立的，它是第三国际领导下的各国青年团的国际联合组织，加入少共国际的各国青年团，都是它的一个支部，接受它的领导。

职权。”[①]

为了加强对团员的宣传教育工作，1922 年 1 月 15 日，团中央机关刊物《先驱》在北京创刊。主要介绍马克思主义理论和苏维埃俄国各方面的情况，对青年运动和团的建设等问题展开讨论。1922 年 4 月，根据临时章程的规定，中央局决定，上海社会主义青年团代理中国社会主义青年团临时中央局的职权，施存统任代理书记。施存统回忆：“1922 年初，我从日本回国，大约因为我比较年轻，党组织派我恢复社会主义青年团。”[②]

从 1921 年 11 月到 1922 年 5 月，大约半年的时间，上海、北京、武汉、长沙、广州、南京、天津、保定、唐山、塘沽、安庆、杭州、潮安、梧州、佛山、新会、肇庆共 17 个地方建立起社会主义青年团组织，团员总数约 5000 人[③]。

（二）领导“非基督教学生同盟”运动

1840 年以后，帝国主义对中国的侵略是多方面的，既有军事上的打击，经济上的掠夺，也有文化上的渗透。当西方列强用坚船利炮打开中国大门的时候，传教士随之而来，他们深入中国的城镇和村落，成立教会，建立教堂，开办教会学校，借助宗教的外衣进行文化侵略。到 1922 年全国 1700 多个县有 1500 多个县设有教会，在华传教士 7600 人，教徒 40 万人[④]。

1895 年，由美国人穆德发起成立的世界基督教学生同盟是一个以各国基督教学生为主要对象的国际组织，其目的是在世界各国的学生中吸收

---

① 《先驱》第 5 号，1922 年 4 月 1 日。

② 《施复亮谈 1920 年—1923 年的社会主义青年团》（1957 年 1 月），中共上海市委党史研究室、中国社会主义青年团中央机关旧址纪念馆：《觉悟渔阳里——上海社会主义青年团创建史料选辑 1919.5—1922.5》下册，上海人民出版社 2017 年版，第 1327 页。

③ 中共中央党史研究室：《中国共产党历史》第一卷（1921—1949）上册，中共党史出版社 2011 年版，第 97 页。还有一说为到 1922 年 5 月，全国有 18 个地方建立了青年团组织。出自中共中央组织部、中共中央党史研究室、中央档案馆：《中国共产党组织史资料》第 1 卷 党的创建和大革命时期（1921.7—1927.7），中共党史出版社 2000 年版，第 50 页。

④ 丁守和主编：《中华文化辞典》，广东人民出版社 1989 年版，第 461 页。

信徒，培养为基督教献身的青年学生。从1895年到1922年前，世界基督教学生同盟共召开10次会议，除在亚洲的日本、土耳其召开两次外，其余都在欧美召开[①]。《青年进步》（基督教青年会杂志）1922年2月号发出预告，世界基督教学生同盟第11届大会（1922年4月4日—9日）将在北京清华学校举行[②]。会议筹备期间，国内基督教一些刊物纷纷撰文介绍该组织和中华基督教学生运动的历史及本次会议的宣言、讨论题目等内容。这些文章给人以强烈的印象，似乎基督教学生运动不仅在世界，而且在中国有较大的发展，即将召开的会议明显是为了达到基督教在中国进一步扩张的目的，似乎也印证了《中华归主》[③]中基督教占领中国的野心。因此，国内一些反对基督教的人士便以此为契机，发起反对基督教运动。

最早开始行动的是上海。1922年2月26日，上海一些青年学生决定筹备成立"非基督教学生同盟"，并召开第一次筹备会议，商议同盟的组织方法和抵制大会的对策。3月4日，筹备会召开第二次会议，议定了《非基督教学生同盟章程》[④]。还做出以下决定："一、发表宣言、表明态度；二、通电全国各校学生，促其一致反对；三、登广告征求反对基督教的文字，印成小册子分送全国，以唤醒国人之迷梦"[⑤]。3月15日，《先驱》第4期推出"非基督教同盟专号"，发表《非基督教学生同盟章程》和《非基督教学生同盟通电》，章程明确提出其宗旨是反对基督教，"凡赞成本同盟之宗旨，热心本同盟事务者，皆得为本同盟之会员"[⑥]。通电则是致北京清华学校学生和全国各学校学生，指出："华府会议，辱我至矣！上帝慈悲，世界基督教学生同盟，无端集合于我弱国之首都。吾爱国青年

---

① 罗伟虹主编：《中国基督教（新教）史》，上海人民出版社2016年版，第379页。

② 石川祯浩：《中国近代历史的表与里》，北京大学出版社2015年版，第173页。

③ 英文为 *The Christian Occupation of China*，直译则是"基督教占领中国"，1922年出版的基督教在华各项工作调查资料集成。

④ 张天行：《三大思潮鼎立格局的形成——五四后期的思想文化论战》，百花洲文艺出版社2008年版，第398页。

⑤ 石川祯浩：《中国近代历史的表与里》，北京大学出版社2015年版，第178页。

⑥ 《先驱》第4号，1922年3月15日。

之血泪未干，焉能强颜以颂上帝。且北京不乏耶教会场，清华为国校，非教会所立，又焉能供一教之用。此而不拒，中国无人矣！伏乞诸君发为谠论，共斥横逆，以期永洁我青年教育界。”[①]同期发表的还有《非基督教学生同盟宣言》[②]。宣言指出：“各国资本家在中国设立教会，无非要诱惑中国人民欢迎资本主义；在中国设立青年会，无非要养成资本主义家底善良走狗。简单一句，目的即在于吮吸中国人民底膏血。因此，我们反对资本主义，有时必须反对这拥护资本主义欺骗一般平民的现代基督教及基督教会。”

先驅

The pioneer

半月刊

第四號

每份售銅元二枚

一九二二年三月十五日出版

非基督教學生同盟號

宣言

◉非基督教學生同盟宣言

我們反對『世界基督教學生同盟』・我們為擁護人們幸福而反對『世界基督教學生同盟』・我們現在把我們底真態度宣布給人們看・

我們知道・基督教及基督教會在歷史上曾製造了許多罪惡・這且不要管彼・但是彼現在正在那兒製造或將製造的罪惡，凡我有血性、有良心、不甘墮落的人，決不能容忍彼寬恕彼

……級、被壓迫階級・而現代的基督教及基督教會，就是『幫助前者掠奪後者，扶持前者壓迫後者』的惡魔・

我們認定：這種殘酷的、壓迫的、悲慘的資本主義社會，是不合理的、非人道的、非另圖建造不可・所以我們認定這個『助桀為虐』的惡魔現代的基督教及基督教會，是我們底仇敵，非與彼決一死戰不可・

世界的資本主義，已由發生、成熟而將崩壞了・各國資本家——不論是英、是美、是日、是法——，因而大起恐慌，用盡手段，冀延殘喘於萬一・於是，就先後擁入中國，實行經……

我們反對資本主義，同時必須反對這擁護資本主義欺騙一般平民的現代基督教及基督教會・

『世界基督教學生同盟』，為現代基督教及基督教會的產物・他們預備於本年四月四日，集合全世界基督教徒，在北京清華學校開會・所討論者，無非是些怎樣維持世界資本主義及怎樣在中國發展資本主義的把戲・我們認彼為污辱我國青年，欺騙我國人民、掠奪我國經濟的強盜會議，故憤然組織這個同盟，決然與彼宣戰・

學生諸君！青年諸君！勞動者諸君！我們誰不知道資本主義底罪惡？我們誰不知道資本家底殘酷無情？現在眼見這些資本家走狗在那裏開會討論支配我們，我們怎能不起而反對！起！起!!起!!!大家一同起!!!

非基督教學生同盟一九二二，三，九・

公電

◉非基督教學生同盟通電

北京清華學校學生諸君暨全國各……

中国社会主义青年团机关刊物《先驱》第 4 号《非基督教学生同盟号》。

在北京，萧瑜[③]发动蔡元培、李石曾等留法勤工俭学运动的领导者们参与反宗教运动，力图打造大规模的社会运动。积极响应萧瑜的是以罗章龙

① 《先驱》第 4 号，1922 年 3 月 15 日。

② 落款时间为 1922 年 3 月 9 日。

③ 长沙新民学会会员，赴法勤工俭学留学生。回国后一直致力于反宗教文化运动。

为中心的北京大学马克思学说研究会及北京的社会主义青年团[①]。3月17日，李大钊和青年团北京地方委员会书记邓中夏会同一批文化教育界人士共200余人在北京成立“非宗教大同盟”[②]，并指定同盟联络人是北大学生金家凤[③]，他是社会主义青年团的活跃分子。随后以北京的大学和专门学校为中心组建了很多支部，相继发表通电，引起很大的社会反响。除了共产党组织，共产国际人员也参与其中。当时在北京的俄罗斯联邦驻远东全权代表维连斯基于1922年4月6日致信俄共（布）中央委员拉狄克，信中说：“现在我们组织了广泛的非基督教运动，它起因于在中国举行的世界基督教代表大会，是一种抗议行动，尔后变成了广泛的运动，现在在号召为国家的统一而联合起来，已在更广阔的基础上进行。”[④]

3月底，湖南学生非宗教同盟成立，4月1日，在长沙《大公报》发表章程及宣言等。4月16日，广州成立“广东非基督教学生同盟”，广东省内各地设立分会，出版《非基督教同盟特刊》。在不到一个月的时间，南京、武汉、天津、杭州、保定、唐山、厦门、南昌等30余地都成立了类似的同盟或同盟支部，全国各地许多院校、社会团体及著名人士纷纷以各种方式投入运动，数十家报纸登载了非基督教学生同盟所发的数十篇宣言、通电及各地响应情况的报道，形成了五四运动后又一次大规模的青年学生运动浪潮。4月，上海社会主义青年团派张太雷到北京领导非基督教青年会的活动[⑤]，在基督教学生同盟大会召开的时间，青年们走上街头，举行反帝游行。

中共中央为领导这场运动，“建立由七个人组成的专门委员会，……

① 石川祯浩：《中国近代历史的表与里》，北京大学出版社2015年版，第173页。

② 共青团中央青运史档案馆：《历史的轨迹——中国共产党青年团90年》，重庆出版社2012年版，第28页。

③ 共青团创始人之一。

④ 中共中央党史研究室第一研究部译：《联共（布）、共产国际与中国国民革命运动》（1920—1925）第1卷，中共党史出版社2020年版，第78页。

⑤ 达林：《中国回忆录》，中国社会科学出版社1981年版，第64页。

制定了详细的运动计划，可归纳为以下五点：1. 组建合法的非基督教青年同盟，其中央机构设在上海；2. 制定同盟章程；3. 召开非基督教组织代表大会；4. 通过派我们的同志以基督教代表身份参加会议从内部破坏基督教代表大会；5. 通过派我们的同志参加基督教同盟地方组织来瓦解基督教同盟”①。

（三）召开中国社会主义青年团第一次代表大会

施存统从日本回到上海从事社会主义青年团工作后，有一项重要任务就是筹备召开青年团第一次全国代表大会，以便从思想上、组织上巩固青年团重建的成果。1922 年 2 月 22 日，青年团临时中央以“中国社会主义青年团代理书记”的名义向各处团组织发出了召开全国代表大会的通知，会议地点定在上海②。临时中央说明急于召开全国大会的理由是“议决正式章程，组织正式中央机关，以联络统一全国 S・Y・运动”③。同时为筹备这项工作而来的还有共产国际远东书记处主席团成员、青年共产国际代表达林，他于 1922 年 3 月由莫斯科抵达上海后，与陈独秀、张太雷等讨论青年团第一次全国代表大会的议程和组织事项。3 月 6 日④，中共广东支部书记兼青年团书记谭平山致信青年团临时中央局代理书记施存统，“大会地点，如能够改在广州更好，因为比较的自由。”⑤当时，广州的环境相对上海而言，确实自由很多，共产党和青年团都可以公开活动。中共中央和团临时中央局采纳这一建议，决定在广州召开青年团第一次全国代表大会。

1922 年 5 月 5 日至 5 月 10 日，中国社会主义青年团第一次全国代表

---

① 中共中央党史研究室第一部译：《联共（布）、共产国际与中国国民革命运动》（1920—1925）第 1 卷，中共党史出版社 2020 年版，第 89 页。

② 曾庆榴：《国民革命与广州》，广州出版社 2011 年版，第 99 页。

③ 中央团校青运研究室：《中国新民主主义革命时期青年运动简史》，中央团校青运研究室 1982 年版，第 42 页。

④ 该时间是根据信中内容和联系其他文件判定的。

⑤《谭平山文集》，人民出版社 1986 年版，第 240 页。

大会在广州召开。出席这次大会的有来自上海、北京、天津、保定、唐山、南京、武昌、长沙、杭州、广州等15个地区的代表25人：蔡和森、邓中夏、张太雷、施存统、俞秀松、易礼容、许白昊、谭平山、谭植棠、王振翼、陈子博、莫耀明、树彝、吕一鸣、王仲强、金家凤、张仲毅、张继武、张绍康、梁复然、陈公博等。中共中央局书记陈独秀、青年国际代表达林出席并指导大会。5月5日是马克思诞生104周年纪念日，会议选择在这天召开表明中国社会主义青年团是信仰马克思主义的革命组织。由于大会开幕式是同纪念马克思诞辰和欢迎全国劳动代表大会一起举行的，出席大会的除了25名代表，还有全国劳动代表和来宾，约1500人。

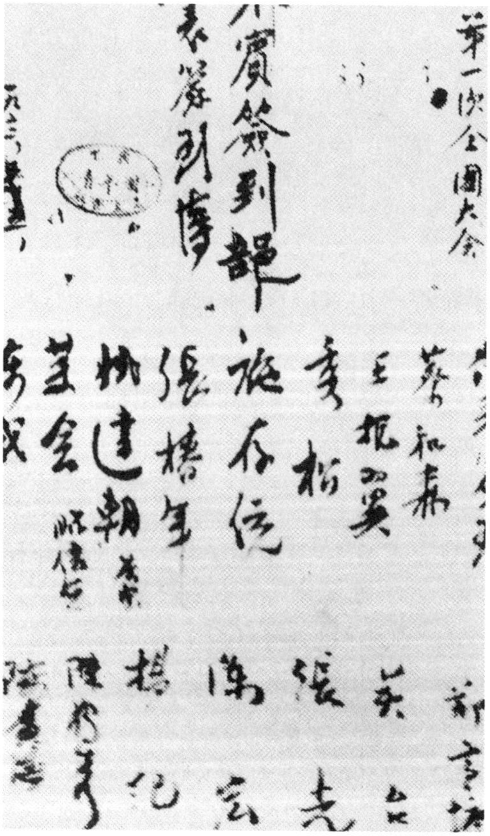

中国社会主义青年团第一次全国大会签到单。

当天，张太雷致开幕词，随后有来宾、劳动大会代表和团员代表发表演说，达林也发表了题为《国际帝国主义与中国及中国社会主义青年团》的演说。在大会上，施存统作青年团临时中央的工作报告以及上海团的情况报告。广州代表谭平山、北京代表邓中夏、长沙代表易礼容、南京代表莫耀明作本地青年团的情况报告。大会讨论和通过了《中国社会主义青年团纲领》《中国社会主义青年团章程》《青年工人农人生活状况改良的议决案》《关于政治宣传运动的议决案》《关于教育运动的议决案》与《中国社会主义青年团与国际青年团体关系之议决案》。团的纲领确定了中国社会主义青年团是“中国青年无产阶级的组织”，它的奋斗目标是为在中国建立“一切生产工具归公有和禁止不劳而食的初期共产主义社会”，并第一次明确提出了“铲除武人政治和国际资本帝国主义的压迫”，即反对军阀统治和反帝国主义压迫的要求①。大会一致同意加入少共国际，成为它的一个支部。会议选举施存统、高君宇、张太雷、蔡和森、俞秀松为青年团中央执行委员会委员，施存统任书记。大会宣告中国社会主义青年团正式成立，标志着中国社会主义青年团实现了思想上、组织上的统一，成为领导中国青年的核心力量，是中国青年运动发展史上的一个里程碑。从此，许多青年在党、团组织的引导下，学习马克思主义理论，积极投身火热的革命斗争中，深入工农群众中，青年运动跃进到新的水平。

在国内建团的同时，旅居法国、比利时、德国勤工俭学学生的代表赵世炎、周恩来、李维汉、李富春、王若飞、刘伯坚、陈延年等18人，也于1922年6月3日在巴黎郊区建立旅欧中国少年共产党，赵世炎担任书记。不久，他们在得知国内已建立中国共产党和中国社会主义青年团后，及时与国内的党、团组织进行联系。中共中央和青年团中央决定将旅欧中国少年共产党定名为中国社会主义青年团旅欧总支部。

---

① 中央团校青运研究室:《中国新民主主义革命时期青年运动简史》，中央团校青运研究室1982年版，第43页。

中国社会主义青年团中央机关旧址（渔阳里 6 号）。

五、中国共产党第一次公开表明政治态度

1840 年鸦片战争以后，中国逐步沦为半殖民地半封建社会，国家蒙辱、人民蒙难、文明蒙尘，中华民族遭受了前所未有的劫难。在中国共产党成立以前，中国人民对外国侵略者和本国封建统治者进行过长时期的斗争，太平天国运动、戊戌变法、义和团运动、辛亥革命接连而起，各种救国方案轮番出台，这些斗争有重大的意义，但有两个根本性的缺陷：第一，没有认清革命的对象，不能团结真正的朋友以攻击真正的敌人。第二，没

有广泛地发动群众，特别是没有深入下层的工农群众，未能形成有组织的、持久的群众运动。因此都以失败而告终，中国迫切需要新的思想引领救亡运动，迫切需要新的组织凝聚革命力量。中国共产党成立后不久，在这两个最重要的问题上，情况都有了根本性的改变。

中国共产党人在积极投身革命斗争的过程中，努力学习运用马克思主义的观点来观察和分析中国面临的实际问题。1922 年 1 月，《先驱》的发刊词指出：必须把“努力研究中国的客观的实际情形，而求得一最合宜的实际的解决中国问题的方案”，当作“第一任务”。

（一）国内局势

1. 军阀割据连年战争，民众困苦不堪

帝国主义为了满足侵略的需要，他们积极在中国内部扶植各派军阀混战。1920 年 7 月，直系军阀在打败皖系军阀后，又在 1922 年 4 月第一次直奉战争中打败了奉系军阀，独自掌握了北京的中央政权。以吴佩孚为代表直系军阀在军事上极力推行“武力统一”全国政策，而其他各省军阀为了保存自己的势力纷纷宣扬“联省自治”，试图联手对抗直系的武力吞并，军阀之间的战争又在酝酿之中。长年的军阀混战破坏了农业生产，很多农民失去土地和家园，中国人民陷入帝国主义和封建军阀侵略压迫的苦难深渊。国内严峻的政治形势再一次向中国革命提出了出路问题，需要中国共产党做出明确的回答。

2. 资产阶级革命派内部分裂，孙中山加强与苏俄联系

1921 年 5 月，孙中山在广东就任总统之后，就积极准备北伐，但是由于 1922 年 6 月，广东军阀陈炯明叛变炮轰总统府，使孙中山被迫离开广东来到上海，资产阶级革命派受到严重挫折，却使孙中山与苏俄关系发生了一系列的重要变化。英、美等帝国主义列强反对孙中山，支持陈炯明的反革命。陈炯明叛变后，美国驻华公使舒尔曼强烈要求美国政府帮助北洋军阀扑灭孙中山的革命势力，从而使陈炯明与北洋军阀合作以实现中国的统一。英国政府更是直接支持陈炯明的叛变。帝国主义列强的丑恶行径，在

一定程度上打破了孙中山对它们的幻想。同时，陈炯明的叛变促使苏俄、共产国际与其决裂，转而实行同孙中山友好的政策。陈炯明叛变后，著名的俄共（布）党员维连斯基·西比利亚科夫，撰文称赞孙中山是“当代中国最光辉的人物”[①]。他表示相信，只要孙中山依靠中国的进步力量，“他的思想就会同俄罗斯苏维埃共和国的思想一致”。他说：“我们相信，孙中山这个巨大的形象不会从政治舞台上消失。”[②]经此事件，孙中山不再对帝国主义抱有什么幻想，也不必因担心“帝国主义干涉北伐而不敢公开联俄”。因而，陈炯明叛变后不久，孙中山便主动通过陈友仁向共产国际代表达林明确表示：“现在我深信，中国革命的唯一实际的真诚的朋友便是苏俄”。孙中山对苏俄态度发生重大转变，“我确信，苏俄甚至在危难之中也是我唯一的朋友”[③]。资产阶级革命派的转变，促使共产国际积极促成中共与国民党的联合。为此需要中国共产党重新思考并制定革命策略。

3. 中国共产党领导的工人运动兴起，需要科学理论指导

中国共产党成立之后，就立即集中力量领导工人运动，把发动工人阶级进行斗争作为自己的主要任务。1921 年 8 月，党在上海成立公开做职工运动的总机关——中国劳动组合书记部，并出版了《劳动周刊》，作为党指导全国工运的刊物。随后党又在北京、长沙、武汉、济南、广州设立了劳动组合书记部的分部，作为领导各地工运的机关。由于党在工人和人民群众中积极开展活动，中国的工人运动很快出现了新的面貌。1921 年下半年开始，上海、武汉、广东、湖南、直隶等省市和航运、铁路、采矿等行业相继爆发工人的罢工斗争。从 1922 年 1 月到 1923 年 2 月，中国共产党领导的工人运动形成了第一次高潮，前后持续时间达 13 个月之久。在这次高潮中爆发了 100 多次罢工斗争，参加罢工的工人达 30 万以上，罢工大部分都取得了胜利。同时，各地还组织了工会，到 1922 年在全国已成立工会

① 威连斯基：《中国革命之父——孙中山博士》，《国际新闻通讯》第 166 期（1922 年 8 月 19 日）。

② 威连斯基：《中国革命之父——孙中山博士》，《国际新闻通讯》第 166 期（1922 年 8 月 19 日）。

③［苏］达林：《中国回忆录 1921—1927》，中国社会科学出版社 1981 年版，第 126 页。

组织 100 多个[①]。工人阶级实际斗争的发展，也在客观上提出了现阶段革命的主要目标和策略，需要中国共产党在理论上予以回答。

（二）国际背景

1.《九国公约》促使帝国主义加紧对中国的侵略

1921 年 11 月 12 日至 1922 年 2 月 6 日，美、英、法、意、日、荷、比、葡、中等 9 国在华盛顿召开会议。会议达成了列强共同宰割中国的《九国关于中国事件应适用各原则及政策之条约》（简称《九国公约》），重新瓜分帝国主义在华利益，这次会议也被称为“华盛顿会议”。公约的核心是肯定美国提出的在华实行“门户开放，机会均等”的原则，并赋予它以国际协定的性质，使日本独占中国的野心遭到挫折。《九国公约》一方面虚伪地声称“尊重中国主权、独立及领土与行政的完整”，另一方面又提出所谓“各国在华机会均等”和“中国门户开放”的侵略原则，规定缔约国“以其势力认真建设并维持全体各国在中国全境内之工商业机会均等主义”，中国则必须承认“外国政府或人民对于经济权利及利益之请求，不问该外国是否本协定之当事国”。这次会议实际上是在美国占优势的基础上，将中国这块“肥肉”供帝国主义共同宰割，从而助长了帝国主义加紧掠夺中国的野心。《九国公约》是各主要帝国主义国家协同侵略中国的一个“强盗协定”，它打破了日本在中国的独占优势，为美帝国主义实现瓜分中国的计划创造了条件。此后，各帝国主义国家争夺中国的斗争愈演愈烈[②]。帝国主义瓜分中国的实质，让中国共产党认识到当前革命的首要对象是帝国主义和本国封建军阀。

2. 世界革命形势发生变化

第一次世界大战后，帝国主义为恢复经济，加紧在全球范围内掠夺殖民地和半殖民地的原料和劳动力，扩大他们各自的市场，来补偿他们在

---

① 中共中央党校党史教研室：《中国共产党史稿》第一分册，人民出版社 1981 年版，第 60 页。

② 黄修荣、黄黎：《共产国际与中国共产党关系探源》上卷，人民出版社 2016 年版，第 182 页。

第一次世界大战中的损失。由于争夺市场，帝国主义之间矛盾冲突加剧。当时世界发生两个相反的趋势：一方面，帝国主义列强企图通过发动战争使亚非拉地区落后的国家成为他们的殖民地，通过在这些国家寻找代理人来加强压迫和剥削人民。另一方面，无产阶级在共产国际和苏俄的指导之下，认识到国内封建势力和帝国主义是压在人民头上的两座大山，开始与本国革命力量联合起来发起推翻国际帝国主义的革命运动，兴起了世界革命运动和被压迫民族的民族革命运动。新兴起的这两种反对资本帝国主义的革命势力，推动了世界革命运动的发展。

俄国十月革命改变了历史的方向，一是它扩大了民族革命的范围，使民族革命从欧洲扩大到世界上各个被压迫的民族、殖民地和半殖民地。二是因为它为世界被压迫民族的解放提供了现实性和可能性，将西方和东方的革命力量联合起来，“汇集到胜利的反帝国主义斗争的巨流中去”。三是因为它在社会主义的西方和奴役的东方之间架起了一座桥梁，建成了一条广泛的反对世界帝国主义的革命战线①。它使世界进入了一个由资本主义向社会主义过渡的新时期，打破了资本主义一统天下的局面，宣告一种新的社会制度由理想变为现实，它把国际无产阶级的斗争同被压迫民族的解放运动连为一体。

3. 共产国际二大对中国革命具有重要的指导意义

1920 年 7 月至 8 月，为了指导各国共产党的建立、建设和进行革命斗争，共产国际召开了第二次代表大会。在民族和殖民地问题上，列宁强调指出：“被压迫民族和压迫民族之间的区别”是《共产国际的行动纲领》的“最重要的最基本地思想”②。大会通过的《民族和殖民地问题提纲初稿》进一步明确地指出，“共产国际在民族和殖民地问题上的全部政策，主要应该是使民族和各国的无产者和劳动群众为共同进行革命战争、打倒地主和资产阶级而彼此接近起来”③。因此，共产国际是将所有落后的国家中的无产阶

---

① 《斯大林选集》上卷，人民出版社 1979 年版，第 126 页。
② 《列宁选集》第 4 卷，人民出版社 1995 年版，第 227、332 页。
③ 《列宁选集》第 4 卷，人民出版社 1995 年版，第 272 页。

级政党组织起来，培养成能和本国其他具有同样革命任务的革命政党联合起来进行革命的党。残酷的革命现实使他们认识到，无产阶级政党不但要同本国的资产阶级民主运动作斗争，而且还要支援世界上其他殖民地国家和落后国家的资产阶级民主民族运动。没有世界各国和各民族的无产阶级，以及全体人民群众的联合统一，战胜资本主义的事业是不可能顺利完成的。所以，在共产国际二大上，列宁提出面对强大的敌人，共产国际应当与那些殖民地国家和落后国家的资产阶级民主派结成临时联盟，组成统一战线，来壮大自己的力量。

共产国际二大的会议精神表明，当时社会主义革命和民族民主主义革命已经结合在一起，并且成为历史发展的方向。所以列宁指出，殖民地国家和半殖民地国家革命的任务，第一步是要推翻帝国主义的压迫，同时还要反对封建统治，革命的主力军是工人和农民。在取得民族民主革命的胜利之后，就能将革命过渡到社会主义革命。据此，列宁为无产阶级政党制订了一系列策略原则：无产阶级政党必须领导工人阶级进行革命斗争，来实现工农联盟，不断推动民族民主革命运动的发展；无产阶级政党应该与民族资产阶级结成联盟，由于无产阶级运动处于萌芽状态，还不成熟，所以在统一战线中，无产阶级必须要保持自己的独立性，而不是同资产阶级民主派相互融合。

列宁关于民族和殖民地问题的理论和策略思想，是马克思主义革命理论策略的重要组成部分，是无产阶级政党解决殖民地和半殖民地社会的革命对象、革命目标、革命前途、主力军和同盟军问题的思想武器。列宁的这些民族和殖民地问题的理论和策略思想，为中共二大的召开奠定了坚实的理论基础，对于中共二大制定民主革命纲领、做出建立民主革命的联合战线的决定起到了重要的指导作用。

4. 远东会议对民主革命纲领的制定给予了直接的帮助

共产国际于 1922 年 1 月 21 日至 2 月 2 日在莫斯科召开远东各国共产党及民族革命团体第一次代表大会（简称“远东会议”）。这次会议直接促进了列宁关于民族和殖民地革命理论在中国的传播，这些思想，对于党制定当前阶段的革命纲领给予了直接的帮助。

这次会议向中国共产党早期领导人传播了列宁关于民族和殖民地问题理论。揭露了华盛顿会议的实质及其企图瓜分中国的阴谋，痛斥了帝国主义侵略中国、朝鲜等远东国家的残暴罪行。号召“全世界的无产阶级和被压迫的民族联合起来！”号召东方各被压迫民族在西方无产阶级的援助下，进行反对帝国主义和封建主义的民族民主革命。共产国际执委会东方部主任萨发洛夫的报告和大会的宣言，宣传了列宁的关于民族和殖民地问题的革命理论，分析了国际和各国的形势，阐述了殖民地半殖民地国家的革命性质、对象和任务等问题。这次会议是具体贯彻共产国际二大决议的一次盛会。会后，列宁抱病在克里姆林宫约见张国焘、张秋白、邓培三位中国代表和朝鲜代表金奎植。事后，据张国焘回忆，他认为列宁的问话表示了希望国共两党能够合作的意向①。

经过近一年的实践斗争，中国共产党已逐步认识到中国人民所受的最大痛苦，还不是一般的资本主义剥削，而是帝国主义的压迫和封建军阀的统治。中国革命的首要任务是反对帝国主义和封建军阀。党不断通过革命实践探索中国革命的基本问题，接受了列宁关于民族和殖民地问题的理论，并开始把这两方面结合起来，认识到必须为此制定正确的战略方针，提出明确的政治主张。

（三）发表《中国共产党对于时局的主张》

1922年5月底，根据国际②国内③政治局势的变化，中共中央召开会议讨论时局及“好人政府”问题。会议认为华盛顿会议决不能开辟一条改善中国地位的道路，废督裁兵不可能。“好人政府”的主张会阻碍革命思潮的

---

① 张国焘:《我的回忆》第1册，东方出版社1980年版，第200页。

② 华盛顿会议和远东会议的召开。

③ 1922年4月，直系军阀和奉系军阀爆发战争。直系军阀获胜，控制中央集权。当时北京一些从事新文化运动的知名学者对吴佩孚抱有极大幻想，提出“好人政府”的主张，宣扬联省自治，并希望得到中国共产党支持。共产国际也希望争取吴佩孚，并向中国共产党提出与吴合作的方针。

发展，将一般人引导到改良幻想的歧途。会议决定不必顾虑到与蔡元培、胡适等好人政府派的原有友谊，即应公开我们的主张，会议决定由陈独秀起草一份对于时局的主张，阐明中国共产党的政治立场和政治主张。当时党中央在讨论这个问题时，一致认为国际帝国主义和本国军阀的压迫，是中国内忧外患的根源，也是人民受痛苦的根源，不从根本上推翻旧制度，不论是“废督裁兵”还是“联省自治”，都是一句空话；“好人政府”的主张散布改良妥协的幻想，只会阻碍革命的发展。必须用革命的手段取消列强在华的各种特权，肃清军阀，保障人民自由的权利。应当建立一个民主主义的联合战线，共同反对列强和军阀的双重压迫[①]。

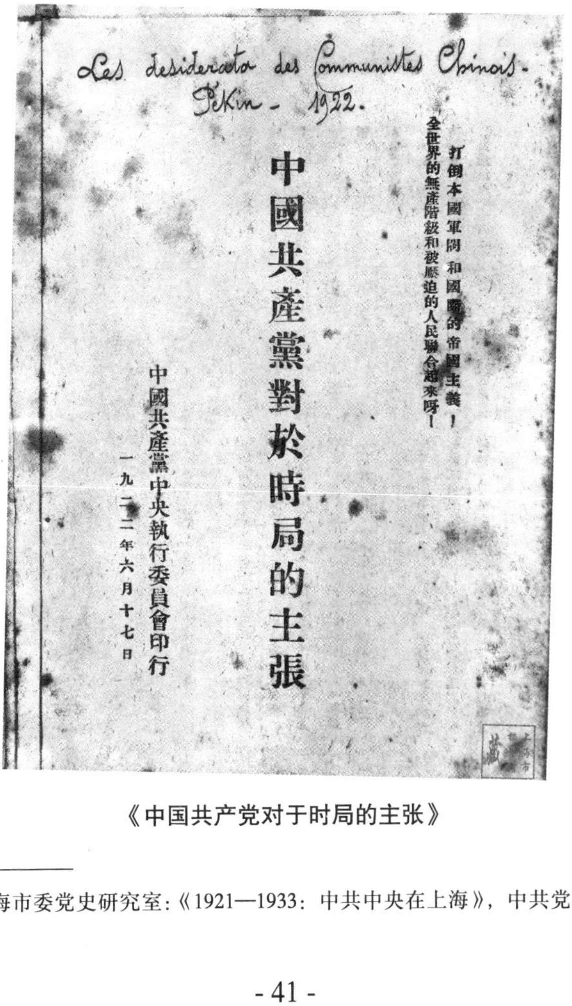
Les desiderata des Communistes Chinois-
Pékin - 1922.

打倒本國軍閥和國際的帝國主義！
全世界的無產階級和被壓迫的人民聯合起來呀！

中國共產黨對於時局的主張

中國共產黨中央執行委員會印行
一九二二年六月十七日

《中国共产党对于时局的主张》

① 中共上海市委党史研究室：《1921—1933：中共中央在上海》，中共党史出版社 2006 年版，第 38 页。

1922年6月15日，中共中央通过了《中国共产党对于时局的主张》。据张国焘回忆，“陈先生的草案在中共中央讨论的时候，并没有经过很多的修改就通过了”①。6月17日刊印单行本，6月20日在《先驱》第9号发表，这是中国共产党第一次公开发表自己的态度。

《主张》分为十个部分。第一部分首先回顾了中国近代的历史，分析了近代以来中国几次旧式反抗失败的原因，肯定辛亥革命的意义，“那次革命，在中国政治史上算是开了一个新纪元”。

第二部分首先点明辛亥革命有两个意义，“一个是反对满洲帝政之民主运动，一个是反对外力压迫之自强运动”。接着指出“不幸这种战争在中国，至今尚未能成功”，未能成功的原因是“因为民主派屡次与封建的旧势力妥协”。而“民主派失败，便是人民不能脱离国际帝国主义及本国军阀压迫的痛苦。因为民主政治未能成功，名为共和国家，实际上仍旧由军阀掌握政权，这种半独立的封建国家，执政的军阀每每与国际帝国主义互相勾结，因为军阀无不欢迎外资以供其军资与浪费，国际帝国主义在相当的限制以内，也都乐以金力借给军阀，一是可以造成他们在中国的特殊势力，一是可以延长中国内乱，使中国永远不能发展实业，永远为消费国家，永远为他们的市场”。最后指出“军阀政治是中国内忧外患的源泉，也是人民受痛苦的源泉，若没有较新的政治组织——即民主政治，来代替现在的不良政治组织——即军阀政治，这样的状况是必然要继续下去的”。

第三部分，对于民主政治，认为必须用革命的手段来实现。“民主政治当然由民主派掌握政权，但所谓民主派掌握政权，决不是在封建的军阀势力之下选一个民主派人物做总统或是选几个民主派的人物组织内阁的意思，乃是由一个能建设新的政治组织应付世界的新环境之民主党或宗旨相近的数个党派之联合，用革命的手段完全打倒非民主的反动派官僚军阀，来掌握政权的意思。”“映在我们眼中的民主派掌握政权，乃是一个阶级推倒一< 个 >阶级一个制度代替一个制度的意思，不是一个人代替一个人或者那

---

① 张国焘：《我的回忆》第1册，东方出版社1980年版，第232页。

几 < 个 > 人代替那几个人的意思。”

第四部分，认为中国现存的各政党中，只有国民党是比较革命的民主派。但也指出“他们的党内往往有不一致的行动及对外有亲近一派帝国主义的倾向，对内两次与北洋军阀携手；国民党为保存他在民主革命上的地位计，这种动摇不定的政策，实有改变的必要。”

第五部分，不认同一派人主张的由总统复位恢复国会，维持法统，以解决时局问题。“封建式的北洋军阀不消灭，他们自袁世凯以至今日天天怀着牢不可破的‘北洋正统’思想统治中国，有何总统国会能够行使职权？”“法统之根据在约法，约法是什么？全部约法除了把万世一系的天皇换了由国会选举的总统之外，都是抄袭日本宪法，约法里虽然也载了几条人民之权利，同时又轻轻用‘得依法律限制之’七个字打消了，这种法统不但我们不满意，就是最近的广东政府也不建设在护法上面了。”

第六部分，不认同一派人主张的联省自治以解决时局问题。“我们所认为不违背民主主义的联省自治，是由民主派执政的自治省联合起来，组织联省政府，来讨平非民主的军阀政府，建设民主政治的全国统一政府，结果仍是一种民主主义对于封建制度战争的形式；决不是依照现状的各省联合一联省自治的政府和北京政府脱离就算完事，因为这乃是联督自治不是联省自治；更不是联合卢永祥张作霖几个封建式的军阀就可以冒称联省自治的，因如这种联省自治不但不能建设民主政治的国家，并算[且]是明目张胆的提倡武人割据，替武人割据的现状加上一层宪法保障，总之封建式的军阀不消灭，行中央集权制，便造成袁世凯式的皇帝总统；行地方分权制，便造成一班武人割据的诸侯，哪里能够解决时局？”

第七部分，不认同一派人认为的吴佩孚有力量解决时局问题。“我们固然承认吴佩孚好过张作霖，但是我们要知道吴佩孚和张作霖都是妨碍民主政治的军阀；我们固然承认吴佩孚是反对亲日派的人，但我们知道吴佩孚的背后也有一种外国势力”，“吴佩孚正在一面用兵对南，一方主张巩固北洋正统，以取得和袁世凯段祺瑞相等的地位；用兵对南是敌视民主主义的行动，巩固北洋正统即是拥护封建式的武人专政；他或者也有力量暂时解决时局，但恐怕更要因此酿成和袁世凯成功后段祺瑞成功后同样更难解决的时局。”

第八部分，首先指出“要解决纠纷的时局，必须由历年许多纠纷的事件里面分析出纠纷的共通病根所在然后才能够找出到真正解决纠纷的道路。”接着，列举了民国时期重大的政治军事事件，认为这些事件“前五次是民主派和北洋军阀之理想及势力冲突，后二次是军阀内讧，这两种纠纷的共通病根就是军阀存在。解决纠纷的唯一道路只有打倒军阀建设民主政治。”最后指出“军阀与战乱如形影不相离，所以军阀不消灭，不但好政府主义者所谓好政府无从实现，军阀自身之坏政府，亦必日在不统一的动摇之中，而全国人民之产业生命，亦必随而动摇而丧失。”

第九部分，首先告诫好政府主义者，“据中外古今革命史上的教训，你们这种妥协的和平主义，小资产阶级的和平主义，正都是‘努力’‘奋斗’‘向恶势力作战’的障碍物。军阀势力之下能实现你们所谓好政府的涵义吗？你们现观察现时京津保的空气，能实现你们政治改革的三个基本原则和六个具体主张吗？”接着告诫国民党，“你们本是革命的民主主义者，应始终为民主主义而战，宁可战而失败，不可与北洋军阀妥协而失败。……现在不可又以恢复国会法统废督裁兵等条件而与北洋军阀妥协了。……希望军阀自己出来废督裁兵，岂不是与虎谋皮？……你们唯有一心完成你们民主革命的使命，勿为这些欺人的好听的空话所误！”最后，向农民工人学生兵警商人发出呼吁，“军阀不打倒，废督裁兵是不可能的；军阀不打倒，想他们不强索军费不扰乱中央及地方的财政秩叙［序］是不可能的；军阀不打倒，想他们不滥借外债做军费政费以增加列强在华势力是不可能的；军阀不打倒，想他们不横征暴敛想他们绥靖地方制止兵匪扰乱是不可能的；军阀不打倒，工商业怎能发展，教育怎能维持和振兴？军阀不打倒，想他们不互争地盘是不可能的；因为他们互争地盘战争一次，农人工人商人的身家性命便跟着牺牲一次，无辜的兵士警察便跟着身罹炮弹一次，他们战争无止期，我们要停止这种无止期的牺牲，只有加入民主战争打倒军阀，没有别种姑息的妥协的伪和平方法可以得到根本的真和平幸福的。”

第十部分，鲜明提出“中国共产党是无产阶级的先锋军，为无产阶级奋斗，和为无产阶级革命的党。”同时，提出“但是在无产阶级未能获得政权以前，依中国政治经济的现状，依历史进化的过程，无产阶级在目前最切要的工作，还应该联络民主派共同对封建式的军阀革命，以达到军阀覆灭能够建设民主政治为止。”最后提出 11 条目前奋斗的目标，强调这些目标，“决不是在封建式的军阀势力之下可以用妥协的办法请求得来的；中国共产党的方法，是要邀请国民党等革命的民主派及革命的社会主义各团体开一个联席会议，在上列原则的基础上共同建立一个民主主义的联合战线，向封建式的军阀继续战争；因为这种联合战争，是解放我们中国人受列强和军阀两重压迫的战争，是中国目前必要的不可免的战争。”

《主张》是中国共产党第一次公开发表自己的政治态度和政治立场，集中反映了党对中国国情和中国革命理论探索的初步成果，是党运用马克思主义分析中国社会状况，解决中国革命问题的新起点。它为党在第二次全国代表大会完成制定党的民主革命纲领的历史任务，奠定了基础。

第二部分　二大的筹备与召开

1922 年 7 月 16 日至 23 日，中国共产党在上海举行第二次全国代表大会。出席大会的有中央局成员、党的地方党组织的代表和参加远东会议后回国的部分代表。他们是陈独秀、张国焘、李达、杨明斋、罗章龙、王尽美、许白昊、蔡和森、谭平山、李震瀛、施存统等 12 人（尚有一人姓名不详），代表着全党 195 名党员。大会的第一次全体会议在上海原公共租界南成都路辅德里 625 号举行。陈独秀主持大会，并代表中央局向大会作一年来的工作报告；张国焘报告出席远东会议的经过以及第一次全国劳动大会的情况；团中央代表施存统报告中国社会主义青年团第一次全国代表大会的经过及大会通过的决议。大会推举陈独秀、张国焘、蔡和森组成起草委员会，负责起草《中国共产党第二次全国代表大会宣言》和其他决议案。

一、大会的筹备工作

根据 1921 年 11 月陈独秀签发的《中国共产党中央局通告》要求，到明年 7 月大会前，上海、北京、广州、武汉、长沙要成立区执行委员会，以便开大会时能够依党纲成立正式中央执行委员会，可以看出，中共二大的筹备工作在 1921 年下半年就已经开始了。但是，关于中共二大筹备工作保存下来的资料并不多，关于是否成立了筹备工作小组及是否召开筹备工作会议都不得而知。也许对于刚刚成立几个月的中国共产党而言，筹备一次全国代表大会并没有太多的准备时间。

根据现有的史料，我们可以得出，关于中共二大召开时间的选择有比较清晰的安排。预定二大在第一次全国劳动大会和青年团第一次全国代表大会之后举行，召开党的代表大会以确定党在现阶段的政治任务。关于地点的选择，曾考虑过上海或广州。但最后鉴于广州的形势，最终选择在上海召开。

关于大会具体讨论事项的筹备，我们可以从张国焘的回忆中得知一二。张国焘曾作为中共代表团团长出席远东会议，“我回国以后，曾将这些成就报告中共中央，并为中共中央所欣然接纳。中共中央于一九二二年六月十日[①]所发表的时局主张和七月间中共第二次代表大会宣言，就是根据这次大会的结果所拟具。”[②]“一九二二年三月间，我由莫斯科回到上海，自然须向中共中央的同志报告此行经过，又和陈独秀先生作了多次长谈。”[③]由此可见，关于中共二大宣言的拟写准备工作最早在1922年3月间就开始酝酿了。同时也听取了其他同志的意见，“陈独秀先生很重视这些从外国回来的同志们[④]的意见。他表示从国外归来的同志能增加中共的新血液，又可纠正国内同志们那种受环境影响的散漫心理。他同意由第二次代表大会草拟另一个宣言，来补充前一个文件[⑤]的不足。”[⑥]

关于中共二大会上讨论的内容在会前也曾讨论准备过。“当我初次在中共上海区全体党员会议报告莫斯科之行和国共合作建立联合战线等问题时，虽没有引起严重争论，但惊奇和疑难都表露出来了。当我遵照中央意旨在同一的会议上第二次提出报告时，曾说明党的第二次代表大会即将举行，主要议程在确定政纲，此后同志们须加深了解政纲内容，一致遵行，并将进行思想训练和严紧纪律等等。”[⑦]虽然这次会议无果而散，但从侧面反映中共中央为开好中共二大进行了专题讨论和思想上的准备。

---

① 此处张国焘回忆有误，应为6月15日。编者注。
② 张国焘:《我的回忆》第1册，东方出版社1980年版，第209页。
③ 张国焘:《我的回忆》第1册，东方出版社1980年版，第212页。
④ 主要指的是蔡和森、向警予等。编者注。
⑤ 指的是《中国共产党对于时局的主张》，编者注。
⑥ 张国焘:《我的回忆》第1册，东方出版社1980年版，第235页。
⑦ 张国焘:《我的回忆》第1册，东方出版社1980年版，第215页。

二、大会的时间和地点

（一）会议时间的确定

中共一大上，没有明确规定党的全国代表大会多长时间召开一次，不过在中共一大通过的《中国共产党第一个纲领》第十四条中提到："党员除非迫于法律，不经党的特许，不得担任政府官员或国会议员。士兵、警察和职员不受此限（这一条在一九二二年第二次代表大会上曾引起激烈争论）。"括号内的文字是俄文稿原注。但是英文稿原注为"此条款引起激烈争论，最后留至一九二二年第二次会议再作决定。"根据《中国共产党第一次代表大会》（俄文稿）一文所载："这个问题我们还是不能作出结论。只好留到下次代表大会去解决"，由此可见俄文稿原注有误，英文稿原注是对的[①]。因此，可以确定中共一大时已经决定在1922年召开二大，只不过没有具体月份。

无产阶级政党把党的代表大会年会制作为基本政党活动方式。马克思、恩格斯认为，既然党代表大会是党的最高权力机关，它就必须实行年会制，即每年召开一次党代表大会，以便于党根据客观形势的变化，群策群力，集思广益、分析形势，总结经验，确定任务，采取对策，及时调整，减少失误。马克思和恩格斯在《共产主义者同盟章程》和《国际工人协会共同章程》中对无产阶级政党内部组织体系的建构为以后的共产党自身制度建设提供了范本，无论是后来的苏联共产党还是中国共产党，抑或是其他曾经执政或目前仍然执政的共产党，都体现了对马克思、恩格斯探索的继承和发展。年会制在各国共产党早期活动中也得到实行。如列宁在领导俄国社会民主党早期活动期间以及中国共产党的前六次全国代表大会都体现了年会制的精神。只是随着斗争条件的恶化而后改为几年召开一次。

1921年11月，陈独秀签发《中国共产党中央局通告》，通告要求上

① 中央档案馆:《中共中央文件选集（1921—1925）》第1册，中共中央党校出版社1989年版，第4—5页。

海、北京、广州、武汉、长沙要在本年内，最迟明年七月开大会前成立区执行委员会，以便开大会时能够依党纲成立正式中央执行委员会。这里的大会指的就是中共二大，由此可以确定，当时中央局决定二大召开的月份定在7月。最终召开的时间在二大部分代表的回忆中也得到了佐证。如李达谈道："党就在七月间召开了第二次代表大会。"[①] 蔡和森在《中国共产党史的发展（提纲）——中国共产党的发展及其使命》中提到："第二次大会在一九二二年七月，第三次大会在一九二三年。"[②]

那么，具体在7月哪一天召开的呢？目前并没有发现如会前通知类的原始资料，据中央档案馆保存的1922年7月印行的中国共产党第二次全国代表大会通过的《中国共产党章程》第二十九条记载，"本章程由本党第二次全国代表大会（一九二二年七月十六日——二十三日）议决，自中央执行委员会公布之日起发生效力。"[③] 根据这份原始档案，可知中共二大召开的时间是7月16日至23日。从俄罗斯查到的中国社会主义青年团的档案，1922年7月15日的中国社会主义青年团中央执行委员会第十三次会议，有一项议程为："推举存统代表本团出席中国C.P.第二次全国大会。"[④] 从时间来看，这已经是二大召开的前一天了，可见当时团中央确定出席代表的时间比较匆促紧迫。

（二）会议地点的选择

1. 广州还是上海

关于中共二大在何地召开，中央局曾考虑过在广州或上海。根据张国焘的回忆，"我们预定中共第二次全国代表大会应于上述两个大会[⑤] 举行之

---

① 中国社会科学院现代史研究室：《"一大"前后 中国共产党第一次代表大会前后资料选编》，人民出版社1980年版，第17页。

② 《蔡和森文集》，人民出版社2013年版，第815页。

③ 中央档案馆：《中共中央文件选集（1921—1925）》第1册，中共中央党校出版社1989年版，第93页。

④ 《中国社会主义青年团一大及其筹备会议和第一届团中央执委会会议记录》，《党的文献》2012年第1期。

⑤ 指的第一次全国劳动大会和中国社会主义青年团第一次全国代表大会。编者注。

后，即继续举行，以确定中共在现阶段的政治任务。至于会议地点，如在上海，显然要预防租界当局的干扰；如改在广州举行，自然是很安全，不过当时广州的政情很复杂，孙（中山）陈（炯明）摩擦之说已甚嚣尘上，如果国民党内部真发生冲突，我们在广州举行大会就有些不便。因此，中共中央决定由陈独秀先生和我在广州指导劳动和青年团两个大会的进行，并考察广州的政治情况，研究国共合作的可能发展，再行决定我们党的第二次代表大会是否便于在广州举行。”①“当我在离开广州以前，我们鉴于广州局势的严重，觉得中共第二次全国代表大会在广州举行是不适宜的，因而决定仍在上海举行。他②在青年团大会结束后，曾应陈炯明之邀，偕同陈公博等前往惠州与之晤谈。陈先生此举的用意似乎是企图从旁劝说孙、陈之间避免火并。但这种活动为时已晚了。他觉得事不可为，很快的率同其他青年团的代表返回上海。”③时局的变化动荡，最终中央局决定在上海召开二大。

2. 上海的三个会址

大会的第一次全体会议在上海原公共租界南成都路辅德里625号④举行。这里是中央局成员、负责宣传工作的李达的住处，也是人民出版社的社址所在地。1921年4月，李达和王会悟结婚后搬出陈独秀的寓所，租住在这里⑤。这里一直没有被租界当局搜查过，没有暴露过，比较适合在当时的环境下召开党的会议。李达在1954年2月写给上海革命

---

① 张国焘:《我的回忆》第1册，东方出版社1980年版，第214页。

② 指的是陈独秀。

③ 张国焘:《我的回忆》第1册，东方出版社1980年版，第229页。

④ 根据上海市档案馆保存的20世纪20年代公共租界工部局英文档案和《上海地名志》记载，1905年，孟德兰路到福熙路的南段称为“南成都路”，直到20世纪20年代末期，南、北成都路辟通之后，才统一称为成都路。根据公共租界工部局历史档案记载，里弄内的房屋门牌号是马路的门牌号码。即编制门牌号码是从一条马路的顶端开始编制，遇到成片的里弄房子也是按马路的门牌号码续编，所以二大会址的门牌号是625号。1922年3月5日《妇女声》刊登的平民女校招生广告中写明平民女校的报名地址是南成都路辅德里632号半，也是有力的佐证。参见《关于中共二大会址旧址的路名和门牌号》,《中国共产党第二次全国代表大会（增订本）》，中共党史出版社2010年7月增订版，第390—391页。

⑤ 王炯华:《李达评传》，人民出版社2004年版，第77页。

历史纪念馆负责同志[①]的信中，说：“关于党第二次代表大会开会地点问题，我曾对胡乔木同志说过，开会地点在上海，……第一天大会是在南成都路辅德里六二五号举行的，第二、第三两天的大会，是分别在另一个地方举行的，里弄和门牌号码我记不得了，但都在英租界，这是千真万确的。”[②]

中共二大会址方位图。

① 信中原文如此。实际上应为上海革命历史纪念馆筹备处。

② 上海市档案馆：《党在这里诞生——中共一大会址、上海革命遗址调查记录》，东方出版中心 2020 年版，第 31 页。

辅德里弄内旧景。

辅德里弄口旧景。

今日辅德里弄堂口。

中共二大选择三个会议地点，主要是吸取中共一大的经验教训，但另外两个会议地点迄今仍是未解之谜。或许正是因为采取了更换会址的保密措施，毛泽东在1936年和美国记者斯诺的谈话时说：“第二次党代表大会在上海召开，我本想参加，可是忘记了开会的地点，又找不到任何同志，结果没有能出席。”①

中共二大会址旧景。

中共二大会议场景复原。

① 《毛泽东自述》，人民出版社1933年版，第46页。

中共二大会址外景 1。

中共二大会址外景 2。

三、大会的代表

出席中共二大的代表有中央局成员、党的地方组织代表和参加远东各国共产党及民族革命团体第一次代表大会后回国的部分代表。他们是陈独秀、张国焘、李达、杨明斋、罗章龙、王尽美、许白昊、蔡和森、谭平山、李震瀛、施存统等 12 人（尚有一人姓名不详），代表着全党 195 名党员[①]。

（一）代表资格的确定

20 世纪 50 年代初，在整理“中央文库”档案文献过程中，工作人员发现了一份中共六大时期手写、未署名的《中共历次大会代表和党员数量增加及其成分比例表》[②]。这是 1928 年召开中共六大时，根据代表们的回忆，绘制的历次党代会人员情况统计表。表格里关于中共二大代表填写的是：“到十二人，都是知识分子，陈独秀、张国焘、蔡和森、谭平山、震瀛、杨明斋、施存统、李达、毛泽东、白昊、章龙、尽美。”

中共二大后有一份《关于我们党的组织问题（补充报告）》[③]，原稿未注明作者和时间，其中写道：“一九二二年在上海召开了中国共产党第二次全国代表大会。参加这次会议的有来自七个地区（上海、北京、山东、湖北、湖南、广州）[④] 的七个代表，每个地区各一人。”[⑤] 但遗憾的是，报告中未提及具体人名，并且还少了一个地区。作为补充报告，极有可能只补充了地区

---

① 中共中央党史研究室：《中国共产党历史》第一卷（1921—1949）上册，中共党史出版社 2011 年版，第 78—79 页。全国党员人数的依据是 1922 年 6 月 30 日《中共中央执行委员会书记陈独秀给共产国际的报告》。引自《中共中央文件选集（1921—1925）》第 1 册，第 47 页。

② 杨晔：《中共二大代表名单研究述评》，《上海党史与党建》2012 年第 7 期，第 30 页。

③ 这是在 1957 年后苏联归还中国的共产国际档案中发现的，该报告分俄文稿和英文稿两个版本，其中英文稿注明时间为 1922 年 12 月 9 日，尚存于莫斯科档案馆。引自杨晔：《中共二大代表名单研究述评》，《上海党史与党建》2012 年第 7 期。

④ 俄文原稿此处少一地区。

⑤ 中国社会科学院近代史研究所现代研究室：《“二大”和“三大” 中国共产党第二、三次代表大会资料选编》，中国社会科学出版社 1985 年版，第 128 页。

代表，并未将当然代表的三名上届中央局成员[①]和团中央、劳动组合书记部代表再重新说明。

因此，根据英译文《关于我们党的组织问题（补充报告）》（1922 年 12 月 9 日）和中共六大《中共历次大会代表和党员数量增加及其成分比例表》确定中共二大代表分别是中央局委员陈独秀、张国焘、李达，上海代表杨明斋，北京代表罗章龙，山东代表王尽美，湖北代表许白昊，湖南代表蔡和森，广东代表谭平山，劳动组合书记部代表李震瀛，中国社会主义青年团临时中央局代表施存统[②]，尚有一人姓名不详[③]。

（二）代表生平经历

1. 陈独秀（1879—1942），中国共产党的创始人和早期领导人之一。字仲甫，号实庵，安徽怀宁十里铺（今属安庆市）人。早年留学日本，1904 年 2 月创办《安徽俗话报》。1915 年 9 月，在上海创办《青年杂志》，在思想文化领域掀起了一场以民主和科学为旗帜，向传统的封建思想、道德、文化宣战的新文化运动。一年后《青年杂志》更名为《新青年》。五四运动后，开始接受并宣传马克思主义。1920 年初，与李大钊开始酝酿在中国建立共产党组织。1920 年 6 月，在上海发起成立第一个共产党早期组织，任书记；经与李大钊商议，8 月定名为中国共产党，史称中国共产党发起组，并指导和推动各地党的早期组织的建立。1921 年 7 月，在中国共产党第一次全国代表大会上当选为中央局委员，任中央局书记。此后，在中共第二至第五次全国代表大会上均被选为中央委员，先后任中央局执行委员会委员长、中央委员会总书记。在大革命后期，因犯右倾机会主义错误，于 1927 年 7 月中旬离开中共中央领导职务。后接受苏俄与苏联早期领导人之一、联共（布）党内反对派首领托洛斯基关于中国革命

---

① 陈独秀、张国焘、李达都曾回忆参加党的二大的情况。

② 引自《中国共产党组织史资料》第 1 卷 党的创建和大革命时期（1921.7—1927.7），中共党史出版社 2000 年版，第 19 页。但此处应为中国社会主义青年团中央执行委员会代表施存统，详见本书第 54 页。

③ 由于毛泽东自述没能出席中共二大，所以迄今尚有一位代表姓名无法确定。

的理论和策略，并在党内组织“左派反对派”。1929 年 11 月被开除出党。1931 年 5 月，在上海出席中国各托派小组织联合召开的统一大会，被推选为中国托派组织的中央书记。1932 年 10 月，在上海被国民党政府逮捕，1937 年 8 月出狱。后辗转到四川江津定居，1942 年 5 月 24 日[①]在四川江津去世。

2. 张国焘（1897—1979），字恺荫，原名特立，江西萍乡人。1920 年秋参加北京共产党早期组织。1921 年参加中国共产党第一次全国代表大会，当选为中央局委员，负责党的组织工作。8 月任中国劳动组合书记部主任兼《劳动周刊》主编。1922 年 7 月，在中国共产党第二次全国代表大会上当选为中央执行委员会委员。1925 年至 1928 年曾被选为中共中央局委员、政治局委员、政治局常委等，曾任中央工农部主任、中央军事部主任等。1931 年任中共鄂豫皖中央分局书记、中华苏维埃共和国临时中央政府副主席等职。1935 年 6 月红一、红四方面军在四川懋功（今小金）地区会师后任总政治委员。9 月下旬，反对中央关于红军北上建立川陕甘苏区根据地的决定，擅自率一部分红军南下川康。10 月 15 日，在卓木碉另立“中共中央”，公开分裂党和红军。红四方面军南下后屡遭挫折，部队减员过半。1936 年 6 月，被迫取消“第二中央”，随后与红二、红四方面军一起北上，与红一方面军会师。1937 年党中央在延安召开政治局扩大会议，批评其分裂主义和军阀主义错误。9 月，担任陕甘宁边区政府副主席、代主席。1938 年 4 月，乘祭拜黄帝陵逃离陕甘宁边区，经西安到武汉，投入国民党特务集团，随即被中共中央开除党籍。1948 年 11 月去台湾，1949 年转居香港，1968 年移居加拿大，1979 年 12 月 3 日在加拿大多伦多去世。

3. 李达（1890—1966），字永锡，号鹤鸣，湖南零陵（今永州）人。

---

① 5 月 24 日病逝参见中共中央党史研究室第一研究部、第二研究部、第三研究部：《两个历史问题的决议及十一届三中全会以来党对历史的回顾（简明注释本）》，中共党史出版社 2013 年版，第 39 页。还有一说是 5 月 27 日病逝，参见中共中央组织部、中共中央党史研究室：《中国共产党历届中央委员大辞典（1921—2003）》，中共党史出版社 2004 年版，第 38 页。

1913年留学日本，1920年8月参加上海共产党早期组织，主编《共产党》月刊。1921年参加中国共产党第一次全国代表大会，当选为中央局委员，负责党的宣传工作。9月，创办中国共产党第一个出版机构——人民出版社。1923年在国共合作问题上与陈独秀意见分歧，随后离开了党组织。此后长期从事马克思主义理论研究和教育工作。1949年12月重新加入中国共产党。历任湖南大学校长、武汉大学校长、中国科学院哲学社会科学学部委员、第一任中国哲学学会会长、全国政协委员、全国人大常委会委员等职。1966年8月24日在武汉逝世。

4. 杨明斋（1882—1938），山东平度市西乡人。1920年初，以共产国际代表维经斯基的翻译和助手身份来华，同李大钊、陈独秀等人商谈建立中国共产党的问题。8月参加上海共产党早期组织，同月参与发起上海社会主义青年团。中国共产党成立后，在党内从事党的理论教育和宣传工作。大革命失败后，在天津地区从事革命活动。1930年去苏联，1938年5月，在苏联"大清洗"中受到迫害而逝世。1989年平反昭雪、恢复名誉。

5. 罗章龙（1896—1995），字仲言，湖南浏阳人。1918年参加新民学会，同年考入北京大学文学院。1920年发起组织北京大学马克思学说研究会，任书记。同年冬加入北京共产党早期组织，为该组织在北京大学的负责人。中国共产党正式成立后，曾被选为中央委员、中央候补委员。1931年中共六届四中全会后，在反对四中全会的名义下企图分裂党，因参与成立"中央非常委员会"（即"第二中央"）、江苏"第二省委"、上海闸北和沪中"第二区委""第二工会党团"等组织而被开除出党。从1934年起，先后在河南大学、西北大学、华西协和大学、湖南大学任教。新中国成立后，相继在湖南大学、中南财经大学、湖北大学任教。1978年后任中国革命博物馆顾问，1980年增补为第五届全国政协委员，1983年、1988年分别被选为第六、第七届全国政协委员。1995年2月3日在北京逝世。

6. 王尽美（1898—1925），字灼斋，山东莒县北杏村（今诸城）人。

1920年秋，在济南成立马克思主义学说研究会，1921年春发起成立济南共产党早期组织。1921年参加中国共产党第一次全国代表大会。曾任中国共产党山东区支部书记，中国劳动组合书记部济南分部主任，中共山东执行委员会书记等职。1925年8月在青岛病逝。

7. 许白昊（1899—1928），湖北应城人。1922年加入中国共产党。曾担任中国劳动组合书记部武汉分部领导工作，任全国总工会执行委员。1927年5月，任中共第五届中央监察委员会委员，8月调上海任中共江苏省委委员、上海总工会党团书记兼组织部主任。1928年2月因叛徒出卖被捕，6月6日在上海牺牲。

8. 蔡和森（1895—1931），字润寰，号泽膺，湖南湘乡永丰镇（今双峰）人。1918年4月与毛泽东等组织新民学会，创办《湘江评论》。1920年初赴法国勤工俭学。1921年12月加入中国共产党。1922年7月参加中国共产党第二次全国代表大会，当选为中央执行委员会委员，负责党的宣传工作，9月任中共中央机关报《向导》周报主编。1925年受中共中央委托赴莫斯科参加共产国际第五届执行委员会第六次扩大会议，会后任中共驻共产国际代表。1927年5月在中共五届一中全会上当选为中央政治局委员、常委。1927年6月任中共中央秘书长。大革命失败后，受中共中央委托为特派员赴天津协助建立中共中央北方局领导机关。1928年7月在中共六届一中全会上当选为中央政治局委员、常委，任中共中央宣传部部长。1928年11月因“顺直省委问题”被解除中央政治局委员、常委和中央宣传部部长职务。1928年底作为中共驻共产国际代表团成员派驻莫斯科，1931年初回国，恢复了中央政治局委员资格①。5月起任中共两广省委书记，6月因叛徒出卖在香港被捕，8月在广州就义。

9. 谭平山（1886—1956），字成斋，号鸣谦，广东高明人。早年加入同盟会，参加五四运动。1921年春，在陈独秀的主持下，参与发起广州共产党早期组织。中共一大后任中共广东区支部书记，国民党中央执行委员、

① 王健英:《民主革命时期中共历届中央领导集体述评》上册，中共党史出版社2007年版，第347页。

常委委员兼组织部长，武汉国民政府委员兼农政部长。后任中共第三、第四届中央执行委员，第五届中央政治局委员。1927 年 11 月，在中共中央临时政治局扩大会议上被不适当地开除党籍。1930 年 5 月参与组织中国国民党临时行动委员会（即第三党，1947 年改名为中国农工民主党）。1945 年 10 月任三民主义同志联合会主要负责人。1948 年 1 月在香港参加组织中国国民党革命委员会，当选为中央常委。1949 年 9 月出席全国政协第一届全体会议。新中国成立后，曾任中央人民政府委员、国务院监察委员会主任、全国人大常委会常委、全国政协委员、民革中央副主席等职。1956 年 4 月 2 日在北京逝世。

10. 李震瀛（1896—1937），天津人。五四运动时期参加天津觉悟社。1921 年秋加入中国共产党。8 月任中国劳动组合书记部干事、《劳动周刊》编辑。1922 年起任郑州工人俱乐部负责人。1923 年初任京汉铁路总工会秘书长。二七惨案后，在中共北平区委做工运工作。1924 年在唐山、大连、天津等地从事党组织筹建及工运工作。1925 年在上海总工会工作。1926 年秋至 1927 年 3 月，参加上海工人三次武装起义。1927 年在中国共产党第五次全国代表大会上被选为中央候补委员。1928 年起任全国总工会组织部部长。1931 年 1 月中共六届四中全会后参加反对四中全会的代表团，任非法的第二江苏省委书记。1931 年 7 月被中共中央开除党籍。1937 年逝世。

11. 施存统（1899—1970），又名复亮，化名方国昌，浙江金华人。中国社会主义青年团创建者之一，1921 年 5 月在中国社会主义青年团第一次全国代表大会上当选为团中央书记。后任广州中山大学教授、黄埔军校政治教官、武汉中央军事政治学校政治部主任。大革命失败后脱党。1945 年参与筹建中国民主建国会，任常务理事。1949 年 9 月出席全国政协第一届全体会议。新中国成立后，曾任劳动部第一副部长、全国人大常委会常委、全国政协常委、民建中央副主任委员、全国工商联常委等。1970 年 11 月在北京逝世。

陈独秀

张国焘

李达

杨明斋

罗章龙

王尽美

许白昊（画像）

蔡和森

谭平山

李震瀛

施存统

四、大会的主要议程

1. 陈独秀代表中央局向大会作一年来的工作报告

遗憾的是，目前公开出版的《中共中央文件选集》《建党以来重要文献选编》《联（共）布、共产国际与中国国民革命运动》《陈独秀文集》等均没有收录过陈独秀这份报告的原文。参加二大的人物回忆录中也没有关于这篇报告的详细信息。

唯一可作为参考的是1922年6月30日陈独秀给共产国际的报告[①]。这份报告是中共二大召开前半个月形成的，其中既有对中共一大后党的各项工作的总结，包括党员及党费：去年开会时，只有党员50余人，现在党员人数共计195人；党费，中央机关自1921年10月至1922年6月支出17655元，各地方劳动运动约1万元，整顿印刷所1600元，印刷品3000元，劳动大会1000余元，其他2000余元。收入国际协款16655元，自行募捐1000元。政治宣传：印行华盛顿太平洋会议宣言、论文、批评文章、传单；散发鼓吹共产主义的“贺年贴”；各地党组织召开卡尔·李卜克内西纪念会；各地党组织召开马克思纪念会；发布5000份《中国共产党对于时局的主张》小册子；人民出版社印行2种马克思全书、5种列宁全书、5种康民尼斯特丛书。劳动运动：主要总结上海、北京、广州、汉口、长沙五个地区的工人运动情况，如在上海设立中国劳动组合书记部，发行《劳动周刊》，在北京汉口长沙广州设立分部。在工人罢工或工会开会时散发传单，参加工人群众运动，如反对太平洋会议、国民外交大会、黄庞追悼会等。参加罢工斗争，如英美烟公司罢工、浦东纺纱工人罢工、陇海铁路罢工、粤汉铁路罢工等。成立工人学校及俱乐部，如长辛店铁路工人学校及俱乐部、唐山铁路工人图书馆、天津工人补习学校、京汉铁路工人俱乐部、萍乡铁矿工人俱乐部等。组织工会，如汉口人力车夫工会、扬子江铁厂工会等。浙江方面则是组织80个农村的农民协会反抗地主。

---

① 中央档案馆:《中共中央文件选集（1921—1925）》第1册，中共中央党校出版社1989年版，第47页。

也有将来的工作计划，包括党务方面：在全国各都会增设支部；多收工人党员，务求居全数一半以上；厉行中央集权制；严查党员每星期工作成绩。政治宣传方面：多印行对农民工人兵士宣传的小册子；发行《共产党半月刊》，专讨论世界的及本国的政治经济问题等。劳动运动方面：准备全国第二次劳动大会的工作；集中力量组织全国五个大的产业组合；组合三个地方总工会[①]；设立四个工会职员讲习所[②]。

这份报告除了时间和内容，体例上与陈独秀在中共三大的报告大体相似。所以，这份报告有可能也被陈独秀用作在中共二大的报告，至少对了解陈独秀在中共二大的报告内容是有着直接帮助的。

2. 张国焘报告出席远东会议的经过以及第一次全国劳动大会的情况

关于张国焘的工作报告，目前也没有看到留存下来的书面材料，但关于远东会议的经过及会议精神传达，张国焘有着比较详细的回忆。他在《我的回忆》一书中介绍了远东会议背景、参会的经过、会上的观感等，特别详细介绍了列宁关注的国共合作问题。“列宁一开始就向我们提出国共两党能否合作，显然是他所注意的一个关键问题。在远东劳苦人民大会上，中国问题的中心是各派革命势力的团结；不用说，国共两党的合作，就是这一课题的主要内容。张秋白和我都觉得列宁的问话是表示了他希望国共两党能够合作的意向；我们也都认为中国现阶段的革命，确应从国共两党合作做起。但张秋白指出，我向列宁表示‘国共两党在合作进程中可能发生若干困难’的话是易于引起误会的。他认为国共合作绝无困难；如果说有困难或可能发生困难，这无异对国民党表示不信任，尤其是径向列宁表示，会引起他对国民党发生反感。”[③]“在这次大会中，远东各国民族主义者和共产主义者合作的声浪很高，一般发言的旨趣都在确立这原则；不过由于准备尚未充分，还未能进一步地作出合作的具体计划。在中国方面，国

① 文件原注：上海总工会、广东总工会、武汉总工会。
② 文件原注：北京、上海、汉口、广州。
③ 李蓉：《中共二大轶事》，人民出版社 2015 年版，第 106 页。

民党和孙先生所领导的南方政府是具有实力的；它所领导的民族的民主的革命，也被视为有成功希望。因此，张秋白所代表的国民党在大会中受到各方的重视；国民党与中共的合作问题更成为注视的焦点。季洛维夫和沙发洛夫[①]在发言中都对国民党提出了一些批评和希望。张秋白也以突出的姿态，针对他们的批评为国民党作了一些辩护。这些针锋相对的发言，可以说是大会中较为精彩的场面。”[②]

正是因为接受了列宁关于民族和殖民问题的理论，并将其与中国革命的基本问题结合起来，才在中共二大上起草决议通过了符合中国国情的民主革命纲领。

关于第一次全国劳动大会，张国焘回忆，“全国劳动大会的召开是中国职工运动史上的一个创举；这是由中国劳动组合书记部发起并负责召集的”[③]。“第一次全国劳动大会，在广州市工人群众举行了五一劳动节示威游行以后，按期于是日下午揭幕。到会的代表共一百六十二人，代表一百一十几个工会。这工会的会员总数约计二十万人。代表以来自广东、香港两地的占多数；”[④]“大会通过了中共党员所提议的‘打倒帝国主义’，‘打倒军阀’等政治口号，作为工人参加民主革命的基本方针。对于工人切身利益方面，大会通过了‘八小时工作制’，‘罢工援助’，‘要求劳动立法以保障劳工利益’等案。此外，又通过了‘工会组织方案’，反对‘行会’‘帮会’原有陋习对工人组织的影响；主张工人应按照工厂和企业，全体组织在一个工会里，形成全国产业性质和职业性质的工会。同时，每一省区和重要城市的各种工会应联合起来，组成各省和重要城市的总工会；再由全国性质的各业总工会和各地区的总工会，联合起来组成全国总工会。”[⑤]

① 又译为萨发洛夫。编者注。
② 张国焘：《我的回忆》第1册，东方出版社1980年版，第200—201页。
③ 张国焘：《我的回忆》第1册，东方出版社1980年版，第217。
④ 张国焘：《我的回忆》第1册，东方出版社1980年版，第223页。
⑤ 张国焘：《我的回忆》第1册，东方出版社1980年版，第224—225页。

3. 施存统报告社会主义青年团第一次全国代表大会的经过以及大会通过的决议

关于施存统的工作报告，目前也没有看到留存下来的书面材料，施存统也没有在中共二大上所作报告的相关回忆，但是从其他方面可以佐证。一是“关于青年团中央的报告，由出席青年团一大并在大会上作报告的团中央负责人来完成，无疑是适当的。”① 二是“施存统报告第一次全国社会主义青年团代表大会等的决定。”②

1922 年 5 月 15 日，《先驱》第 8 号刊登的《中国社会主义青年团第一次全国代表大会》有可能是施存统报告的参考资料。“1922 年 5 月 5 日下午一时，中国社会主义青年团第一次全国代表大会，在广州举行开会式。这一天并同时举行马克思诞生纪念大会和欢迎全国劳动代表大会。与会者除本团各处代表外，达一千五百余人。首由主席张椿年同志致开会辞，继则来宾、劳动大会代表及本团团员演说。演说者共十六人，多鼓吹社会革命，真是慷慨激昂，使人奋发。直到五时余，始三呼社会革命万岁而闭会。从 5 月 6 日起，就连日开会讨论议案，至 5 月 10 日晚上议案讨论完了，选出中央执行委员会，就三呼中国社会主义青年团万岁而闭会。这次大会，代表到者有二十五名，代表十五处地方团，又外国代表二名，会议日期共六日，通过议案共六件。”③

4. 起草和通过决议文件

大会推举陈独秀、张国焘、蔡和森组成起草委员会，负责起草《中国共产党第二次全国代表大会宣言》和其他决议案。据张国焘回忆：“起草一个政治宣言确是这次大会唯一重要的任务。我和蔡和森又推陈独秀为执笔人。他花了约两天的时间起草好了第一次的初稿，提交起草委员会讨论。

---

① 《中国社会主义青年团一大及其筹备会议和第一届团中央执委会会议记录》，《党的文献》2012 年第 1 期。

② 张国焘：《我的回忆》第 1 册，东方出版社 1980 年版，第 236 页。

③ 中共上海市委党史研究室、中国社会主义青年团中央机关旧址纪念馆：《觉悟渔阳里——上海社会主义青年团创建史料选辑 1919.5—1922.5》下册，上海人民出版社 2017 年版，第 1550 页。

起草委员会又连续开了好几次会议，蔡和森提出了许多补充和修正的意见，我也参加了一些意见。大会停顿了约一个星期，又再度举行，通过了我们所提出的宣言草案。”[①]

陈公博在1924年撰写的硕士论文中指出：“中共二大在听取了一系列的报告之后，休会大约一周，等待一项宣言的起草，然后复会批准宣言，并选出新的中央委员会。”[②]李达在1954年2月写给上海革命历史纪念馆负责同志的信中提到：中共二大“分小组讨论时，我和蔡和森同志和张国焘三人同属一个小组，我是召集人。”[③]罗章龙在关于中共二大的回忆手迹中写到“议案分小组讨论”[④]。

根据中共二大后一份《关于我们党的组织问题（补充报告）》俄文稿记载，“会议开了七天，就十个问题进行了讨论，并通过一些决议。讨论的十个问题如下：一、宣言；二、国际形势；三、加入共产国际（承认加入条件二十一条）；四、关于民主联合战线问题；五、关于工会运动问题；六、关于青年运动问题；七、关于妇女运动问题；八、关于议会行动的问题；九、关于党的出版工作；十、组织问题和中共党章。”[⑤]从所列的问题和中共二大通过的文件来看，所有的大会文件都是经过大会讨论通过的。但是关于讨论的具体情况，现在能够看到的材料很少。这份补充报告中，对党的组织问题有简要的说明：“党组织分为四级，一、在全国是中央执行委员会；二、区委员会（现在只有七个，上面已经提到）；三、地方委员会（设在县城里）；四、支部（设在工厂、兵营、农村、铁路工会和学校里）。凡有党员三人至五人成立一个支部，每两个支部组成一‘组’。凡是有两个组

---

① 张国焘：《我的回忆》第1册，东方出版社1980年版，第236页。

② 《共产主义运动在中国》，中国社会科学出版社1982年版，第40页。

③ 上海市档案馆编：《党在这里诞生——中共一大会址、上海革命遗址调查记录》，东方出版中心2020年版，第31页。

④ 中共上海市委党史研究室、中共二大会址纪念馆编：《腾蛟起凤——中共二大历史影像图录》，上海锦绣文章出版社2013年版，第123页。

⑤ 中国社会科学院近代史研究所现代史研究室：《“二大”和“三大” 中国共产党第二、三次代表大会资料选编》，中国社会科学出版社1985年版，第128—129页。

以上的地方，均得成立地方执行委员会。两个或两个以上这样的‘地方’委员会，可以成立一个‘区’委员会。”①

5. 选举中央执行委员会

大会依据《中国共产党章程》第七条②规定，选举产生了中央执行委员会。陈独秀、张国焘、蔡和森、高君宇、邓中夏③被选为中央执行委员会委员，另外选出了三名候补执行委员。陈独秀被选为中央执行委员会委员长，蔡和森和张国焘分别负责党的宣传、组织工作。

中共二大选出的中央执行委员会。

① 中国社会科学院近代史研究所现代史研究室：《“二大”和“三大” 中国共产党第二、三次代表大会资料选编》，中国社会科学出版社 1985 年版，第 129 页。

② 中央执行委员会由全国代表大会选举五人组织之，并选举候补委员三人，如委员离职时，得以候补委员代理之。

③ 依据 1926 年蔡和森《中国共产党史的发展》、1930 年瞿秋白写的材料、新公布的共产国际代表马林写的材料判定。引自《中国共产党组织史资料》第 1 卷 党的创建和大革命时期（1921.7—1927.7），中共党史出版社 2000 年版，第 21 页。

第三部分　二大的主要成果

中共二大讨论并通过《中国共产党第二次全国代表大会宣言》《关于“世界大势与中国共产党”的议决案》《关于“国际帝国主义与中国和中国共产党”的决议案》《关于“民主的联合战线”的议决案》《中国共产党加入第三国际决议案》《关于议会行动的决案》《关于“工会运动与共产党”的议决案》《关于少年运动问题的决议案》《关于妇女运动的决议》《关于共产党的组织章程决议案》《中国共产党章程》，共11个文件。

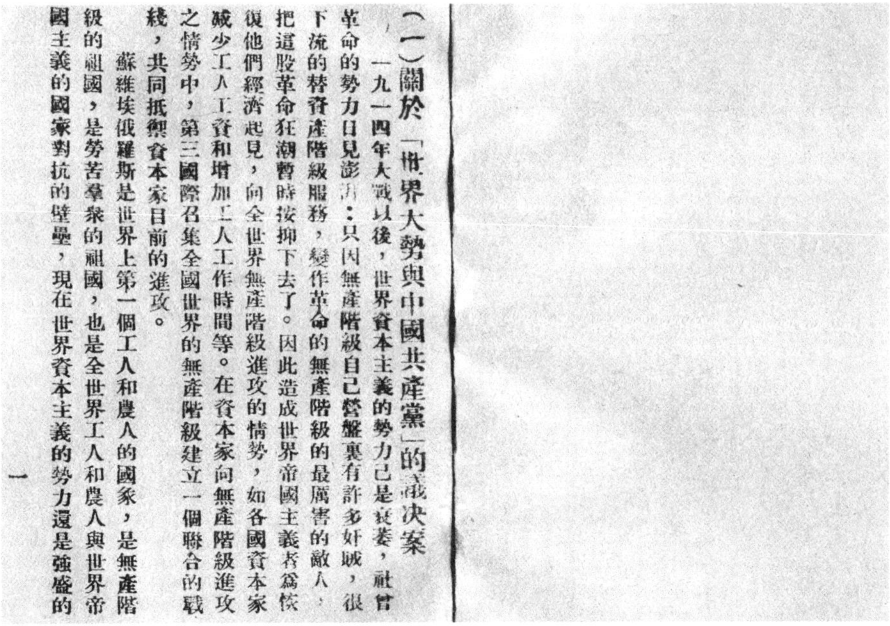

(一)關於「世界大勢與中國共產黨」的議決案

一九一四年大戰以後，世界資本主義的勢力已是衰萎，社會革命的勢力日見澎湃；只因無產階級自己營盤裏有許多奸賊，很下流的替資產階級服務，變作革命的無產階級的最厲害的敵人，把這股革命狂潮暫時按抑下去了。因此造成世界帝國主義者爲恢復他們經濟起見，向全世界無產階級進攻的情勢，如各國資本家減少工人工資和增加工人工作時間等。在資本家向無產階級進攻之情勢中，第三國際召集全國世界的無產階級建立一個聯合的戰綫，共同抵禦資本家目前的進攻。

蘇維埃俄羅斯是世界上第一個工人和農人的國家，是無產階級的祖國，是勞苦羣衆的祖國，也是全世界工人和農人與世界帝國主義的國家對抗的壁壘，現在世界資本主義的勢力還是強盛的

一

中共二大通过的《关于“世界大势与中国共产党”的议决案》。

時候，是不斷的向魏進攻，因此全世界的勞動階級和勞苦羣衆應該盡力保護蘇維埃俄羅斯。

中國共產黨第二次大會議決：中國共產黨要召集中國工人們加入世界工人的聯合戰綫，保護無產階級的祖國—蘇維埃俄羅斯—，抵禦資本主義的進攻；並要邀集中國的被壓迫羣衆，也來保護蘇維埃俄羅斯，因爲蘇維埃俄羅斯也是解放被壓迫民族的先鋒。

二

(二)關於『國際帝國主義與中國和C.P.C.』的決議案

(一)現在世界的大勢如下：

A.世界的經濟秩序已爲帝國主義的戰爭（一九一四—一九一八）破壞了。

B.世界的資產階級現正向着無產階級進攻；他們倍加勁來掠奪勞動者們，以圖恢復他們親身在大戰中捐毀了的經濟秩序，無產階級只有聯合在一道戰綫上來反抗這個進攻！

C.在經濟秩序毀壞了中的世界資產階級，又企圖刼奪殖民地和半殖民的原料勞力，來補償他們在大戰中的損失；因爲爭奪市場，他們中間發生了新的衝突，如日美間的衝突和英法間的衝突。這些衝突都是製造下次帝國主義戰爭的原因。

(二)中國有殷富的天產和四萬萬賤價勞動力的人民，早已是世界帝國主義者們爭奪之場了；現在他們的心和眼更都着重在這個市場。

(三)中國的資本主義，已發達到一種程度，中國資產階級已能爲他們自己階級的利益反對封建制度的軍閥了。世界的帝國主義者

三

中共二大通过的《关于“国际帝国主义与中国和中国共产党”的决议案》。

聯合戰綫，竭力來幫助他們。

(十)因此，中國工人要聯合在中國共產黨旗幟之下，一方面加入民主革命的戰綫；一方面做增進自己階級地位的奮鬥。

(十一)中國工人要聯合在各種工人階級組織之內，成功爲中國共產黨的主要力量。

(十二)工人階級的利益在中國共產黨佔第一位。我們加入民主革命的陣綫，完全是以他爲達到工人階級奪得中國政權的一步過程；所以我們組織『民主主義聯合戰綫』是我們一種政策。

六

(三)關於『民主的聯合戰綫』的議決案

人類經濟的及政治的進化，自然造成階級的戰爭，封建時代與民主時代間，因爲經濟的及政治的大變動，資產階級對于封建的戰爭，是不能免的；民主時代與共產時代間，因爲經濟的及政治的大變動，無產階級對於資產階級的戰爭也是不能免的。

人類現在的歷史，正在階級戰爭的奮進途中，不但無產階級對於資產階級的戰爭大部分還未得着勝利，即民主對於封建的戰爭也並未終了，尤其是東方產業幼稚的國家，不但在社會習俗上，即在國家統治權上，封建的勢力仍然大部分存在或完全存在。在這種封建勢力統治的國家，人民的生命財產都握在武人手裏，法律和輿論都沒有什麽效力，所以爲人民幸福計，民主派對於封建革命是必要的，無產階級倘還不能單獨革命，扶助民主派對于封建革命也是必要的；因爲封建武人是無產者和民主派公共的仇敵，兩派聯合起來打倒公敵，才能得着出版集會結社的自由，任何階級都必須得着這幾種自由方有充分發展的機會。民主派打倒封建以後，他們爲自己階級的利害計，必然要用他們從封建奪

七

中共二大通过的《关于“民主的联合战线”的议决案》。

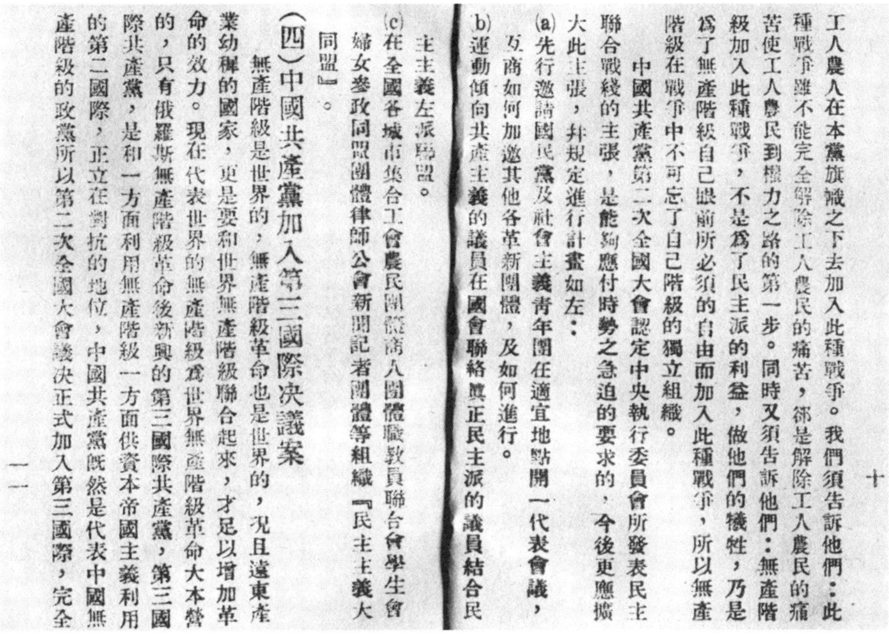

工人農人在本黨旗幟之下去加入此種戰爭。我們須告訴他們：此種戰爭雖不能完全解除工人農民的痛苦，卻是解除工人農民的痛苦使工人農民到權力之路的第一步。同時又須告訴他們：無產階級加入此種戰爭，不是為了民主派的利益，做他們的犧牲，乃是為了無產階級自己眼前所必須的自由而加入此種戰爭，所以無產階級在戰爭中不可忘了自己階級的獨立組織。

中國共產黨第二次全國大會認定中央執行委員會所發表民主聯合戰線的主張，是能夠應付時勢之急迫的要求的，今後更應擴大此主張，并規定進行計畫如左：

(a)先行邀請國民黨及社會主義青年團在適宜地點開一代表會議，互商如何加邀其他各革新團體，及如何進行。

(b)運動傾向共產主義的議員在國會聯絡真正民主派的議員結合民主主義左派聯盟。

(c)在全國各城市集合工會農民團體商人團體職教員聯合會學生會婦女參政同盟團體律師公會新聞記者團體等組織『民主主義大同盟』。

十

(四)中國共產黨加入第三國際決議案

無產階級是世界的，無產階級革命也是世界的，况且遠東產業幼稚的國家，更是要和世界無產階級聯合起來，才足以增加革命的效力。現在代表世界的無產階級為世界無產階級革命大本營的，只有俄羅斯無產階級革命後新興的第三國際共產黨，第三國際共產黨，是和一方面利用無產階級一方面供資本帝國主義利用的第二國際，正立在對抗的地位，中國共產黨既然是代表中國無產階級的政黨所以第二次全國大會議決正式加入第三國際，完全

一一

中共二大通过的《中国共产党加入第三国际决议案》。

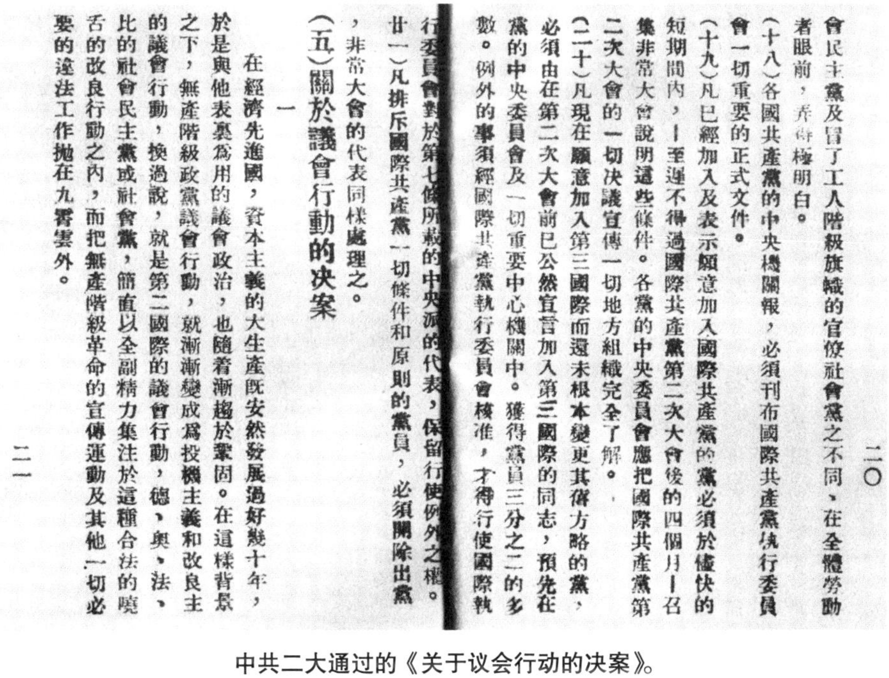

會民主黨及冒了工人階級旗幟的官僚社會黨之不同，在全體勞動者眼前，弄得極明白。

(十八)各國共產黨的中央機關報，必須刊布國際共產黨執行委員會一切重要的正式文件。

(十九)凡已經加入及表示願意加入國際共產黨的黨必須於儘快的短期間內，一至遲不得過國際共產黨第二次大會後的四個月一召集非常大會說明這些條件。各黨的中央委員會應把國際共產黨第二次大會的一切決議宣傳一切地方組織完全了解。

(二十)凡現在願意加入第三國際而還未根本變更其舊方略的黨，必須由在第二次大會前已公然宣言加入第三國際的同志，預先在黨的中央委員會及一切重要中心機關中。獲得黨員三分之二的多數。例外的事須經國際共產黨執行委員會核准，才得行使國際執行委員會對於第七條所載的中央派的代表，保留行使例外之權。

二〇

(廿一)凡排斥國際共產黨一切條件和原則的黨員，必須開除出黨，非常大會的代表同樣處理之。

(五)關於議會行動的決案

一

在經濟先進國，資本主義的大生產既安然發展過好幾十年，於是與他表裏為用的議會政治，也隨着漸趨於鞏固。在這樣背景之下，無產階級政黨議會行動，就漸漸變成為投機主義和改良主義的議會行動，換過說，就是第二國際的議會行動，德、奧、法、比的社會民主黨或社會黨，簡直以全副精力集注於這種合法的曉舌的改良行動之內，而把無產階級革命的宣傳運動及其他一切必要的違法工作拋在九霄雲外。

二一

中共二大通过的《关于议会行动的决案》。

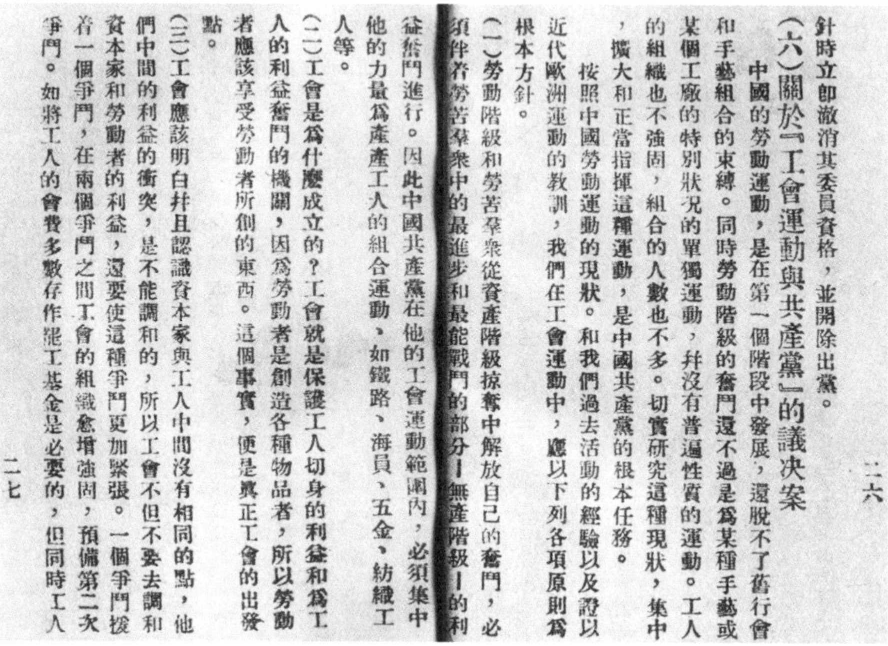
二六

針時立卽撤消其委員資格，並開除出黨。

(六)關於『工會運動與共產黨』的議決案

中國的勞動運動，是在第一個階段中發展，還脫不了舊行會和手藝組合的束縛。同時勞動階級的奮鬥還不過是爲某種手藝或某個工廠的特別狀況的單獨運動，并沒有普遍性質的運動。工人的組織也不強固，組合的人數也不多。切實研究這種現狀，集中，擴大和正當指揮這種運動，是中國共產黨的根本任務。

按照中國勞動運動的現狀，和我們過去活動的經驗以及證以近代歐洲運動的教訓，我們在工會運動中，應以下列各項原則爲根本方針。

(一)勞動階級和勞苦羣衆從資產階級掠奪中解放自己的奮鬥，必須伴着勞苦羣衆中的最進步和最能戰鬥的部分—無產階級—的利益奮鬥進行。因此中國共產黨在他的工會運動範圍內，必須集中他的力量爲產業工人的組合運動，如鐵路、海員、五金、紡織工人等。

(二)工會是爲什麼成立的？工會就是保護工人切身的利益和爲工人的利益奮鬥的機關，因爲勞動者是創造各種物品者，所以勞動者應該享受勞動者所創的東西。這個事實，便是眞正工會的出發點。

(三)工會應該明白并且認識資本家與工人中間沒有相同的點，他們中間的利益的衝突，是不能調和的，所以工會不但不要去調和資本家和勞動者的利益，還要使這種爭鬥更加緊張。一個爭鬥援着一個爭鬥，在兩個爭鬥之間工會的組織愈增強固，預備第二次爭鬥。如將工人的會費多數存作罷工基金是必要的，但同時工人

二七

中共二大通过的《关于“工会运动与共产党”的议决案》。

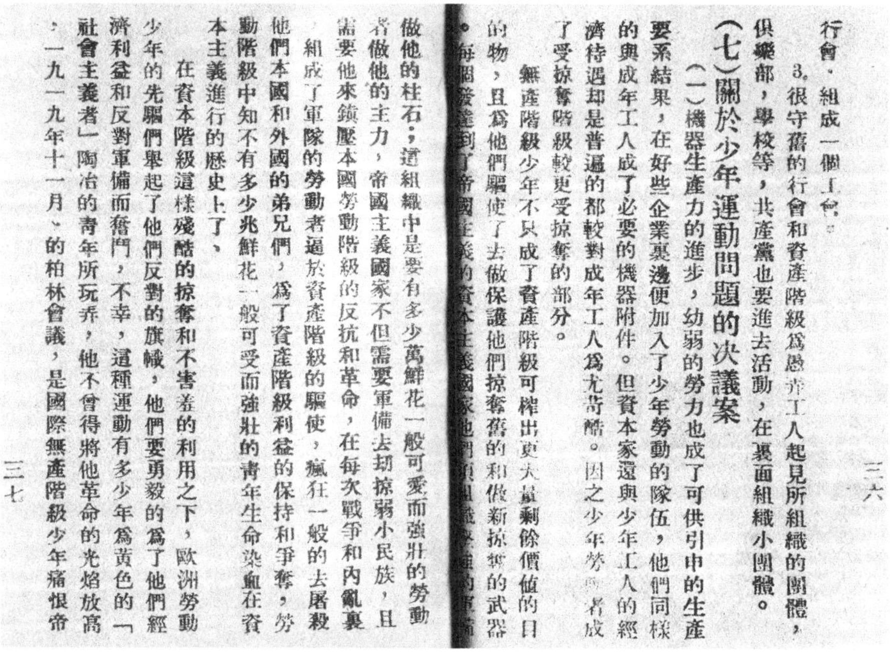
三六

行會，組成一個工會。

3，很守舊的行會和資產階級爲愚弄工人起見所組織的團體，俱樂部，學校等，共產黨也要進去活動，在裏面組織小團體。

(七)關於少年運動問題的決議案

(一)機器生產力的進步，幼弱的勞力也成了可供引申的生產要素結果，在好些企業裏邊便加入了少年勞動的隊伍，他們同樣的與成年工人成了必要的機器附件。但資本家還與少年工人的經濟待遇却是普遍的都較對成年工人爲尤苛酷。因之少年勞動者成了受掠奪階級較更受掠奪的部分。

無產階級少年不只成了資產階級可榨出更大剩餘價値的目的物，且爲他們驅使了去做保護他們掠奪舊的和做新掠奪的武器。每個發達到了帝國主義的資本主義國家他們須組織反動的軍備做他的柱石；這組織中是要有多少萬鮮花一般可愛而強壯的勞動者做他的主力，帝國主義國家不但需要軍備去刼掠弱小民族，且需要他來鎮壓本國勞動階級的反抗和革命，在每次戰爭和內亂裏，組成了軍隊的勞動者逼於資產階級的驅使，瘋狂一般的去屠殺他們本國和外國的弟兄們，爲了資產階級利益的保持和爭奪，勞動階級中知不有多少兆鮮花一般可愛而強壯的青年生命染血在資本主義進行的歷史上了。

在資本階級這樣殘酷的掠奪和不害羞的利用之下，歐洲勞動少年的先驅們舉起了他們反對的旗幟，他們要勇毅的爲了他們經濟利益和反對軍備而奮鬥，不幸，這種運動有多少年爲黃色的「社會主義者」陶冶的青年所玩弄，他不會得將他革命的光焰放高，一九一九年十一月，的柏林會議，是國際無產階級少年痛恨帝

三七

中共二大通过的《关于少年运动问题的决议案》。

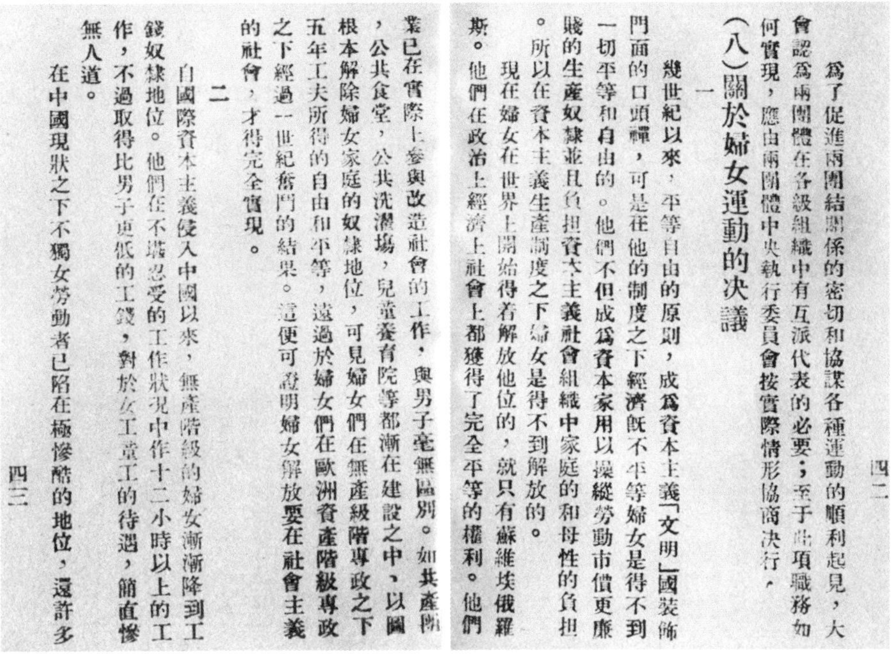

爲了促進兩團結關係的密切和協謀各種運動的順利起見，大會認爲兩團體在各級組織中有互派代表的必要；至于此項職務如何實現，應由兩團體中央執行委員會按實際情形協商決行。

（八）關於婦女運動的決議

一

幾世紀以來，平等自由的原則，成爲資本主義「文明」國裝飾門面的口頭禪，可是在他的制度之下經濟既不平等婦女是得不到一切平等和自由的。他們不但成爲資本家用以操縱勞動市價更廉賤的生產奴隸並且負担資本主義社會組織中家庭的和母性的負担。所以在資本主義生產制度之下婦女是得不到解放的。

現在婦女在世界上開始得着解放他位的，就只有蘇維埃俄羅斯。他們在政治上經濟上社會上都獲得了完全平等的權利。他們

四二

業已在實際上參與改造社會的工作，與男子毫無區別。如共產階，公共食堂，公共洗濯場，兒童養育院等都漸在建設之中，以圖根本解除婦女家庭的奴隸地位，可見婦女們在無產級階專政之下五年工夫所得的自由和平等，遠過於婦女們在歐洲資產階級專政之下經過一世紀奮鬥的結果。這便可證明婦女解放要在社會主義的社會，才得完全實現。

二

自國際資本主義侵入中國以來，無產階級的婦女漸漸降到工錢奴隸地位。他們在不堪忍受的工作狀況中作十二小時以上的工作，不過取得比男子更低的工錢，對於女工童工的待遇，簡直慘無人道。

在中國現狀之下不獨女勞動者已陷在極慘酷的地位，還許多

四三

中共二大通过的《关于妇女运动的决议》。

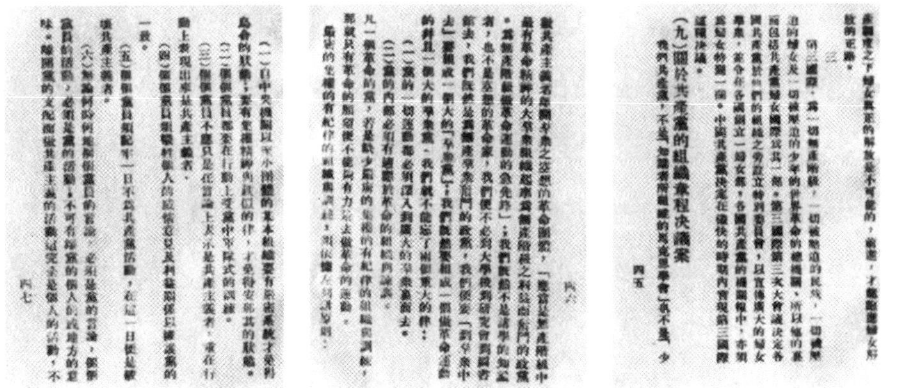

（九）關於共產黨的組織章程決議案

四五

四六

四七

中共二大通过的《关于共产党的组织章程决议案》。

首部党章的守护者张人亚（张静泉）。

目前关于这些文件，有三个版本的稿件。一个是俄文版，这是中共二大结束后，中国共产党将大会通过的章程和决议案送到莫斯科的共产国际，经过翻译，由此有了文献的俄文稿。一个是英文版，是陈公博在会后获得了中国共产党印发的《中国共产党第二次全国代表大会决议案》，赴美以后，其将小册子的内容翻译成英文并附在了自己的论文里，后被美国学者发现。第三个就是国内的中文版，由张静泉保存的《中国共产党第二次全国代表大会决议案》，在新中国成立后，其父将这份资料交给上海革命历史纪念馆筹备处。20 世纪 50 年代，中共中央向各地征集革命文物收集党史资料，上海中共一大会址纪念馆将部分重要文献上交中央档案馆，其中就包括了张静泉保存的《中国共产党第二次全国代表大会决议案》。

一、制定民主革命纲领

（一）探索适合中国国情的革命纲领

在中国共产党成立后的一年中，党的组织得到进一步健全和发展，培养和吸收了一批先进分子入党。中国共产党通过学习和掌握马克思主义，经过革命斗争的实践，对国际国内形势、中国社会状况开始有了进一步的认识，同时对中国革命问题的认识从中共一大时主张在中国立即进行社会主义革命，转而提出要注重研究中国的国情，并依据国内外的实际情况逐步解决中国革命问题。

1. 注重中国实际以解决革命问题

华盛顿会议后，帝国主义列强都极力扩大各自在华的势力范围，从经济上、政治上加强对中国的掠夺和控制。在帝国主义势力的操纵下，中国各派军阀展开更为激烈的争夺，引发多次大规模战争。日本帝国主义支持的皖系军阀自1916年后，一直操纵着北京中央政权，直到1920年7月直皖战争爆发，被英、美帝国主义支持的直系军阀，联合奉系军阀打败。日本为了夺回控制权，极力支持奉系军阀张作霖掌握中央政权。在1922年四五月间的第一次直奉战争中，奉军失败，被迫退回关外。从此，直系军阀独占北京中央政权，差不多控制了华北和华中的全部省份，并野心勃勃地把它的势力向南方扩张。中国的政局陷于内争迭起、战乱绵延的境地。这些事实，使中国共产党人进一步深刻认识到，中国人民所受的最大痛苦，还不是一般的资本主义剥削，而是帝国主义的压迫和封建军阀的统治。

2. 来自共产国际的理论指导

中国共产党在探索、制定适合中国国情的革命纲领的过程中，得到了列宁和共产国际的帮助和指导。这对党正确把握中国革命前进的方向起了重要作用。

共产国际二大上，列宁向大会提交了《民族和殖民地问题提纲初稿》，系统地阐明了关于民族和殖民地问题的基本理论和无产阶级在这个问题上的政策和策略。把民族区分成压迫民族和被压迫民族是该提纲初稿的基本思想。大会通过的《关于民族和殖民地问题的补充提纲》指出："殖民地革命在最初时期不会是共产主义革命，然而要是它从头起就由共产主义先锋队所领导，那末革命群众，由于渐次地获得革命经验，将走上达到所抱目的的正确道路。"[①] 民族和殖民地问题的理论深刻揭示了帝国主义时代无产阶级革命和民族解放运动的相互联系，指出共产党在民族民主革命中所应采取的基本方针，对于中国革命具有重要的指导意义。

1921年6月22日至7月12日，共产国际第三次代表大会（简称"共产国际三大"）在莫斯科举行，张太雷提交了《关于殖民地问题致共产国际"三大"的提纲（草案）》。提纲接受了共产国际二大关于民族和殖民地问题

① 中共中央党史研究室第一研究部编:《联共（布）、共产国际与中国国民革命运动》（1917—1925）第2卷，中共党史出版社2020年版，第156页。

的决议，指出：东方各国国情不同，共产党人的国际主义任务，“只有在把国际无产阶级政党的纲领和方法正确地运用于各国具体特点的基础之上才能实现”；被压迫国家的资产阶级决定不了民族革命斗争的进程和结局，他们参加民族革命可能只是暂时的，但在民族革命的开始阶段，他们的参加是有利的，在落后国家“立即同时在反对帝国主义和本国资产阶级的两条战线上进行斗争，是完全错误的”；东方殖民地半殖民地国家共产主义者的任务是“不要丢掉自己纲领和组织的独立性，要掌握住各国的民族革命运动，要把参加运动的群众从民族资产阶级的领导下争取到自己一边来，并且要尽可能暂时迫使资产阶级跟随革命运动，迫使他们在‘打倒帝国主义’和‘民族独立万岁’的口号下参加斗争，并在必要的时候将他们从这个运动中驱逐出去。”[①] 这个认识，对于中共二大制定民主革命纲领有积极作用。

共产国际执行委员会东方部主任萨发洛夫在远东会议上作了《第三国际与远东民族问题》的演说，结合远东各国的实际情况，阐述列宁关于民族和殖民地问题的理论和决议，回答了有关殖民地、半殖民地国家民族民主革命的性质、对象、任务和前途等一系列重要问题。此次会议，对于帮助中国共产党人认清中国国情和制定中国民主革命的纲领，建立民主主义的联合战线，起了至关重要的作用。

远东会议期间召开了远东革命青年代表大会，所通过的《远东革命青年代表大会关于远东青年运动任务的提纲》，明确提出中国青年运动所面临的任务，就是“进行反封建主义残余的斗争，也就是进行反对督军和主要反对奴役中国的外国资本，为中国摆脱国际帝国主义获得真正独立并建立民主共和国而斗争”[②]，即对外反对帝国主义、对内反对封建主义。该会议明确提出了当前中国革命的民族民主革命性质与任务，是召开中共二大解决制定适合中国国情的民主革命纲领的必要铺垫。

---

① 中共中央党史研究室第一研究部编：《联共（布）、共产国际与中国国民革命运动》（1917—1925）第2卷，中共党史出版社2020年版，第190—191页。

② 中共中央党史研究室第一研究部编：《联共（布）、共产国际与中国国民革命运动》（1917—1925）第2卷，中共党史出版社2020年版，第307页。

（二）对中国国情认识的新突破

1922年上半年，是中国共产党探索民主革命任务取得很大进展的重要时期，反帝反封建的革命任务陆续在各种会议和文件中提出来了。

1. 反帝反封建任务的确定

1922年1月，《先驱》创刊号刊登了列宁关于民族和殖民地问题提纲的译文，对共产党人无疑提供了有力的理论支撑。

4月1日，《先驱》发表《关于中国少年运动的纲要》，该文在初步分析中国国情的基础上，提出“为了要使我们的事业得到胜利，中国劳苦的群众，应分两步去做：第一步是完全倾覆封建主义，促成中国真正独立；第二步是推翻有产阶级的政治，把政权掌在自己手中。”①

李大钊于5月1日发表《五一纪念日于现在中国劳动界的意义》一文，把“反对国际的军阀、财阀的压迫”② 作为劳动界对外交者的首要奋斗目标，把“否认督军制及巡阅使制”③ 作为对内政者的首要奋斗目标。

5月初召开的第一次全国劳动大会通过《第一次全国劳动大会宣言》指出：“我们面前的敌人是很多的，国际帝国主义和本国军阀也是我们的敌人。”“我们认定这些敌人一日不除掉，我们一日不能得到这些微的自由。”④

2. 初步阐述中国革命“两步走”构想

共产国际三大、远东会议和远东革命青年代表大会的精神，很快就传达到了中共党内。经筹备，1922年5月5日至10日，中国社会主义青年团第一次全国代表大会在广州举行。少共国际代表达林出席会议。大会通过的团的纲领指出：“这种反抗封建的民主革新战争，在政治和经济进化之历史的过程上有重大的意义。具体说起来，这种革命战争终局的胜利，是

① 《先驱》第5号，1922年4月1日，载自《觉悟渔阳里——上海社会主义青年团创建史料选辑1919.5—1922.5》下册，上海人民出版社2017年版，第1534页。

② 《李大钊全集》第4卷，人民出版社2013年版，第87页。

③ 《李大钊全集》第4卷，人民出版社2013年版，第88页。

④ 中共中央文献研究室、中央档案馆编：《建党以来重要文献选编（1921—1949）》第1册，中央文献出版社2011年版，第66页。

在能够得着对外的民族独立，对内的言论、出版、集会、结社自由及普通选举各种权利。这种革命战争现时正在奋进途中。鉴于中国政治经济的现状，我们无产阶级和最苦的农民都应该援助这种革命的争斗，造成无产阶级的真实力量，不应该取旁观或反对态度使封建制度延长生命。”“接着民主的革命成功，便会发生无产阶级对抗资产阶级的革命运动。这种革命之目的是采用劳农制度，即是将政权归诸无产阶级。这种革命实现之迟速，乃依世界状况及中国无产阶级组织能力和战斗能力之强弱而定。”① 团的纲领明确写上了民族民主革命的任务，初步阐述了民族民主革命的意义和中国革命“两步走”的构想。

3. 完整表述反帝反封建的民主革命任务

1922 年 6 月 15 日，中共中央发表《中国共产党对于时局的主张》。文件着重指出中国内忧外患的根源是军阀统治，且军阀政治的背后是国际帝国主义的支持。指出解决时局问题的关键，是用革命手段打倒帝国主义和封建军阀，建立民主政治。文件还主张建立民主主义的联合战线，反对共同的敌人。该文件对反帝反封建的民主革命任务作了比较完整的表述，为党的第二次全国代表大会完成制定党的民主革命纲领的历史任务，奠定了基础。

（三）民主革命纲领的正式提出

中共二大根据马克思主义的基本原理、列宁关于民族和殖民地问题的思想、远东各国共产党的特点和中国社会的实际情况，第一次提出了彻底的反帝反封建的民主革命纲领和实现这个纲领所必须采取的联合战线政策。

1. 第一次明确提出反帝反封建的民主革命纲领

大会通过的《中国共产党第二次全国代表大会宣言》，是中国共产党第一次公开发表的党的宣言，是一份具有重大历史意义的文件，共分为“国际帝国主义宰制下之中国”“中国政治经济现状与受压迫的劳苦群众”和“中国共产党的任务及目前的奋斗”三个部分。宣言通过对中国经济政

---

① 中共中央文献研究室、中央档案馆编：《建党以来重要文献选编（1921—1949）》第 1 册，中央文献出版社 2011 年版，第 73、74 页。

治状况的分析，实际上揭示出中国社会的半殖民地半封建性质。大会宣言指出，一方面，中国在政治经济上无不受帝国主义列强的控制，实际上“帝国主义的列强在这八十年侵略中国时期之内，中国已是事实上变成他们共同的殖民地了”①，这就决定了中国社会的半殖民地性质；另一方面，中国“在政治方面还是处于军阀官僚的封建制度把持之下”②，且阻扰着中国资产阶级的发展，这又决定了中国社会的半封建性质。宣言着重指出：“各种事实证明，加给中国人民（无论是资产阶级、工人或农人）最大的痛苦的是资本帝国主义和军阀官僚的封建势力”。因此，反对帝国主义和封建势力的“民主主义的革命运动是极有意义的”③。

宣言正式制定了党的最低纲领并实现与党的最高纲领相统一。在分析国际国内形势和中国社会性质的基础上，提出党在目前的奋斗目标是：“消除内乱，打倒军阀，建设国内和平”“推翻国际帝国主义的压迫，达到中华民族完全独立”“统一中国本部（东三省在内）为真正民主共和国”，即党的最低纲领。党的最终目标是：“组织无产阶级，用阶级斗争的手段，建立劳农专政的政治，铲除私有财产制度，渐次达到一个共产主义的社会”，即党的最高纲领④。

宣言初步阐明了现阶段中国革命的性质、对象、动力、策略、任务和目标，指明了中国革命的前途。这就是：革命的性质是民主主义革命；革命的对象是帝国主义和封建军阀；革命的动力是工人、农民和小资产阶级，民族资产阶级也是革命的力量之一；革命的策略是组成各阶级的联合战线；革命的任务和目标是打倒军阀，推翻国际帝国主义的压迫，实现中华民族的独立和中国的统一；革命的前途是走向社会主义、共产主义。

---

① 中共中央文献研究室、中央档案馆编：《建党以来重要文献选编（1921—1949）》第 1 册，中央文献出版社 2011 年版，第 122 页。

② 中共中央文献研究室、中央档案馆编：《建党以来重要文献选编（1921—1949）》第 1 册，中央文献出版社 2011 年版，第 128 页。

③ 中共中央文献研究室、中央档案馆编：《建党以来重要文献选编（1921—1949）》第 1 册，中央文献出版社 2011 年版，第 132 页。

④ 中共中央文献研究室、中央档案馆编：《建党以来重要文献选编（1921—1949）》第 1 册，中央文献出版社 2011 年版，第 133 页。

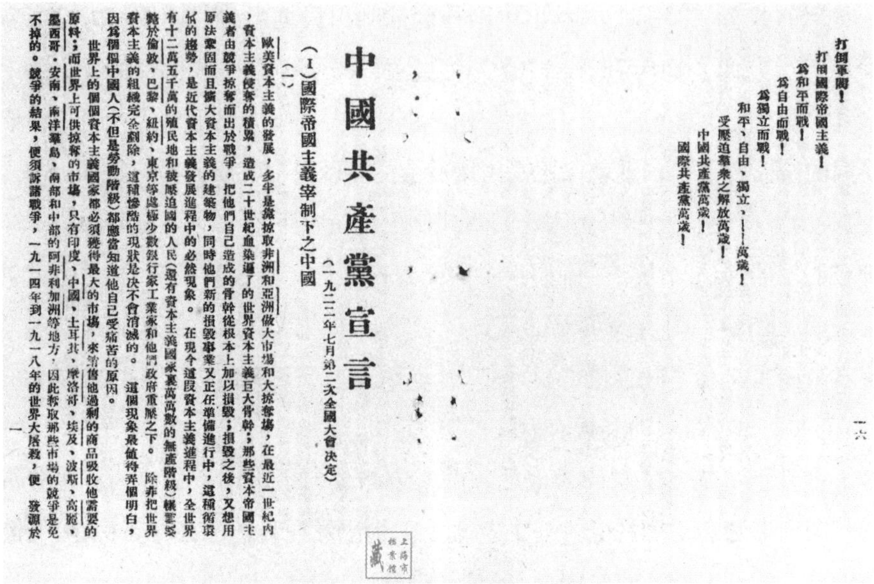

打倒軍閥！
打倒國際帝國主義！
爲和平而戰！
爲自由而戰！
爲獨立而戰！
和平、自由、獨立、——萬歲！
受壓迫羣衆之解放萬歲！
中國共產黨萬歲！
國際共產黨萬歲！

一六

中國共產黨宣言

（一九二二年七月第二次全國大會決定）

（Ⅰ）國際帝國主義宰制下之中國

（一）

歐美資本主義的發展，多半是攫掠取非洲和亞洲做大市場和大掠奪場，在最近一世紀內，資本主義侵奪的積聚，造成二十世紀血染遍了的世界資本主義巨大骨幹；那些資本帝國主義者由競爭掠奪而出於戰爭，把他們自己造成的骨幹從根本上加以損毀；損毀之後，又想用原法鞏固而且擴大資本主義的建築物，同時他們新的損毀事業又正在準備進行中，這種循環似的趨勢，是近代資本主義發展進程中的必然現象。　在現今這段資本主義進程中，全世界有十二萬五千萬的殖民地和被壓迫國的人民（還有資本主義國家裏萬萬數的無產階級）橫豎受縶於倫敦、巴黎、紐約、東京等處極少數銀行家工業家和他們政府重壓之下。　除非把世界資本主義的組織完全剷除，這種慘酷的現狀是決不會消滅的。　這個現象最值得弄個明白，因爲個個中國人（不但是勞動階級）都應當知道他自己受痛苦的原因。

世界上的個個資本主義國家都必須獲得最大的市場，來銷售他過剩的商品吸收他需要的原料；而世界上可供掠奪的市場，只有印度、中國、土耳其、摩洛哥、埃及、波斯、高麗、墨西哥、安南、南洋羣島、南部和中部的阿非利加洲等地方，因此奪取那些市場的競爭是免不掉的。　競爭的結果，便須訴諸戰爭，一九一四年到一九一八年的世界大屠殺，便　發源於

一

上海市檔案館藏

中共二大发表的《中国共产党宣言》（部分）。

2. 实现了党的战略方针的一次重大转变

中共二大通过的宣言认为，中国半殖民地半封建社会的特殊的政治结构，是帝国主义的侵略与国内政治经济状况逐步演变的产物。这体现出中国共产党对中国国情作了比过去更全面的考察和分析，对中国社会性质作了比过去更确切的论述。

中共二大是党把马克思主义基本原理同中国革命实际相结合的一个重要成果。宣言第一次将党在民主革命中要实现的目标同将来进行社会主义革命要实现的长远目标结合起来，不仅明确提出反帝反封建的民主革命任务，并指出要通过民主革命进一步创造条件，实现社会主义和共产主义。这标志着中国共产党人在探索和认识国情方面达到了一个新的高度。从中共一大提出的党的奋斗目标是“革命军队必须与无产阶级一起推翻资本家阶级的政权”“承认无产阶级专政”“消灭社会的阶级区分”“消灭资本家私有制”[1]，确定直接搞社会主义革命，到中共二大确定首先进行民主革命然后

① 中共中央文献研究室、中央档案馆编：《建党以来重要文献选编（1921—1949）》第 1 册，中央文献出版社 2011 年版，第 1 页。

再进行社会主义革命，这是党的战略方针的一次重大转变，为中国共产党早期工作中心从工人运动转向国民革命提供了必要的前提条件。

中共二大对民主革命和社会主义革命之间的具体联系作了初步分析。宣言阐述了中国革命“两步走”的思想，指出：“民主主义革命成功了，无产阶级不过得着一些自由与权利，还是不能完全解放。而且民主主义成功，幼稚的资产阶级便会迅速发展，与无产阶级处于对抗地位。因此无产阶级便须对付资产阶级，实行‘与贫苦农民联合的无产阶级专政’的第二步奋斗。如果无产阶级的组织力和战斗力强固，这第二步奋斗是能跟着民主主义革命胜利以后即刻成功的。”[①] 中国共产党人估计民主革命的前途存在两种可能性：一种是，如果无产阶级的力量在民主革命中发展得很大，民主革命胜利后便能够即刻实行无产阶级专政的社会主义革命；另一种是，民主革命胜利，资产阶级夺得政权，无产阶级要经过一个长时期使自己的力量壮大之后，才能实行第二步奋斗。

二、通过第一部正式党章

（一）内外因素推动《中国共产党章程》诞生

中共一大所通过的《中国共产党第一个纲领》，前三条规定了中国共产党的性质、基本任务、奋斗目标，第四条至第十五条，确定了党员、党的组织方面的基本规则，具有党章的性质。纲领第十五条“本纲领须经全国代表大会三分之二代表同意，始得修改”[②]，确立了党的纲领在党的组织和政治生活中的最高地位。连同关于中央与地方关系的规定，说明中共一大就已初步建立了民主集中制原则。该文件虽涉及党章的内容，但并不是真正意义上的党章。中共一大决定：会后“委托党中央局起草党章”[③]，提交党

① 中共中央文献研究室、中央档案馆编：《建党以来重要文献选编（1921—1949）》第1册，中央文献出版社2011年版，第132—133页。

② 中共中央文献研究室、中央档案馆编：《建党以来重要文献选编（1921—1949）》第1册，中央文献出版社2011年版，第3页。

③ 中共中央文献研究室、中央档案馆编：《建党以来重要文献选编（1921—1949）》第1册，中央文献出版社2011年版，第24页。

的第二次全国代表大会审议通过。

1. 中国共产党实践活动的迫切需要

中共一大后，党的组织和党的工作迅速发展，党员和党的地方组织都有所增加。党员方面，到中共二大前由50多人发展到195人。“去年（1921）开常会时，只有党员50余人，现在党员人数计上海50人，长沙30人，广东32人，湖北20人，北京20人，山东9人，郑州8人，四川3人，留俄国8人，留日本4人，留法国2人，留德国8人，留美国1人，共计195人；内有女子4人，工人21人。”[①]

到1922年6月底，中国共产党已发展和扩大了许多地方组织，直属中央局的地方组织有：中共广东支部（1921年8月成立）、中共北京地方委员会（1921年8月成立）、中共武汉地方委员会（1921年秋成立）、中共上海地方委员会（1921年12月成立）、中共湘区执行委员会（1922年5月成立）[②]。地方支部等基层组织主要有：北京东城（北京大学）支部、北京西城（北京高等师范学校）支部、北京西山（中法大学）支部、长辛店机厂支部、江苏陇海铁路徐州站支部、湖南省立第一师范学校支部、安源路矿支部、港窑湖支部、中共旅莫（斯科）支部、中共旅德支部等[③]。

党员和党组织的增加，迫切需要制定正式的章程来指导和协调党内生活，统一全党行动，以确保党的任务和纲领的完成。

2. 中共二大部署党的建设的理论和制度来源

共产国际二大通过的《共产国际章程》，对中共二大党章的影响主要体现在组织机构、组织原则以及党纪等方面。关于组织机构，章程规定

---

① 中共中央党史研究室第一研究部编：《联共（布）、共产国际与中国国民革命运动》（1917—1925）第2卷，中共党史出版社2020年版，第322页。

② 中共中央组织部、中共中央党史研究室、中央档案馆编：《中国共产党组织史资料》第1卷 党的创建和大革命时期（1921.7—1927.7），中共党史出版社2000年版，第93、263、374、494、582页。

③ 中共中央组织部、中共中央党史研究室、中央档案馆编：《中国共产党组织史资料》第1卷 党的创建和大革命时期（1921.7—1927.7），中共党史出版社2000年版，第166、450、560、696、708页。

“共产国际的最高权力机关，是隶属于共产国际的一切政党和组织所组成的世界代表大会”，世界代表大会的职权是“讨论和决定有关共产国际活动的纲领和策略中的最重要问题”；共产国际的领导机关是共产国际执行委员会，“执行委员会在代表大会休会期间，指导共产国际的全部工作”①。关于民主集中制的组织原则，章程规定“世界代表大会选出共产国际执行委员会”②，说明选举原则是民主集中制的一项最基本的原则；执行委员会在代表大会休会期间，“用共产国际的名义发表任何必要的呼吁书，并发布对所有参加共产国际的政党和组织都具有拘束力的指示”③，这体现了下级服从上级的原则。关于党纪方面，章程规定“共产国际执行委员会有权要求属于共产国际的政党开除违反国际纪律的团体或个人，它也有权将违反世界代表大会决定的政党从共产国际中开除出去。被开除的政党有权向世界代表大会申诉”④。

共产国际二大通过的《加入共产国际的条件》，对各国无产阶级政党提出更严格的要求，对于防止机会主义政党混入共产国际，保持共产国际的纯洁性和加强党的建设，发挥了重要作用。条件要求加入共产国际的党必须制定一个彻底的革命纲领；必须在实际活动中，很好地宣传无产阶级专政；必须按照民主集中制的原则建立起来；必须加强党的领导，把党的领导作用贯穿在各种组织和各方面的工作中去；必须实行灵活的策略原则；必须坚持国际主义原则⑤。这些对于如何建设无产阶级政党的具体规定，对中共二大党章的制定产生了积极影响。

共产国际三大通过的《共产党的组织建设、工作方法和工作内容》提

---

① 中共中央党史研究室第一研究部编：《联共（布）、共产国际与中国国民革命运动》（1917—1925）第2卷，中共党史出版社2020年版，第159—160页。

② 中共中央党史研究室第一研究部编：《联共（布）、共产国际与中国国民革命运动》（1917—1925）第2卷，中共党史出版社2020年版，第159页。

③ 中共中央党史研究室第一研究部编：《联共（布）、共产国际与中国国民革命运动》（1917—1925）第2卷，中共党史出版社2020年版，第160页。

④ 中共中央党史研究室第一研究部编：《联共（布）、共产国际与中国国民革命运动》（1917—1925）第2卷，中共党史出版社2020年版，第160页。

⑤《党章知识辞典》编委会：《党章知识辞典》，中共中央党校出版社1996年版，第95—96页。

纲，对于民主集中制作了更为详细和具体的规定：强调共产国际的最高领导地位，“整个党受共产国际的领导”；明确党的各级领导机关由选举产生，“党的中央机关（中央委员会或扩大中央委员会）对党代表大会和共产国际执行委员会负责。中央委员会以及核心领导机关通常由党代表大会选举”；指出党内各个组织和个人要服从中央领导机构，少数要服从多数，“党的领导机关的指示和决议是所属各级党组织和每一党员所必须执行的”，“党的中央领导机关也象共产国际的领导机关一样，随时可以要求一切共产党组织及其机关和个别党员提供详尽的情报”，“在中央机关的组成人员中也应当有持少数意见的优秀代表者。但是核心领导机关应尽可能持有统一的观点，以便能够对党进行坚强而且可靠的领导，这里不仅要凭借自己的威信，而且也要凭借中央领导机关内一定的多数，甚至强大的多数”；明确党的上级组织要经常听取下级组织和党员群众的意见，“任何一个党组织和机关以及个别党员，都有权随时直接向党或共产国际的中央领导机关提出意见、建议或申诉”；对党的各级委员会实行集体领导和个人负责相结合的制度也作了相应要求，“党的政策和日常活动，由领导机关通过它的两个局根据各自的职责分别进行指导。这个核心领导机关应定期召开党中央领导机关全体大会，以便作出具有决定性意义的特别重要的决议”“一切担任领导工作的党委会，都要在内部实行合理的分工，以便最有效地领导党的工作”；关于党内监督，也有所提及，“担任领导工作的地方党委会直至最高级的党的中央领导机关，都应对所属各委员会的活动和人员编制以及它们是否正确履行职责实行监督”[①]。

《共产党的组织建设、工作方法和工作内容》提纲、《共产国际章程》和《加入共产国际的条件》，组成党的建设制度整体，是中共二大部署党的建设的重要理论来源和制度资源。中共二大党章分为党员、组织、会议、纪律、经费和附则，从形式和结构上借鉴了《俄国共产党（布尔什维克）

① 孙武霞，许俊基：《共产国际与中国革命资料选辑》（1919—1924），人民出版社 1985 年版，第 121—124 页。

章程》[1]。对于俄共党章中体现的民主集中制的原则以及各级党组织的定期会议制度，也有所借鉴。

（二）党的建设格局初步展开

中共二大通过的《中国共产党章程》是中国共产党成立后的第一部党章。党章总共 6 章 29 条，对党员条件和入党手续，党的组织机构、组织制度、党的各级组织的建设、党的纪律等作了具体规定。

中國共產黨章程

第一章　黨員

第一條　本黨黨員無國籍性別之分，凡承認本黨宣言及章程并願忠實為本黨服務者，均得為本黨黨員。

第二條　黨員入黨時，須有黨員一人介紹於地方執行委員會，經地方執行委員會之許可，由地方執行委員會報告區執行委員會，由區執行委員會報告中央執行委員會；經區及中央執行委員會次第審查通過，始得為正式黨員；但工人只須地方執行委員會承認報告區及中央執行委員會即為黨員。

第三條　凡經中央執行委員會，直接承認者，或已經加入第三國際所承認之各國共產黨者，均得為本黨黨員

第二章　組織

第四條　各農村各工廠各鐵路各鑛山各兵營各學校等機關，及附近，凡有黨員三人至五人均得成立一組，每組公推一人為組長，隸屬地方支部（如各組所在地尚無地方支部時，則由區執行委員會指定隸屬鄰近之支部或直隸區執行委員會

中共二大通过的第一部《中国共产党章程》（部分）。

1. 中国共产党的第一部党章

第一章“党员”，规定了入党条件、党员义务和入党手续。对比中共一大通过的党纲，主要有以下特点：一是强调党员要为党服务，除了要求

① 《俄国共产党（布尔什维克）章程》：共 12 章 66 条，规定了党员条件、组织原则、组织机构、党的纪律和党的经费等。

党员“承认本党宣言及章程”外，还强调“愿忠实为本党服务者”①；二是入党手续更为严格，从经党员一人介绍便可接收为党员，到“党员入党时，须有党员一人介绍于地方执行委员会，经地方执行委员会之许可，由地方执行委员会报告区执行委员会，由区执行委员会报告中央执行委员会，经区及中央执行委员会次第审查通过，始得为正式党员”②，这种逐级上报的审查手续，对于防止投机分子和不够条件的人入党，是十分必要的，但同时取消了候补党员的考察期的规定；三是更加欢迎工人入党，“工人只须地方执行委员会承认报告区及中央执行委员会即为党员”③；四是取消了断绝同黄色知识分子和类似党派一切联系的有关规定，这也是符合了民主联合战线的需要。

第二章“组织”，规定了党组织的设置及组织系统。确定党的各级组织为中央执行委员会、区执行委员会、地方执行委员会及支部、党的小组，党的组织系统为中央、区、地方及支部四级体制，以及中央、区、地方设立执行委员会，支部则由地方委派干部。一是强调了党的基层组织的重要性，党员必须加入党的一个组织，“各级组织，为本党组织系统，训练党员及党员活动之基本单位，凡党员皆必须加入”④；二是规定了各级组织的领导机构及领导的产生方式为“公推”“推举”“选举”“互推”，而不是自上而下的指任或委派，并对任期亦做相应规定，“中央执行委员会任期一年，区及地方执行委员会任期均半年”⑤；三是规定了区、地方及中央执行委员会委员及候补委员的人数，委员为五人，候补委员为三人；四是明确区、地方及中央执行委员会的职责，“中央执行委员会执行大会的

① 中共中央文献研究室、中央档案馆编：《建党以来重要文献选编（1921—1949）》第1册，中央文献出版社2011年版，第164页。

② 中共中央文献研究室、中央档案馆编：《建党以来重要文献选编（1921—1949）》第1册，中央文献出版社2011年版，第164页。

③ 中共中央文献研究室、中央档案馆编：《建党以来重要文献选编（1921—1949）》第1册，中央文献出版社2011年版，第164页。

④ 中共中央文献研究室、中央档案馆编：《建党以来重要文献选编（1921—1949）》第1册，中央文献出版社2011年版，第165页。

⑤ 中共中央文献研究室、中央档案馆编：《建党以来重要文献选编（1921—1949）》第1册，中央文献出版社2011年版，第165页。

各种决议，审议及决定本党政策及一切进行方法。区及地方执行委员会执行上级机关的决议并在其范围及权限内审议及决定一切进行方法"[①]；五是强调各委员会委员要明确分工，履行职责，"各委员会均互推委员会一人总理党务及会计，其余委员协同委员长分掌政治、劳动、青年、妇女等运动"[②]。

第三章"会议"，规定了党的活动方式及领导方式。一是规定了定期会议制度，"各组，每星期由组长召集会议一次，各支部每月召集全体党员或组长会议一次，各地方由执行委员会每月召集各干部会议一次，每半年召集本地方全体党员或组长会议一次，各区，每半年由执行委员会定期召集本区代表大会一次，全国代表大会每年由中央执行委员会定期召集一次"[③]；二是对各级组织召集临时会议的权力作出明确规定，中央执行委员会"认为必要时，得召集全国代表临时会议。有过半数区之请求，中央执行委员会亦必须召集临时会议"[④]，上级执行委员会"凡一问题发生，上级执行委员会得临时命令下级执行委员会召集各种形式的临时会议"[⑤]；三是明确中央、区与地方执行委员会的会议均由委员长召集，并且中央可派中央特派员到各地召集各种形式的临时会议。可以看出，党章规定了会议分为定期会议和临时会议，其中定期会议还分为党员会议、干部会议和代表大会。会议召集人由各级执行委员会委员长或中央特派员担任。

第四章"纪律"，规定了中央机构职权划分及党的纪律规则、审批权限等问题。一是保证中央集中领导权力。规定中央机构的职权为："全国代表大会为本党最高机关。在全国大会闭会期间，中央执行委员会为最高机

① 中共中央文献研究室、中央档案馆编:《建党以来重要文献选编（1921—1949）》第1册，中央文献出版社2011年版，第165—166页。

② 中共中央文献研究室、中央档案馆编:《建党以来重要文献选编（1921—1949）》第1册，中央文献出版社2011年版，第166页。

③ 中共中央文献研究室、中央档案馆编:《建党以来重要文献选编（1921—1949）》第1册，中央文献出版社2011年版，第166页。

④ 中共中央文献研究室、中央档案馆编:《建党以来重要文献选编（1921—1949）》第1册，中央文献出版社2011年版，第166页。

⑤ 中共中央文献研究室、中央档案馆编:《建党以来重要文献选编（1921—1949）》第1册，中央文献出版社2011年版，第166页。

关”[1]；遇有争议或不同意见时，“得提出中央执行委员会判决”，“得提出全国大会或临时大会判决”[2]；各级委员会要与中央保持一致，“区或地方执行委员会及各组均须执行及宣传中央执行委员会所定政策，不得自定政策。凡有关系全国之重大政治问题发生，中央执行委员会未发表意见时，区或地方执行委员会，均不得单独发表意见。区或地方执行委员会所发表之一切言论倘与本党宣言章程及中央执行委员会之议决案及所定政策有抵触时，中央执行委员会得令其改组之”[3]。二是强调了党的组织纪律原则。规定“全国大会及中央执行委员会之议决，本党党员皆须绝对服从之”，“下级机关须完全执行上级机关之命令”，“本党一切会议均取决多数，少数绝对服从多数”，同上级的指示有不一致时，在上级未作出新决定前，“仍须执行上级机关之命令”[4]。三是对党员违反纪律作出相应的处分的规定。列举了六条条款，“凡党员有犯左列各项之一者，该地方执行委员会必须开除之”，并且“必须报告其理由于中央及区执行委员会”[5]。

第五章“经费”，规定了经费来源及支配权限。明确经费来源为党费、党内派捐及党外协助，且规定“本党一切经费收支，均由中央执行委员会支配之”[6]。经费支配权限集中于中央执行委员会，这对保证中央的集中统一领导有重要的作用。

第六章“附则”，规定了章程的修改权属机构、解释权属机构，以及议决和生效的时间。明确“本章程修改之权属全国代表大会，解释之权属

---

① 中共中央文献研究室、中央档案馆编:《建党以来重要文献选编（1921—1949）》第 1 册，中央文献出版社 2011 年版，第 167 页。

② 中共中央文献研究室、中央档案馆编:《建党以来重要文献选编（1921—1949）》第 1 册，中央文献出版社 2011 年版，第 167 页。

③ 中共中央文献研究室、中央档案馆编:《建党以来重要文献选编（1921—1949）》第 1 册，中央文献出版社 2011 年版，第 167 页。

④ 中共中央文献研究室、中央档案馆编:《建党以来重要文献选编（1921—1949）》第 1 册，中央文献出版社 2011 年版，第 167 页。

⑤ 中共中央文献研究室、中央档案馆编:《建党以来重要文献选编（1921—1949）》第 1 册，中央文献出版社 2011 年版，第 168 页。

⑥ 中共中央文献研究室、中央档案馆编:《建党以来重要文献选编（1921—1949）》第 1 册，中央文献出版社 2011 年版，第 168 页。

中央执行委员会”①。中共二大党章关于修改权、解释权的规定条文，是俄共党章中没有的，是中国共产党对党章的发展和创造。

2. 为党的思想建设和组织建设奠定基础

中共二大通过的《中国共产党章程》明确提出，加强党的建设是贯彻实施民主革命纲领的组织保证，并第一次对党的组织建设的原则、方针等问题作出了比较具体、明确的规定。这对于把党建设成为一个政治上、思想上和组织上集中统一的无产阶级政党，具有决定性的意义。

一是明确地体现了民主集中制原则。民主集中制是党的根本组织原则和领导制度，是马克思主义政党区别于其他政党的主要标志，是党的组织制度的核心。虽然民主集中制原则是在 1927 年 6 月 1 日中央政治局通过的《中国共产党第三次修正章程决案》正式载入党章，但中共二大党章中有关党员、党的组织结构、党的会议制度、党的纪律等规定中，都蕴含了民主集中制的主要思想。

二是对召集党的各级代表大会作了初步规定。中共二大党章明确论述了党的代表大会及有关问题，把“全国代表大会为本党最高机关”以党章的形式固定下来，并对召集党的代表大会作了初步规定。此外，对有关代表大会的一些问题作了明确的规定，比如对全国代表大会或临时会议的人数的规定，对下级服从上级、少数服从多数的规定等。

三是对规范党员行为作了初步纪律约束。中共二大党章强调了纪律的严格性，对党员进行纪律处分的规定，对于年轻的中国共产党来说是很有意义的。

三、正式加入第三国际

（一）第三国际作为统一的世界政党的形成

俄国十月革命胜利后，欧洲革命亦逐步高涨，一些国家共产党陆续

① 中共中央文献研究室、中央档案馆编:《建党以来重要文献选编（1921—1949）》第 1 册，中央文献出版社 2011 年版，第 169 页。

建立。1918年末，欧洲一些社会民主党右派领袖企图将工人运动重新纳入改良主义轨道，准备恢复第二国际。刚刚成立的许多共产主义组织不仅十分弱小，而且在思想上、组织上也不成熟，存在被同化的可能。客观形势要求已经具备一定基础的各国共产党和左派组织必须抓紧时间建立一个世界性的无产阶级政党组织，对各国革命斗争进行协调和指导。以列宁为代表的俄国共产党（布尔什维克）[①]，承担起筹建这样一个新的国际组织的任务。

1. 世界性的无产阶级政党组织的成立

1919年3月2日至6日，共产国际第一次代表大会在莫斯科克里姆林宫召开，宣布了共产国际的成立。第三国际的正式名称是共产国际，由于与第一国际、第二国际的事业相蝉联，又称为第三国际[②]。大会通过了《共产国际行动纲领》《共产国际宣言》等重要文件。《共产国际宣言》宣告："如果说第一国际预见到了未来的发展，并指出了发展的道路，如果说第二国际聚集了并组织了千百万无产者，那末第三国际就是一个公开的群众性行动的国际，是一个实现革命的国际，是一个创建事业的国际。"[③]宣言最后号召全世界无产者："在反对帝国主义兽行、反对帝制、反对特权等级、反对资产阶级国家和资产阶级所有制、反对各种各样的阶级压迫或民族压迫的斗争中联合起来！""在工人苏维埃的旗帜下，在夺取政权和实行无产阶级专政的革命斗争的旗帜下、在第三国际的旗帜下联合起来！"[④]《共产国际行动纲领》阐述无产阶级的奋斗目标，即以世界无产阶级革命取得最终胜利为目标，以及实现这一目标的途径和方法，指出"由于无产阶级行动

---

① 苏联共产党的名称有一个变化的过程：1898年3月，俄国社会民主工党正式成立；1918年3月，布尔什维克党第七次代表大会决定把党的名称改为俄国共产党（布尔什维克），简称俄共（布）；1925年12月，党的十四大决定将俄共（布）改称为全联盟共产党（布尔什维克），简称联共（布）；1952年10月，党的十九大又决定将联共（布）改为苏联共产党，简称苏共。

② 在共产国际第一次代表大会通过的《共产国际宣言》中，第一次自称为"第三国际"。

③ 中共中央党史研究室第一研究部编：《联共（布）、共产国际与中国国民革命运动》（1917—1925）第2卷，中共党史出版社2020年版，第76页。

④ 中共中央党史研究室第一研究部编：《联共（布）、共产国际与中国国民革命运动》（1917—1925）第2卷，中共党史出版社2020年版，第77页。

有协调一致的绝对必要，所以必须成立一个真正革命和真正属于无产阶级的共产国际。”“共产国际要使所谓国家利益服从国际革命的利益，它要体现各国无产阶级的相互支援。”“将支援被掠夺的殖民地各族人民的反帝斗争，以促使世界帝国主义体系最后崩溃。”[①]

《共产国际宣言》以及共产国际二大通过的《共产国际章程》都阐明，共产国际是世界性的共产党，它是由各国共产党在平等的基础上组织起来，参加它的任何组织都是它的一个支部，接受它的领导，没有一个党可以例外。由于共产国际的总部设在莫斯科，其大多数工作人员来自苏联[②]，再加上各国共产党活动的经费也多依靠苏联来提供，所以，共产国际的一些重大决策会受苏联共产党的支配和影响，一些重大活动也会更多的出于苏联政府对外政策的需要。鲍罗廷讲过这样一句精辟的话：中国人“有时讲苏联，有时讲俄共，有时讲共产国际，但通常都是一回事”[③]。

2. 共产国际二大明确加入共产国际的条件

共产国际二大除了制定适应新形势的国际共产主义运动的战略和策略原则，还有一项重要的任务就是进一步从组织上巩固共产国际。

大会通过的《共产国际章程》强调，“为了迅速取得胜利，正为消灭资本主义建立共产主义而斗争的工人协会必须有一个高度集中的组织”，指出“共产国际事实上必须是一个独一无二的世界性的共产党”，规定“在各国进行工作的党只是它的独立支部而已”[④]。共产国际的目标

---

① 中共中央党史研究室第一研究部编：《联共（布）、共产国际与中国国民革命运动》（1917—1925）第2卷，中共党史出版社2020年版，第67页。

② 苏联名称的变化：其前身是俄罗斯，指十月革命前的俄国，在1721年至1917年称“俄罗斯帝国”，通称“沙俄”或“帝俄”。苏俄，是指1917年十月革命胜利后建立的苏维埃俄罗斯联邦。1922年12月，全国苏维埃第一次代表大会在莫斯科召开，根据列宁的提议，苏维埃各族人民在自愿和平等的基础上，俄罗斯、乌克兰、白俄罗斯和外高加索联邦四个苏维埃社会主义共和国组成了苏维埃社会主义共和国联盟，简称苏联。1991年12月，苏联解体。

③ 中共中央党史研究室第一研究部译：《联共（布）、共产国际与中国国民革命运动》（1926—1927）第3卷，中共党史出版社2020年版，第122页。

④ 中共中央党史研究室第一研究部编：《联共（布）、共产国际与中国国民革命运动》（1917—1925）第2卷，中共党史出版社2020年版，第158—159页。

是确立世界范围内的无产阶级专政，建立世界社会主义苏维埃共和国联盟，实现社会主义和共产主义。会议讨论和通过列宁起草的《加入共产国际的条件》，共计21条，条件明确共产国际实行民主集中制，“凡属于国际共产党的党，必须建筑于德莫克乃西的中央集权的原则之上”[①]，同时把必须执行共产国际代表大会及其执行委员会的一切决议，作为各国工人阶级政党加入共产国际的条件，“国际共产党大会一切决议及他的执行委员会一切决议，有强迫加入国际共产党之各党一律遵行的权力”，还规定凡是参加共产国际的各国党都是它的支部，都必须接受共产国际的领导，“凡愿意加入国际共产党的党必须命名为某国共产党——第三国际共产党支部。名称问题不仅是形式问题而且是个重大的政治问题”[②]。

（二）从联合到加入第三国际

1. 中共一大明确联合第三国际

中国共产党从筹建阶段就与共产国际保持着密切的联系。中共一大通过的《中国共产党第一个纲领》明确写入“联合第三国际”[③]。在《中国共产党第一个决议》中，又专设一节规定党与第三国际的关系，“党中央委员会应每月向第三国际报告工作”“在必要时，应派一特命全权代表前往设在伊尔库茨克的第三国际远东书记处。此外，应派代表赴远东各国，以便商讨发展和配合今后阶级斗争的进程。”[④] 可以说，中国共产党表明了与共产国际是联合的态度，并不强调二者是领导与被领导关系。

---

① 中共中央文献研究室、中央档案馆编：《建党以来重要文献选编（1921—1949）》第1册，中央文献出版社2011年版，第144页。

② 中共中央文献研究室、中央档案馆编：《建党以来重要文献选编（1921—1949）》第1册，中央文献出版社2011年版，第145页。

③ 中共中央文献研究室、中央档案馆编：《建党以来重要文献选编（1921—1949）》第1册，中央文献出版社2011年版，第1页。

④ 中共中央文献研究室、中央档案馆编：《建党以来重要文献选编（1921—1949）》第1册，中央文献出版社2011年版，第6页。

2. 正式成为共产国际的中国支部

中共二大通过了《关于“世界大势与中国共产党”的议决案》，中国共产党认识到当前世界的形势是“世界资本主义的势力已是衰萎，社会革命的势力日见澎湃”，但资本家“把这股革命狂潮暂时按抑下去了”，并处于“向全世界无产阶级进攻的情势”，因此第三国际应“召集全世界的无产阶级建立一个联合的战线，共同抵御资本家目前的进攻”[①]。同时决议，“中国共产党要召集中国工人们加入世界工人的联合战线，保护无产阶级的祖国——苏维埃俄罗斯，抵御资本主义的进攻；并要邀集中国的被压迫群众，也来保护苏维埃俄罗斯，因为苏维埃俄罗斯也是解放被压迫民族的先锋。”[②] 这份决议充分说明，在共产国际的帮助下，中国共产党当时所具有的国际视野，并已经能够站在国际政治的角度考察中国革命。

会议通过了《中国共产党加入第三国际决议案》，指出，中国革命“要和世界无产阶级联合起来，才足以增加革命的效力”，中国共产党“是代表中国无产阶级的政党，所以第二次全国大会议决正式加入第三国际，完全承认第三国际所决议的加入条件二十一条，中国共产党为国际共产党之中国支部”[③]。这样，中国共产党正式加入共产国际，成为其下属的一个支部。共产国际从此与中共确立了上下级的直接工作关系。

中共二大在对当前世界形势作出判断后，决定正式加入第三国际。这在当时是必要的也是必然的一种抉择。此后，中国共产党可以借鉴俄国革命经验，汇入国际共产主义运动的洪流中，中国共产党有了更广阔的世界性活动舞台。共产国际的理论成为中国共产党的指导思想。中国共产党沿着共产国际的道路开展党内建设、处理同其他政党的关系，并开展日常活动。在中国革命进程中，共产国际给予过诸多帮助和支持。一方面，1920

① 中共中央文献研究室、中央档案馆编：《建党以来重要文献选编（1921—1949）》第1册，中央文献出版社2011年版，第136页。

② 中共中央文献研究室、中央档案馆编：《建党以来重要文献选编（1921—1949）》第1册，中央文献出版社2011年版，第136—137页。

③ 中共中央文献研究室、中央档案馆编：《建党以来重要文献选编（1921—1949）》第1册，中央文献出版社2011年版，第141页。

年起，共产国际先后派维经斯基、马林等来到中国，帮助中国的先进知识分子建立中国共产党。另一方面，帮助中国共产党制定民主革命纲领，帮助中国共产党正确地选择了统一战线中的盟友，积极推动实现国共合作等。此外，还为中共中央提供资金上的帮助。“党的经费，几乎完全是我们从共产国际得到的，党员缴纳的党费很少。今年我们从共产国际得到的约有一万五千”①。

四、建立民主联合战线

（一）共产国际给予的理论指导

1. 民族殖民地理论阐明无产阶级的立场和策略

列宁在共产国际二大上提出的民族和殖民地问题的理论认为，殖民地半殖民地人民的革命首先是进行资产阶级民主革命，帝国主义及其所支持的封建势力是其首要敌人；指出，民族资产阶级是无产阶级这场斗争中的同盟军，所以，殖民地半殖民地国家的无产阶级及其政党应当支持资产阶级的民族民主运动，并同资产阶级民主派结成联盟；并强调无产阶级政党在统一战线中，必须争夺和保持领导权，“共产国际应当同殖民地和落后国家的资产阶级民主派结成临时联盟，但是不要同他们融合，要绝对保持无产阶级运动的独立性，即使这一运动还处在最初的萌芽状态也应如此”②。

罗易在列宁的《民族和殖民地问题提纲初稿》的基础上，提出了一个补充提纲，认为“共产国际应该与那些在政治上和经济上受压迫的国家中力求推翻帝国主义的革命力量建立联系”，指出殖民地革命的首要任务是联合资产阶级民主派推翻外国统治。“为了推翻外国资本主义——实现殖民地革命的第一步，利用与资产阶级民族革命分子的合作，是有好处的”，

① 中共中央文献研究室、中央档案馆编：《建党以来重要文献选编（1921—1949）》第1册，中央文献出版社2011年版，第243页。

② 中共中央党史研究室第一研究部编：《联共（布）、共产国际与中国国民革命运动》（1917—1925）第2卷，中共党史出版社2020年版，第128页。

更为重要的是“但首要和必要的任务则是建立共产党，因为它可以把农民和工人组织起来，引导他们进行革命和建立苏维埃共和国”，且“初期的殖民地革命不会是共产主义革命，但是，如果领导权从一开始就由共产主义先锋队掌握，那么，革命群众就会逐渐取得革命经验，沿着正确的道路达到既定目标”[①]。

民族和殖民地问题理论成为共产国际支持中国革命、积极倡导国共合作的理论基础，也是中国共产党提出和制定民主联合战线政策和策略的理论依据。

2. 远东会议阐明在中国建立民主联合战线的必要性

远东会议根据列宁的民族和殖民地问题的理论，针对中国革命明确指出：帝国主义和封建主义是东方被压迫民族当前最大的敌人，因此，中国革命第一阶段的任务就是要进行民族民主解放运动，把中国人民从外国压迫下和军阀统治下解放出来，为此必须建立广泛的革命统一战线。

萨发洛夫在会上发表的演说《第三国际与远东民族问题》，阐述了共产党人对民族殖民地问题的立场，并强调共产党与民族革命政党的合作的重要性，指出，“我们定要说：谁不帮助民族革命运动的，是一个共产主义无产阶级革命的蟊贼。但是同时也要说：谁和无产阶级运动的觉醒为难的，也是一个民族革命运动的蟊贼，谁阻止中国无产阶级站在他自己的脚点上说他自己的语言的，也是一个中华国民的蟊贼”[②]。他还强调中共领导的劳动运动必须保持其独立性，“中国的劳动运动，中国的劳动者必须踏稳他们自己的脚步，不可和任何民主党或资产阶级分子混合。”[③]

远东会议对于帮助中国共产党人在中共二大上制定民主主义的联合战线，起了重要的作用。正如陈独秀在中共三大上作工作报告时谈道：“在上

① 中共中央党史研究室第一研究部编：《联共（布）、共产国际与中国国民革命运动》（1917—1925）第2卷，中共党史出版社2020年版，第131—132页。

② 中共中央党史研究室第一研究部编：《联共（布）、共产国际与中国国民革命运动》（1917—1925）第2卷，中共党史出版社2020年版，第296页。

③ 中共中央党史研究室第一研究部编：《联共（布）、共产国际与中国国民革命运动》（1917—1925）第2卷，中共党史出版社2020年版，第296页。

届代表会议上，我们同意东方民族大会通过的关于共产党与民主革命派合作问题的决议”。①

（二）中共二大前中国共产党对于民主联合战线的态度

关于对待其他政党的态度，中共一大上，与会代表产生过争论，有些人坚决主张“我们应坚持这种意见：无产阶级不论在理论上和实践上都应该始终与其他政党作斗争”，而另一些人主张“在行动上与其他政党合作反对共同的敌人，同时又在我们的报纸上批评他们，这并不违背我们的原则”，最终“会议接受了第一种意见，即实际工作计划起草委员会的提案”②。

1. 不同其他党派建立任何关系

由于当时正处于中国共产党的初创阶段，如何建立一个真正的无产阶级政党是年轻的共产党面临的主要课题，划清马克思主义与无政府主义的界限，显得尤为重要。因此，中共一大时，中国共产党对其他党派的态度是“中国共产党彻底断绝同黄色知识分子阶层及其他类似党派的一切联系”③“对现有其他政党，应采取独立的攻击的政策。在政治斗争中，在反对军阀主义和官僚制度的斗争中，在争取言论、出版、集会自由的斗争中，我们应始终站在完全独立的立场上，只维护无产阶级的利益，不同其他党派建立任何关系”④。在决定党对于其他党派和资产阶级知识分子采取相隔离的关系时，经过了一番讨论和争议，这体现了年轻的无产阶级政党对其政治纯洁性的强烈追求。

2. 反对以党内合作的方式进行国共合作

国共党内合作这一方式，是由共产国际代表马林建议的。1921 年 12

---

① 中共中央文献研究室、中央档案馆编:《建党以来重要文献选编（1921—1949）》第 1 册，中央文献出版社 2011 年版，第 243 页。

② 中共中央文献研究室、中央档案馆编:《建党以来重要文献选编（1921—1949）》第 1 册，中央文献出版社 2011 年版，第 23—24 页。

③ 中共中央文献研究室、中央档案馆编:《建党以来重要文献选编（1921—1949）》第 1 册，中央文献出版社 2011 年版，第 1 页。

④ 中共中央文献研究室、中央档案馆编:《建党以来重要文献选编（1921—1949）》第 1 册，中央文献出版社 2011 年版，第 6 页。

月 10 日，经陈独秀介绍，马林在张太雷的陪同下前往桂林拜访孙中山。其间，马林与孙中山进行了三次长谈。在谈到承认俄国与联俄的可能性时，孙中山表示“华盛顿会议给中国造成不利局面，但是，只要他的北伐还未完成，联俄实际上是不可能的”“过早地联俄会立即引起列强的干预”①。马林告诉孙中山，“他的党进行的民族主义宣传也必然导致这种干涉”②。会见孙中山后，马林又到广州等地考察，通过与国民党领导人的接触，对国民党颇有好感。虽然这次同孙中山的会见没有达成什么正式的协议，但马林了解到国民党对苏维埃俄国的同情态度，是一个进步的政党，同时也了解到国民党“愿意在国民党内进行共产主义宣传”③的态度。

基于这种认识，马林回到上海后，便向陈独秀等中国共产党人提出国共进行党内合作问题，“我建议我们的同志，改变对国民党的排斥态度并在国民党内部开展工作，因为通过国民党同南方的工人和士兵取得联系要容易得多”“国民党的领导人告诉过我，他们愿意在国民党内进行共产主义宣传”，但是“我们的同志拒绝这个主意。这些共产主义小组若不在组织上同国民党结合，那他们的宣传前景暗淡”④。

马林的提议立即遭到了陈独秀的反对。陈独秀于 1922 年 4 月 6 日还致信给共产国际执行委员会东方部远东处的维经斯基，明确反对共产党加入国民党，并请他代向共产国际陈述反对的理由：“（一）共产党与国民党革命之宗旨及所据之基础不同。（二）国民党联美国、联张作霖、段祺瑞等政策和共产主义太不相容。（三）国民党未曾发表党纲，在广东以外之各省人民视之，仍是一争权夺利之政党，共产党倘加入该党，则在社会上信仰全失（尤其是青年社会），永无发展之机会。（四）广东实力派之陈炯明，名为国民党，

① 中共中央党史研究室第一研究部编：《联共（布）、共产国际与中国国民革命运动》（1917—1925）第 2 卷，中共党史出版社 2020 年版，第 251 页。

② 中共中央党史研究室第一研究部编：《联共（布）、共产国际与中国国民革命运动》（1917—1925）第 2 卷，中共党史出版社 2020 年版，第 251 页。

③ 中共中央党史研究室第一研究部编：《联共（布）、共产国际与中国国民革命运动》（1917—1925）第 2 卷，中共党史出版社 2020 年版，第 253 页。

④ 中共中央党史研究室第一研究部编：《联共（布）、共产国际与中国国民革命运动》（1917—1925）第 2 卷，中共党史出版社 2020 年版，第 253 页。

实则反对孙逸仙派甚烈，我们倘加入国民党，立即受陈派之敌视，即在广东亦不能活动。（五）国民党孙逸仙派向来对于新加入之分子，绝对不能容纳其意见及假以权柄。（六）广东、北京、上海、长沙、武昌各区同志对于加入国民党一事，均已开会议决绝对不赞成，在事实上亦已无加入之可能。”①

从信中可见，陈独秀当时对马林提出的“共产党及社会主义青年团均加入国民党”的国共合作方式是坚决反对的。马林的建议遭陈独秀拒绝后，于4月24日离开上海返回莫斯科。

3. 提出以党外合作的方式进行国共合作

1922年1月香港海员大罢工爆发，参加罢工海员6000余人，后来增至10万多人。经过56天的奋战，罢工取得胜利。也正是由于在此次罢工中，孙中山和国民党广州政府给予支持，国民党员与共产党员共同参与，配合默契，最终取得了这次罢工的胜利，这一事实，使共产党内对国民党的认识发生了变化。

香港海员大罢工。

① 中共中央党史研究室第一研究部编：《联共（布）、共产国际与中国国民革命运动》（1917—1925）第2卷，中共党史出版社2020年版，第238页。

4月底，广州党团负责干部会议召开。会议的主题是讨论中国共产党对国民党的关系问题。陈独秀在会上作劳动大会和青年团大会的意义和国共关系问题的报告。少共国际代表达林在讲话中强调建立反帝统一战线的必要性，并提议中共在保持政治独立性的条件下整个组织应加入国民党。与会者就该提议进行了激烈争论。大多数人不反对和国民党建立联合战线，但反对加入国民党。陈独秀在作结论时，“主张中共应与国民党所有革命分子合作，国民党内部既有斗争，我们现在应先观察清楚，再作决定”。会议接受了陈独秀的提议。此次会议虽然未能就加入国民党的问题作出决议，但大多数与会者同意了建立国共合作统一战线的基本方针，这标志着共产党对国民党的政策开始有了转变。

《中国共产党对于时局的主张》对民族资产阶级有了新的认识，并主张建立民主联合战线。文件对国内的民主势力，作出新的判断，对孙中山领导的国民党寄以希望，指出“真的民主派，必须有两种证据表现于人民面前:（一）他的纲领和政策必须不违背民主主义的原则。（二）他的行动必须始终拥护民主主义与军阀奋斗。在这一点看起来，中国现存的各政党，只有国民党比较是革命的民主派，比较是真的民主派”①。文件提出“无产阶级在目前最切要的工作，还应该联络民主派共同对封建式的军阀革命，以达到军阀覆灭能够建设民主政治为止”②，具体的方法是“要邀请国民党等革命的民主派及革命的社会主义各团体开一个联席会议，在上列原则的基础上共同建立一个民主主义的联合战线，向封建式的军阀继续战争；因为这种联合战争，是解放我们中国人受列强和军阀两重压迫的战争，是中国目前必要的不可免的战争”③。由此可见，中国共产党在当时已认为国民党是比较真的民主派，并且不是采取攻击、排斥的态度而是采取联合起来共同

① 中共中央文献研究室、中央档案馆编:《建党以来重要文献选编（1921—1949）》第1册，中央文献出版社2011年版，第91页。

② 中共中央文献研究室、中央档案馆编:《建党以来重要文献选编（1921—1949）》第1册，中央文献出版社2011年版，第97页。

③ 中共中央文献研究室、中央档案馆编:《建党以来重要文献选编（1921—1949）》第1册，中央文献出版社2011年版，第98页。

对敌的态度。

共产国际执委会远东部主任维经斯基对《中国共产党对于时局的主张》给予高度评价："你们发表的宣言（指的是1922年6月15日《中共中央对于时局的主张》——原文注释）和告国内民主人士书，我们认为是很成功的，我们认为你们完全正确地掌握了旨在反对国内军阀和外国帝国主义者的民主统一战线思想。"[①]

虽然中国共产党已转变对国民党的态度，并提出以党外合作的方式进行国共合作，但陈独秀亦深知孙中山的国民党根本不可能与中国共产党组成"联合战线"，其对国民党改组持保留态度，"我们很希望孙文派之国民党能觉悟改造，能和我们携手，但希望也很少"[②]。

（三）党的统一战线思想和主张的首次提出

中共二大在中国历史上第一次正确提出了彻底的反帝反封建的民主革命纲领，而且还提出了为实现这个纲领所必须采取的联合战线的策略。

1. 明确建立党外合作的"民主的联合战线"

中共二大通过的《关于"民主的联合战线"的议决案》，明确阐述了中国社会和中国革命的基本性质，指出："中国名为共和，实际上仍在封建式的军阀势力统治之下，对外则为国际资本帝国主义势力所支配的半独立国家"[③]，并指出了建立民主联合战线的必要性："在这种封建势力统治的国家，人民的生命财产都握在武人手里，法律和舆论都没有什么效力，所以为人民幸福计，民主派对于封建革命是必要的，无产阶级倘还不能够单独革命，扶助民主派对于封建革命也是必要的"[④]，和急迫性："在

---

① 中共中央党史研究室第一研究部译：《联共（布）、共产国际与中国国民革命运动》（1920—1925）第1卷，中共党史出版社2020年版，第116—117页。

② 中共中央党史研究室第一研究部编：《联共（布）、共产国际与中国国民革命运动》（1917—1925）第2卷，中共党史出版社2020年版，第321页。

③ 中共中央文献研究室、中央档案馆编：《建党以来重要文献选编（1921—1949）》第1册，中央文献出版社2011年版，第139页。

④ 中共中央文献研究室、中央档案馆编：《建党以来重要文献选编（1921—1949）》第1册，中央文献出版社2011年版，第138页。

这种政治经济状况之下的无产阶级，在这种内外两层压迫之下无法得着自由而又急须得着自由的无产阶级，更有加入民主革命运动之必要”[①]，因此“中央执行委员会所发表民主联合战线的主张，是能够应付时势之急迫的要求的”[②]。

决议指明了民主联合战线的任务，就是组织成反帝反封建的联合战线，建设民主国家，“我们共产党应该出来联合全国革新党派，组织民主的联合战线，以扫清封建军阀推翻帝国主义的压迫，建设真正民主政治的独立国家为职志”[③]。同时规定建立民主联合战线的计划和步骤：首先，“先行邀请国民党及社会主义青年团在适宜地点开一代表会议，互商如何加邀其他各革新团体，及如何进行”；其次，“运动倾向共产主义的议员在国会联络真正民主派的议员结合民主主义左派联盟”；最后，“在全国各城市集合工会农民团体、商人团体、职教员联合会学生会妇女参政同盟团体、律师公会新闻记者团体等组织‘民主主义大同盟’”[④]。

决议还确定了中国共产党在“民主联合战线”中应坚持的策略原则。一个是联合性原则，“无产阶级一方面固然应该联合民主派，援助民主派”[⑤]。另一个是独立性原则，“然亦只是联合与援助，决不是投降附属与合并，因为民主派不是代表无产阶级为无产阶级利益而奋斗的政党”[⑥]“应该集合在无产阶级的政党——共产党旗帜之下，独立做

① 中共中央文献研究室、中央档案馆编：《建党以来重要文献选编（1921—1949）》第1册，中央文献出版社2011年版，第139页。

② 中共中央文献研究室、中央档案馆编：《建党以来重要文献选编（1921—1949）》第1册，中央文献出版社2011年版，第140页。

③ 中共中央文献研究室、中央档案馆编：《建党以来重要文献选编（1921—1949）》第1册，中央文献出版社2011年版，第139页。

④ 中共中央文献研究室、中央档案馆编：《建党以来重要文献选编（1921—1949）》第1册，中央文献出版社2011年版，第140页。

⑤ 中共中央文献研究室、中央档案馆编：《建党以来重要文献选编（1921—1949）》第1册，中央文献出版社2011年版，第139页。

⑥ 中共中央文献研究室、中央档案馆编：《建党以来重要文献选编（1921—1949）》第1册，中央文献出版社2011年版，第139页。

自己阶级的运动”[①]“无产阶级在斗争中不可忘了自己阶级的独立组织”[②]。

决议还指出了民主联合战线的发展前途，在完成反封建任务后，掌握政权的资产阶级必然压迫无产阶级，“这时他们压迫的程度和无产阶级能够抵抗的程度，乃看无产阶级在民主的战争期间所发挥的组织能力和战斗能力至何程度而定”[③]。

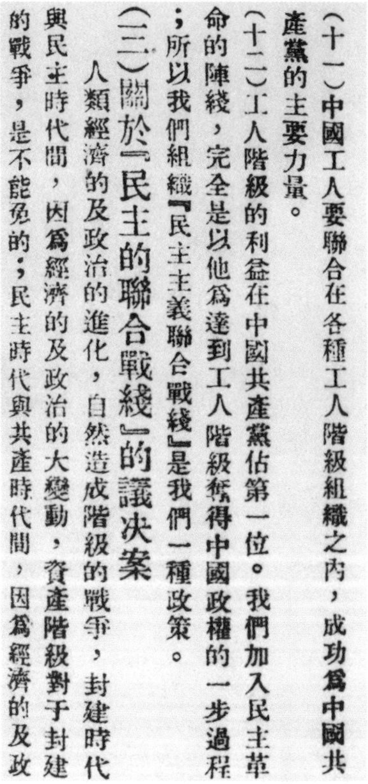
(十一)中國工人要聯合在各種工人階級組織之內，成功爲中國共產黨的主要力量。

(十二)工人階級的利益在中國共產黨佔第一位。我們加入民主革命的陣綫，完全是以他爲達到工人階級奪得中國政權的一步過程；所以我們組織『民主主義聯合戰綫』是我們一種政策。

(三)關於『民主的聯合戰綫』的議决案

人類經濟的及政治的進化，自然造成階級的戰爭，封建時代與民主時代間，因爲經濟的及政治的大變動，資產階級對于封建的戰爭，是不能免的；民主時代與共產時代間，因爲經濟的及政

《关于“民主的联合战线”的议决案》

2. 为推动中国革命发展奠定了重要思想理论基础

中共二大通过的《关于“民主的联合战线”的议决案》，号召全国的工人、农民团结在共产党的旗帜下进行斗争；它修改了对国民党和其他党派的排斥立场，提出联合全国一切革命党派、革新团体，联合资产阶级民主派，组织民主的联合战线，召开代表会议，共商具体办法，与它们合作，并同时保持无产阶级的独立性。由此可见，在建立联合战线的问题上，中共二大所明确主张和确立的联合形式为党外合作的方式。联合战线策略的制定为实现党的民主革命纲领提供了重要的力量保证。

中共二大提出的“民主的联合战

① 中共中央文献研究室、中央档案馆编：《建党以来重要文献选编（1921—1949）》第1册，中央文献出版社2011年版，第139页。

② 中共中央文献研究室、中央档案馆编：《建党以来重要文献选编（1921—1949）》第1册，中央文献出版2011年版，第140页。

③ 中共中央文献研究室、中央档案馆编：《建党以来重要文献选编（1921—1949）》第1册，中央文献出版2011年版，第139页。

线”，是中国共产党最早提出关于统一战线的思想和主张。它所确立的党外合作的统战观念，为推动中国革命的发展，为建立民主联合战线，推动国共合作，奠定了重要的思想理论基础。在中国共产党的统一战线发展史上具有开创性的、重大的意义。

五、组成“大的群众党”

（一）共产国际为加强群众党的建设所作的理论指导

共产国际三大上，代表讨论的问题十分广泛，但最主要的任务是为共产国际制定一条争取群众大多数的策略路线。大会把争取群众大多数的策略路线进一步扩展为建立工人统一战线的策略，同时还对共产国际同各国的党组织、工会、妇女、共青团组织的关系做出了决议，从而在策略路线和组织路线上解决了在新形势下，如何开展革命工作的问题。

1. 制定一条争取群众大多数的策略路线

共产国际三大通过的《共产党的组织建设、工作方法和工作内容》提纲，反映出共产国际试图以一套刚性规范来作出统一的规定，从而来加强各国群众党的建设。文件在总则中强调共产党的组织必须适合于党的活动环境和目的，党的领导的先决条件是最密切地联系无产阶级群众，“进行成功的领导，无疑地需要与无产阶级群众保持最密切的联系。如果没有这种联系，领导人就将不是引导群众，充其量也只不过是跟着群众走”，并且指出“这种有机联系是靠民主集中制来建立的”[①]。在关于民主集中制的部分，强调了民主集中制是党的集中领导和无产阶级民主的结合，这种结合只能在整个党组织经常进行共同活动和共同斗争的基础上实现，并且“要达到这一点，首先需要发展和保持党的领导机关与其他党员之间以及党与

① 孙武霞，许俊基：《共产国际与中国革命资料选辑》（1919—1924），人民出版社 1985 年版，第 93 页。

党外无产阶级群众之间的密切联系和相互关系”[①]。在宣传和鼓动部分，强调必须从实际生活出发，从人们的共同利益和愿望出发，“共产党的宣传鼓动工作必须在无产阶级群众中扎根。共产党的宣传鼓动必须来自工人的具体生活，来自他们的共同利益和愿望，特别是来自他们的共同斗争”[②]。关于组织政治斗争，强调“各级党组织如果不与大中企业中的无产阶级群众保持紧密联系，共产党就将无法领导大规模的群众运动和真正革命的运动”[③]。关于党组织的一般结构，强调发展党组织的重点在主要城市和大工业工人群众的中心地区，建立的党组织的领导机关“必须同主要城市内的党员劳动群众保持最密切的联系”[④]。

上述决议中关于如何建设群众党的规定，成为中共二大提出组成“大的群众党”的重要理论来源。

2. 共产党人必须直入群众中间去

萨发洛夫更为直接地指出，中国共产党人必须直入群众中间去。他在远东会议上作的《第三国际与远东民族问题》的演说，明确指出中国共产党的当前任务就是“把中国从外国的羁轭下解放出来”[⑤]。为了达成这一任务，他反复强调了把中国革命的基本群众吸引到这场斗争中来的必要性，“一切中国的民主主义者必须联合为中华联邦共和国作战，而且他们决不可以只在上级社会——就是所谓智识阶级——中活动为满足，他们必须直入群众中间去”[⑥]，要唤醒农民，“现在第一件要事就是去唤醒这一班群众，他

---

① 孙武霞，许俊基：《共产国际与中国革命资料选辑》（1919—1924），人民出版社 1985 年版，第 95 页。

② 孙武霞，许俊基：《共产国际与中国革命资料选辑》（1919—1924），人民出版社 1985 年版，第 101 页。

③ 孙武霞，许俊基：《共产国际与中国革命资料选辑》（1919—1924），人民出版社 1985 年版，第 115 页。

④ 孙武霞，许俊基：《共产国际与中国革命资料选辑》（1919—1924），人民出版社 1985 年版，第 120 页。

⑤ 中共中央党史研究室第一研究部编：《联共（布）、共产国际与中国国民革命运动》（1917—1925）第 2 卷，中共党史出版社 2020 年版，第 296 页。

⑥ 中共中央党史研究室第一研究部编：《联共（布）、共产国际与中国国民革命运动》（1917—1925）第 2 卷，中共党史出版社 2020 年版，第 295 页。

们是中国人民的主要成分，他们是中国的柱子，若不唤醒这班农民群众，民族的解放是无望的”[①]。

（二）中国共产党强化对群众工作的理论思考

中共二大通过《关于共产党的组织章程决议案》，提出把党建设成为一个革命的群众性的无产阶级政党的任务，提出中国共产党是中国无产阶级的先锋队，是无产阶级的忠实代表，旗帜鲜明地展示了党的先进性。

1. 明确提出组成“大的群众党”的目标

《关于共产党的组织章程决议案》开宗明义，直接阐明中国共产党的性质以及与群众的关系，“我们共产党，不是‘知识者所组织的马克思学会’也不是‘少数共产主义者离开群众之空想的革命团体’，‘应当是无产阶级中最有革命精神的大群众组织起来为无产阶级之利益而奋斗的政党，为无产阶级做革命运动的急先锋’”[②]。一方面，表明从党的组织性质上决定了中国共产党不能脱离群众，划清了与空想社会主义、无政府主义、改良主义等团体的界限。明确中国共产党“不是讲学的知识者，也不是空想的革命家”，中国共产党“不必到大学校到研究会到图书馆去”，而是要“到群众中去”，组成一个大的“群众党”，充分体现中国共产党与那些脱离群众的知识分子马克思学会和

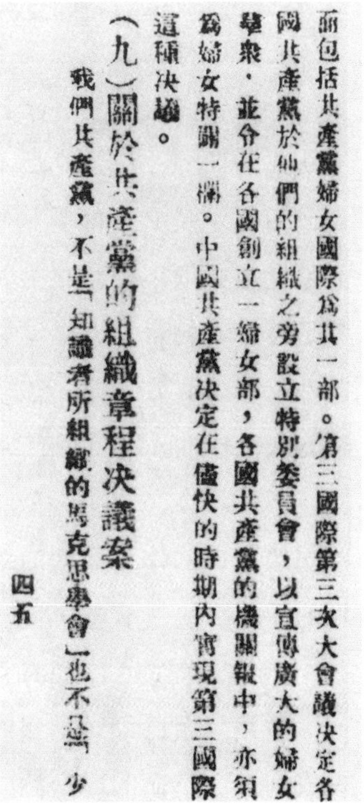
而包括共產黨婦女國際爲其一部。第三國際第三次大會議決定各國共產黨於他們的組織之旁設立特別委員會，以宣傳廣大的婦女羣衆，並令在各國創立一婦女部，各國共產黨的機關報中，亦須爲婦女特闢一欄。中國共產黨決定在儘快的時期內實現第三國際這種決議。

（九）關於共產黨的組織章程決議案

我們共產黨，不是「知識者所組織的馬克思學會」也不是「少

四五

《关于共产党的组织章程决议案》

① 中共中央党史研究室第一研究部编：《联共（布）、共产国际与中国国民革命运动》（1917—1925）第2卷，中共党史出版社2020年版，第295页。

② 中共中央文献研究室、中央档案馆编：《建党以来重要文献选编（1921—1949）》第1册，中央文献出版社2011年版，第162页。

空想的革命团体的本质区别。另一方面，从党的组织基础来讲，中国共产党的基础是最有革命精神的广大群众，是以广大群众作为坚实的基础，因此中国共产党必须深入到群众中去，组织起广大的群众，为无产阶级利益而奋斗。

接着，文件提出了建设成为一个革命的群众性的无产阶级政党的两个重要原则："党的一切运动都必须深入到广大的群众里面去"；"党的内部必须有适应于革命的组织与训练"①。强调一个革命的党，若缺少严密的集权的有纪律的组织与训练，那就只有革命的愿望而不能够有力量去做革命的运动。

文件还特别突出强调了中国共产党的严格纪律，列出了七条具体的规定：一是各级组织要有集权精神与铁的纪律；二是党员要在行动上受党中军队式的训练；三是党员不仅在言论上更要在行动上表现出来是共产主义者；四是党员必须能够牺牲个人的感情意见及利益关系以拥护党的一致；五是党员必须牢记始终为共产党活动；六是无论何时何地党员个人的言论都是符合党的言论，活动必须是党的活动；七是施行集权与训练时，应以共产革命在事实上所需要的观念施行之②。这些规定对党的组织建设具有约束力和指导性。"所以第二次全国大会决议，要说我们中国共产党成功一个党，不是学会，成功一个能够实行无产阶级革命大的群众党，不是少数人空想的革命团体，我们的组织与训练必须是很严密的集权的有纪律的，我们的活动必须是不离开群众的。"③

2. 为群众工作的开展奠定了思想基础

中共二大已经对党和群众的关系有了较为深入的认识，明确提出了建设成为一个革命的群众性的无产阶级政党的目标。这一方面是中国共产党

① 中共中央文献研究室、中央档案馆编：《建党以来重要文献选编（1921—1949）》第1册，中央文献出版社2011年版，第162页。

② 中共中央文献研究室、中央档案馆编：《建党以来重要文献选编（1921—1949）》第1册，中央文献出版社2011年版，第162—163页。

③ 中共中央文献研究室、中央档案馆编：《建党以来重要文献选编（1921—1949）》第1册，中央文献出版社2011年版，第163页。

对共产国际三大和远东会议的会议精神及提出的理论的学习和贯彻，另一方面也是中国共产党对马克思主义的群众观点有了初步了解和掌握的结果。群众观点是马克思主义的一个根本观点。马克思主义唯物史观认为，人民群众是历史的创造者，是社会物质财富和精神财富的创造者，是社会变革的决定力量。因此，马克思主义政党必须充分认识人民群众在推动历史发展中的伟大历史作用，正确对待政党与群众的关系。中共二大提出的组成“大的群众党”的目标，初步阐明党群关系，体现出中国共产党对马克思主义群众观点的进一步认识及深化，以及对群众路线的重视。此外，中国共产党对近现代以来人民群众反帝反封建斗争的经验教训，以及对党成立以来开展群众工作的经验和教训，作了初步总结，也推动了中共二大提出的群众观点的形成。

中共二大对群众工作的论述，为群众工作的开展奠定了思想理论基础，为之后工作指出了方向。它明确提出“大的群众党”的概念，着重强调了党的群众基础、群众意识、群众工作，强调了党必须深入群众，不能脱离群众，使全党认识到党和群众的密切关系。从在群众工作的涉及面上看，中共二大后的群众工作比起中共一大后主要开展工人运动有了很大的扩大，发展到了更为广阔的范围，使全党明确了群众工作的具体对象。中共二大阐明了中国共产党的性质，表明中国共产党代表中国最广大人民的根本利益，会议提出的最高纲领和最低纲领，反映了群众的利益。最低纲领成为当时中国共产党群众工作的目标，即通过决议动员、组织群众，为实现党的民主革命纲领和任务而奋斗。

中共二大对群众工作的理论思考，对于加强群众观念，做好群众工作，保证党的发展壮大，具有极为重要的意义，为中国共产党群众路线的形成奠定了基础。1929 年 9 月 28 日《中共中央给红军第四军前委的指示信》中专门提到了红军与群众，并提出红军群众工作四军过去有相当努力，但仍有六点需要注意[①]。在毛泽东的倡导下，在党的工作中运用群众路线的领

① 中共中央文献研究室、中央档案馆编:《建党以来重要文献选编（1921—1949）》第 6 册，中央文献出版社 2011 年版，第 515 页。

导方法和工作方法，并且不断总结经验。毛泽东在 1945 年 4 月召开的中共七大的报告中阐述了党的群众路线的核心内容，指出：“我们共产党人区别于其他任何政党的又一个显著的标志，就是和最广大的人民群众取得最密切的联系。全心全意地为人民服务，一刻也不脱离群众；一切从人民的利益出发，而不是从个人或小集团的利益出发；向人民负责和向党的领导机关负责的一致性；这些就是我们的出发点”，强调“凡属正确的任务、政策和工作作风，都是和当时当地的群众要求相适合，都是联系群众的；凡属错误的任务、政策和工作作风，都是和当时当地的群众要求不相适合，都是脱离群众的”[①]。从此，和人民群众紧密联系在一起的作风，成为中国共产党的三大优良作风之一。毛泽东在为中央所写的关于领导方法的决定中，对党的群众路线作了更加完整的概括：“在我党的一切实际工作中，凡属正确的领导，必须是从群众中来，到群众中去。这就是说，将群众的意见（分散的无系统的意见）集中起来（经过研究，化为集中的系统的意见），又到群众中去作宣传解释，化为群众的意见，使群众坚持下去，见之于行动，并在群众行动中考验这些意见是否正确。然后再从群众中集中起来，再到群众中坚持下去。如此无限循环，一次比一次地更正确、更生动、更丰富。”[②] 中国共产党的群众工作，从中共二大开始翻开了新的、更为厚重的一页。党的群众工作实践，也在不断地创新发展，成为加强党的长期执政能力建设、先进性和纯洁性建设，增强党自我净化、自我完善、自我革新、自我提高能力的重要方面。群众路线是党的生命线和根本工作路线，是我们党永葆青春活力和战斗力的重要传家宝。

---

① 中共中央文献研究室、中央档案馆编：《建党以来重要文献选编（1921—1949）》第 22 册，中央文献出版社 2011 年版，第 188—189 页。

② 中共中央文献研究室、中央档案馆编：《建党以来重要文献选编（1921—1949）》第 20 册，中央文献出版社 2011 年版，第 332 页。

第四部分　二大以后

为了进一步贯彻民主革命纲领，建立民主联合战线，解决国共两党采取什么形式进行合作的问题，中共二大结束不久，西湖会议召开。这次会议是中国共产党关于国共合作政策由党外合作到党内合作的转折点。在群众党建设方面，中国共产党领导工人开展工人运动，掀起了工人运动的高潮；到农村地区开展农民运动，打开了农民运动的新局面；在青年运动和妇女运动工作方面，也有所开展；发起民权运动大同盟，进行民主主义联合战线的尝试。在发动和领导革命斗争的过程中，中国共产党的自身建设也开始得到加强，到中共三大召开前夕，全国的共产党员已发展到420人。在舆论宣传方面，《向导》的创刊，积极发挥了舆论宣传和政策指导的作用，是“黑暗的中国社会的一盏明灯”；对国民革命问题的深入探索，是中国共产党人创造性地把马克思列宁主义的普遍原理应用于中国革命的具体实践。此外，中国共产党还派遣代表团出席了共产国际四大，这是中国共产党成立以后，特别是加入共产国际以来，第一次正式派遣代表团参加共产国际代表大会。

一、国共两党走向合作

中共二大后，为了贯彻民主革命纲领，建立民主联合战线，中共中央相继派李大钊、陈独秀同孙中山等国民党领导人会晤，商谈国共合作问题。1922年的六一六事件，是孙中山所遭受的一次最痛苦的失败。与此同时，他从美、英、日等国得到援助的幻想也宣告破灭。在此情境下，孙中山不得不重新寻求革命的出路，寻找新的革命同盟者。苏俄、共产国际和中国共产党多次派代表，同他磋商中国革命的道路和方法，研究国民党和共产党合作的问题。在共产国际的推动下，国共两党确定了建立党内合作的民主联合战线。1923 年 1 月《孙文越飞联合宣言》的发表，公开确立国民党的联俄政策。同年，国民党改组工作也在艰难推进中。

李大钊与孙中山在上海为国共合作事宜进行会谈（版画）。

（一）共产国际、苏俄（联）的对华政策

第一次世界大战结束后，苏俄内战爆发。1920 年，苏维埃俄国在彻底粉碎帝国主义武装干涉和国内反革命势力的武装叛乱后，苏维埃政权得到进一步巩固。共产国际成立之初，其战略重点在欧洲。共产国际、俄共（布）倾其所能，全力帮助欧洲各国革命派建立共产党并推动革命，一度

起到了重要的作用。在十月革命的感召下，1918 年 1 月爆发了芬兰革命，9 月保加利亚的弗拉戴士兵起义，11 月又发生了德国十一月革命。然而，这些欧洲国家的革命浪潮在 1919 年就逐渐趋于平息了。

1. “东方路线”

由于苏维埃政权遭到西方世界敌视，往东寻找同盟共同反对帝国主义，当是突破重围的重要环节。第一次世界大战之后，西方列强卷土重来，在战争期间得到迅速发展的东方各国民族工业立即重新受到沉重的压迫，从而激化了民族资产阶级与帝国主义之间的矛盾。帝国主义的压迫还激化了其与农民、工人阶级和城市小资产阶级的矛盾，使他们逐渐在反对外来压迫方面统一起来。1919 年朝鲜的三一运动[①]和中国的五四运动等，都反映出东方殖民地和落后国家中民族主义运动正在殖民地宗主国和帝国主义列强的后院造成剧烈动荡的局面。共产国际、俄共（布）开始把目光更多地投向东方，投向中国，采取并制定世界革命“东方路线”的最初步骤，积极在东方国家（包括中国）寻找伙伴和盟友，组织能够在俄国共产党人的支持并与其联合的情况下参加反帝斗争的力量。

共产国际二大上通过的《关于民族和殖民地问题的决议》，为共产国际东方战略的形成奠定了理论基础。共产国际三大提出了“到群众中去”以及“建立无产阶级的世界战线”的口号。远东会议指出：“通向远东各被压迫民族的自由与独立的唯一道路，只能是远东各民族的劳苦大众同先进国家的无产阶级联合起来反对一切帝国主义”[②]。这次会议是共产国际和俄共（布）战略重心继续东移的重要步骤。共产国际四大通过了《关于东方问题的总提纲》，指出：“殖民地革命运动对于国际无产阶级革命事业

---

① 第一次世界大战期间，日本对朝鲜实行民族压迫和经济掠夺。朝鲜各阶层人民不断开展各种形式的反日爱国斗争。1919 年，传来朝鲜废帝高宗李熙于 1 月 22 日被殖民地当局毒死的消息，激怒了各阶层群众，成为爆发爱国运动的导火线。朝鲜各地广泛举行悼念活动，许多人进京吊唁，借以表达对国破家亡的悲愤。3 月 1 日，约 30 万人在汉城举行示威游行。学生宣读《独立宣言》。朝鲜全国 219 个府、郡中有 203 个府、郡发生示威和暴动，参加群众 200 万人以上。

② 远东各民族代表大会决议《华盛顿会议的结果和远东形势》（节录），《中共党史资料》第 38 辑，中共党史出版社 1991 年版，第 249 页。

有着头等的意义，因此，各帝国主义强国的共产党首先必须加强殖民地的工作”①。《关于东方问题的总提纲》是继列宁的民族和殖民地理论之后的又一份纲领性文件。共产国际四大从而也成为共产国际的东方战略超过西方战略而上升为主要战略的标志。这是共产国际在指导东方民族殖民地问题上的一个重大转变，其对于指导东方各国党推进本国的民族解放事业意义重大。

2. 在华寻找盟友

为了保证在远东的国家利益，反对和孤立日本帝国主义，恢复其远东地区的和平和主权，也鉴于与北京政府的谈判始终停滞不前，苏俄（联）从远东共和国派来与北京政府谈判的优林使团开始，几乎所有来华人员都负有对中国各派政治势力及其政治倾向和政治作用进行实地调查的任务。苏俄（联）期望与这些军事、政治实力派结成为盟友，并帮助他们建立另一个对苏俄友好的政府。陈炯明是广东的实力派，标榜社会主义，主张联合吴佩孚，反对张作霖，这使得共产国际、苏俄对其充满了好感，“陈将军是民族资产阶级中国最‘有声望’的人物，他有明确的政治观点和同情心，行动很谨慎。”②波塔波夫、维经斯基、马林等都曾会见陈炯明。

然而，1922 年 6 月 16 日，陈炯明用发动兵变来解决其与孙中山之间的矛盾。他的名字从共产国际、苏俄可以结盟的候选人名单中被勾掉。直皖战争结束后，吴佩孚成为各派军阀中力量最雄厚的实力派，并以反日著称。维经斯基、霍多罗夫、维连斯基都曾拜访过吴佩孚。共产国际、苏俄一度认为“为开展中国的民族主义运动而可以合作的人是吴佩孚，而不是孙中山，他们认为孙中山是个不切实际的梦想家。”③六一六事件发生后，共产国际、苏俄曾努力促成孙吴联盟。然而，吴佩孚在外蒙古和中东铁路问

① 中共中央党史研究室第一研究部编：《联共（布）、共产国际与中国国民革命运动》（1917—1925）第 2 卷，中共党史出版社 2020 年版，第 388 页。

② 中共中央党史研究室第一研究部译：《联共（布）、共产国际与中国国民革命运动》（1920—1925）第 1 卷，中共党史出版社 2020 年版，第 75、76—77 页。

③ 中共中央党史研究室第一研究部编：《联共（布）、共产国际与中国国民革命运动》（1917—1925）第 2 卷，中共党史出版社 2020 年版，第 264—265 页。

题上与苏俄的分歧，以及孙、吴两人之间的分歧，使得共产国际、苏俄作出“如果我们不得不在吴佩孚与孙逸仙之间作出抉择的话，那么无疑我们要选择后者”[①]的选择。二七惨案发生后，孙吴联盟终成泡影。经过曲折的过程和血的代价，共产国际、苏联联合吴佩孚、陈炯明的政策才得以改变，转而开始重视并最终采纳马林的建议，全力支持孙中山和国民党，促成国共合作。俄国十月革命后，孙中山就与列宁和契切林有过通信往来。维经斯基、马林和达林都曾拜访孙中山，并向其提出联俄建议。六一六事件后，孙中山向苏俄表达了联俄的决心。共产国际、俄共（布）遂采取“全力支持国民党”[②]的政策，并决定为孙中山提供资金以及政治和军事顾问小组[③]。1923 年 1 月 26 日，《孙文越飞联合宣言》发表，宣告了孙中山与苏联正式建立联盟，也表明共产国际与苏联先前联合吴佩孚的政策已经完全转变至联合孙中山的政策。

3. 中共中央驻地随着共产国际、苏俄对华外交工作的重心转移而转移

中共二大至中共三大间，中共中央机关经历了三次迁移。中共中央驻地的迁移与共产国际对华外交政策的转移有关。

1922 年 6 月 16 日陈炯明发动兵变后，共产国际、苏俄致力于建立孙吴政府。7 月 18 日，公共租界会审公廨查封中国劳动组合书记部。而吴佩孚高唱保护劳工政策。10 月，应越飞的要求，中共中央机关从上海改迁北京。此时，越飞正在力促吴佩孚与孙中山合作，北京形势便于中共中央活动。

1923 年二七惨案发生后，共产国际、苏联的联吴政策宣告失败。鉴于北方白色恐怖严重，吴佩孚发出通缉令通缉陈独秀等人的情形，根据马林

① 中共中央党史研究室第一研究部译：《联共（布）、共产国际与中国国民革命运动》（1920—1925）第 1 卷，中共党史出版社 2020 年版，第 196 页。

② 中共中央党史研究室第一研究部译：《联共（布）、共产国际与中国国民革命运动》（1920—1925）第 1 卷，中共党史出版社 2020 年版，第 187 页。

③ 中共中央党史研究室第一研究部译：《联共（布）、共产国际与中国国民革命运动》（1920—1925）第 1 卷，中共党史出版社 2020 年版，第 224 页。

建议，中共中央机关于 2 月中旬迁回上海。

1923 年 1 月 4 日，俄共（布）中央政治局会议决定全力支持国民党。1 月 26 日《孙文越飞联合宣言》的发表，标志着苏联与孙中山正式结盟。此外，在马林的努力下，国共双方也正走向合作，孙中山也同意开展国民党改组的工作。当时，广州是国民党的政治中心，“广东不论在改组国民党方面，还是在一般地发展国民革命运动方面，都能够成为我们整个工作的中心。任何一个省都不可能像广东那样成为国民党的领导和发展中心”①。中国共产党的全部工作也都集中在国民党内。莫斯科将广州作为对华工作的中心。5 月，中共中央由上海迁往广州。

（二）以党内合作的方式进行国共合作

中共二大明确了要与国民党组织成反帝反封建的联合战线的任务，但以何种方式进行国共合作的问题并没有解决。在共产国际的推动下，西湖会议实现了中国共产党关于国共合作政策由党外合作到党内合作的转变。

1. 从党外合作到党内合作的转变

陈独秀拒绝马林提出的关于同国民党实行党内合作的主张，并致信维经斯基明确反对共产党加入国民党后，马林于 1922 年 4 月下旬离开上海返回莫斯科，以期取得共产国际对他的建议的支持。1922 年 7 月，马林在回到莫斯科后作了工作汇报，重点谈及对孙中山与国民党性质的认识，认为国民党由知识分子、华侨、士兵、工人组成，“党的纲领为各不同派别的人入党提供了可能性。其性质是民族主义的，奉行的是以反对外来统治，主张民主，让国民的人格受到尊重，过上幸福生活为内容的三民主义”②。这个报告在共产国际对华政策的制定中发挥了相当作用。

---

① 中共中央党史研究室第一研究部译：《联共（布）、共产国际与中国国民革命运动》（1920—1925）第 1 卷，中共党史出版社 2020 年版，第 370 页。

② 中共中央党史研究室第一研究部编：《联共（布）、共产国际与中国国民革命运动》（1917—1925）第 2 卷，中共党史出版社 2020 年版，第 251 页。

7月18日，共产国际执行委员会主席团做出给中共中央的指令，要求“立即将驻地迁往广州并与菲力浦同志密切配合进行党的一切工作”[①]。同时共产国际和红色工会国际委任马林为代表“在中国南方同党中央委员会联系，并代表我们同南方国民革命运动领导人合作”[②]。由此可见，共产国际采纳了马林的建议。8月，共产国际又发来指令：“代表的全部活动应以共产国际第二次代表大会关于殖民地问题决议的精神为基础”，“共产党人应该在国民党内和工会内把拥护共产党的人组织成一些小组。”[③]

于是，马林带着共产国际的指示赶回上海。其到上海时，中共二大已经闭幕。当他得知中共二大仍坚持与国民党进行“党外联合”的主张后，便建议中共中央召开会议，专门讨论国共合作问题。在此期间，孙中山恰好因军事失利由广东退回上海。8月25日马林先去找了孙中山，向其转达了共产国际的决定，并讨论国共合作事宜。孙中山当场表示，赞成共产党员加入国民党。随后，8月底西湖会议召开。

2. 西湖会议

为了解决对待国共合作问题，中共中央执行委员会于1922年8月29日至30日在杭州西湖召开特别会议。陈独秀、李大钊、蔡和森、张国焘、高君宇及马林、张太雷出席会议。马林根据共产国际的指示，建议中国共产党党员以个人资格加入国民党，实现国共合作。起初，与会的中央执行委员不赞成马林的建议，经过马林解释与说服，并经过充分讨论，会议决定在孙中山改组国民党的条件下，由共产党少数负责人先加入国民党，同时劝说全体共产党员以个人名义加入国民党。

这次会议是中国共产党历史上的一次重要会议，是在共产国际的帮

---

① 中共中央党史研究室第一研究部编：《联共（布）、共产国际与中国国民革命运动》（1917—1925）第2卷，中共党史出版社2020年版，第340页。

② 中共中央党史研究室第一研究部编：《联共（布）、共产国际与中国国民革命运动》（1917—1925）第2卷，中共党史出版社2020年版，第341页。

③ 中共中央党史研究室第一研究部编：《联共（布）、共产国际与中国国民革命运动》（1917—1925）第2卷，中共党史出版社2020年版，第343页。

助下，中国共产党把马克思列宁主义的基本原理运用于中国革命的具体实践，是从主张国共两党由党外合作到党内合作的转折点，为实现国共合作迈出的重要一步。会后，李大钊、陈独秀、蔡和森、张国焘、俞秀松等首先以个人身份加入国民党，并开始帮助孙中山筹备改组国民党。但是党内大多数人对于这种做法仍有疑虑。1923 年 1 月，共产国际通过《关于中国共产党与国民党的关系问题的决议》，认为国共合作是必要的，中共党员留在国民党内也是适宜的，但是要保持中国共产党的独立性。这个决议传到中国后，对促进国共合作起了重要的作用。直到中共三大召开以后，西湖会议的决定才得到贯彻执行。西湖会议的召开，为党的第三次全国代表大会确定全体党员加入国民党，实行党内合作的策略方针奠定了基础。

（三）推动国民党改组

孙中山联俄联共策略的确立是总结国民党斗争失败教训后的选择。为了推动共产党员以个人身份加入国民党进行党内合作，在共产党人的帮助下，开始艰难地推进国民党改组工作。

1. 从建立联系为时尚早到联俄联共的转变

俄国十月革命胜利后，孙中山就向列宁发了贺电。契切林回信“俄国劳动阶级吁请中国兄弟共同斗争”[①]。1920 年 10 月 31 日，契切林再次致信孙中山“不要浪费时间。应当立即恢复我们两国的贸易关系”[②]。1921 年 8 月 28 日，已在广州就任护法军政府非常大总统的孙中山复函契切林，他告诉莫斯科，他的政府是“合法的政府”“实际的政府”，对于与苏俄建立外交或贸易关系，孙中山的态度是“莫斯科就应当等待一下”，同时

① 中共中央党史研究室第一研究部编：《联共（布）、共产国际与中国国民革命运动》（1917—1925）第 2 卷，中共党史出版社 2020 年版，第 52 页。

② 中共中央党史研究室第一研究部编：《联共（布）、共产国际与中国国民革命运动》（1917—1925）第 2 卷，中共党史出版社 2020 年版，第 53 页。

表示“我希望与您及莫斯科的其他友人获得私人的接触”[1]。按照列宁的指示，契切林于1922年2月7日代列宁给孙中山写了回信，表示“我希望不久我们的一位朋友将从这里前去拜访您本人，如不出现什么障碍，也许他经常留在您身边”[2]。在此期间，俄国劳动社负责人马特耶夫·鲍德雷，原沙俄帝国在远东服役的少将军官波塔波夫、维经斯基都曾拜访过孙中山[3]。

1921年12月，马林在广西桂林与孙中山会见，两人进行了三次长谈。当“谈到承认俄国与联俄的可能性”，孙中山表示“只要他的北伐还未完成，联俄实际上是不可能的”，“北伐后，他立即同俄国公开联盟”，原因是“过早地联俄会立即引起列强的干预”，“如果他不联俄，他就能够在不受列强干涉的情况下把中国的事情办好”[4]。

从1922年4月末到6月中旬，达林每周至少会见孙中山两次。达林转达了苏俄工农对孙的问候和祝愿。孙中山“畅叙了他对苏俄的友好感情，表示很乐于向我介绍华南的情况和了解苏维埃共和国的形势”[5]。达林详细介绍苏维埃的共产主义制度。孙中山提出建议：“我给你一个山区，一个最荒凉的没有被现代文明所教化的县。那儿住着苗族人。他们比我们的城里人更能接受共产主义，因为在城里，现代文明使城里人成了共产主义的反对者。你们就在这个县组织苏维埃政权吧，如果你们的经验是成功的，那么我一定在全国实行这个制度。”[6]

---

① 中共中央党史研究室第一研究部编：《联共（布）、共产国际与中国国民革命运动》（1917—1925）第2卷，中共党史出版社2020年版，第55页。

② 中共中央党史研究室第一研究部编：《联共（布）、共产国际与中国国民革命运动》（1917—1925）第2卷，中共党史出版社2020年版，第57页。

③ 马特耶夫·鲍德雷于1919年底和1920年初，先后两次拜访孙中山，交谈了有关中国革命和俄国革命的问题，并了解到孙中山对俄国革命所持的同情态度。波塔波夫于1920年拜访孙中山。维经斯基于1920年11月，在上海会见了孙中山，双方就以后中国南方斗争同俄国革命如何加强联系等问题进行了探讨。

④ 中共中央党史研究室第一研究部编：《联共（布）、共产国际与中国国民革命运动》（1917—1925）第2卷，中共党史出版社2020年版，第251页。

⑤ ［苏］C. A. 达林：《中国回忆录1921—1927》，中国社会科学出版社1981年版，第102页。

⑥ ［苏］C. A. 达林：《中国回忆录1921—1927》，中国社会科学出版社1981年版，第103页。

1922年六一六事件发生后，孙中山的革命事业遭到了严重的挫折。在永丰舰上，孙中山给契切林写了一封信："文经历着陈炯明——一个多亏有文方有其一切职任，造成之严峻危机。文在一定场合意欲何为，将由达林转告。"[①] 孙中山将他的打算转请陈友仁向达林转述："在这些日子里，我对中国革命的命运想了很多，我对从前所信仰的一切几乎都失望了。而现在我深信，中国革命的唯一实际的真诚的朋友是苏俄"[②]。当达林即将离开广州时，孙又托陈友仁转达："倘我不得赴苏俄，现在我宁可不到上海去，而将于此地斗争下去终此一生。但我确信，苏俄甚至在危难之中也是我唯一的朋友。我决定赴上海继续斗争。倘若失败，我则去苏俄。"[③] 孙中山抵达上海后，马林与其再次晤谈，向其提出共产党员以个人身份加入国民党和改组国民党的建议，孙中山接受了马林的建议。

这一期间，越飞来华极力促成孙中山主政府、吴佩孚管军队的孙吴政府联合。其在给孙中山的信中说："根据我对中国形势所作的分析，我还觉得，您同吴佩孚联合并一起建立中国中央政府，对中国来说，这是最好的联合。"[④] 他还力图说服莫斯科"向中国政府提供2000万金美元担保贷款问题"[⑤]，然而莫斯科答复"中央对越飞同志的建议表示十分惊讶，越飞同志本该知道苏维埃共和国的财政状况"[⑥]。对于越飞的提议，孙中山表示"与吴佩孚打交道是困难的""吴佩孚想让我抛弃张作霖作为对与他合作的一种酬谢。这样的行动方针我是不能接受的"[⑦]。二七惨案发生后，共产国际、苏联

① 中共中央党史研究室第一研究部编：《联共（布）、共产国际与中国国民革命运动》（1917—1925）第2卷，中共党史出版社2020年版，第58页。

② ［苏］C. A. 达林：《中国回忆录1921—1927》，中国社会科学出版社1981年版，第126页。

③ ［苏］C. A. 达林：《中国回忆录1921—1927》，中国社会科学出版社1981年版，第126页。

④ 中共中央党史研究室第一研究部译：《联共（布）、共产国际与中国国民革命运动》（1920—1925）第1卷，中共党史出版社2020年版，第126页。

⑤ 中共中央党史研究室第一研究部译：《联共（布）、共产国际与中国国民革命运动》（1920—1925）第1卷，中共党史出版社2020年版，第114页。

⑥ 中共中央党史研究室第一研究部译：《联共（布）、共产国际与中国国民革命运动》（1920—1925）第1卷，中共党史出版社2020年版，第124页。

⑦ 中共中央党史研究室第一研究部译：《联共（布）、共产国际与中国国民革命运动》（1920—1925）第1卷，中共党史出版社2020年版，第145页。

放弃了吴佩孚，转而确立了联合孙中山的方针。

马林在离开中国前，与越飞起草了《关于我们在殖民地和半殖民地尤其是在中国的工作问题》，向共产国际陈述他们对当前中国问题的看法。该提纲认为“为了帮助中国实现统一，必须立即着手把中国最大的、真正的政党国民党建设成为一个群众性的政党”，同时“俄国必须答应给国民党以援助”[①]。1923 年 1 月中旬，越飞得到苏联政府指示，前往上海，于 1 月 22 日开始与孙中山开始谈判。1 月 26 日，双方达成一致意见，形成了《孙文越飞联合宣言》。孙中山承认“现在中东铁路之管理，事实上现在只能维持现况”“俄国军队不必立时由外蒙撤退”[②]。从而使越飞在同北京政府谈判中所难以解决的两大难题，得到了孙中山国民党的谅解。越飞则承认“共产组织，甚至苏维埃制度，事实均不能引用于中国”，并表示孙中山“可以俄国援助为依赖也”[③]。该宣言的发表，不仅标志着共产国际、苏联在中国寻求合作者的努力取得了重要成果，而且也标志着孙中山联俄政策的确立。

2. 孙中山对苏维埃制度的看法

在桂林，孙中山向马林抱怨“青年知识分子对社会主义感兴趣，成立了一些小的集团和派别，对于中国的政治生活却毫无用处”[④]。孙中山当时还对作为议员的张太雷说：“我虽然已广泛地了解西方和西方的科学，但仍然非常相信中国人。为什么青年要从马克思那里寻求灵丹妙药，从中国的古典著作中不是也能找到马克思主义的基本思想吗？”[⑤]

孙中山还表示中国的问题与西方不同，外国是患不均，中国是患贫，

---

① 中共中央党史研究室第一研究部编：《联共（布）、共产国际与中国国民革命运动》（1917—1925）第 2 卷，中共党史出版社 2020 年版，第 431—432 页。

② 中共中央党史研究室第一研究部编：《联共（布）、共产国际与中国国民革命运动》（1917—1925）第 2 卷，中共党史出版社 2020 年版，第 436 页。

③ 中共中央党史研究室第一研究部编：《联共（布）、共产国际与中国国民革命运动》（1917—1925）第 2 卷，中共党史出版社 2020 年版，第 436 页。

④ 中共中央党史研究室第一研究部编：《联共（布）、共产国际与中国国民革命运动》（1917—1925）第 2 卷，中共党史出版社 2020 年版，第 250 页。

⑤《与马林的谈话》（一九二一年十月），《孙中山集外集补编》，上海人民出版社 1994 年版，第 271 页。

因此，中国只有大贫与小贫之分，还不存在西方社会那样的阶级斗争。他的建议是，如果俄国人能够证明这一点，也只能到容易接受均平思想的落后地区去，而不要在城市里直接做试验。他愿意给一块“共产主义试验田”。在《孙文越飞联合宣言》中，孙中山坚持写入“共产组织，甚至苏维埃制度，事实均不能引用于中国”等字样，可见其必欲区别于苏俄态度之坚决。

既然如此，孙中山为何还是选择联俄联共呢？一方面是孙中山在总结国民党多年奋斗失败的教训后的选择。孙中山认识到，要达到打倒军阀、打倒帝国主义的革命民主主义的目标，就必须克服兵力、经济和内部不统一的困难。克服这些困难，就必须寻求外国的援助，特别是当时对中国有影响力的苏俄。另一方面，也是现实所需。六一六事件使孙中山陷入了孤立无援的处境，这是他第二次遭遇排挤或叛变，在永丰舰上，他想到了苏俄，并明确表达了联俄的想法，认为“苏俄是唯一的朋友”。从列宁开始，一直到来华的共产国际代表、青年共产国际代表，都再三提议国共合作。孙中山接受共产党员加入国民党，确实与苏俄有关，但同时在一定程度上也多少含有想要借助于俄国革命的经验，振兴国民党的意图。孙中山意识到，要振兴中国，单靠政治和军事的手段还不够，必须振兴国民党。要振兴国民党，就必须学俄国革命的经验，在组织和宣传方面下功夫。要做到这一点，仅靠国民党自身的干部显然没有可能。

3. 国民党改组工作的推进

孙中山自1922年9月开始着手国民党改组的各项准备工作。9月4日，孙中山在上海召集胡汉民、汪精卫、张继和陈独秀等，讨论国民党改组问题。9月6日，他指定包括陈独秀在内的九人组成改进方略起草委员会。委员会经过一个半月的努力，起草出中国国民党党纲和总章。经过反复而郑重的研究，并经孙中山正式批准，《中国国民党宣言》及《中国国民党党纲》于1923年1月1日和2日公开发表。宣言明确提出：国民党是以谋求实现民族平等、民权平等和民生平等三民主义为目标的革命政党。1月2日召开中国国民党改进大会，公布党纲和总章，随后宣布国民党本部干部名单，其中，中国共产党的委员长陈独秀为本部参议，共产党员林祖涵即林伯渠为总务部副部长。

1923 年 2 月，由于拥护孙中山的军队讨伐陈炯明获胜，收复广州，孙中山重返广东，自任陆海军大元帅，第三次建立广东革命根据地。3 月 8 日，俄共（布）中央政治局决定“在中国西部以完整的军事建立的形式建立革命军队的基础”，并给孙中山提供“约 200 万墨西哥元的资助”，同时担忧“孙逸仙过于注重纯军事行动会损害组织准备工作”[①]。5 月 1 日，苏联政府给孙中山电报，表示愿给其提供达 200 万金卢布的款额，并提供军事物资和教练员“建立一个包括各兵种的内部军校（而非野战部队）。这就可以为在北部和西部的革命军队准备好举办政治和军事训练班的条件”，同时强调“我们认为广泛的思想政治准备工作是不可以须臾离开的，您的革命军事行动和在您领导下的尽可能集中的机构的建立都应以此为基础”[②]。孙中山随后回复“我们接受你们的全部建议”“我们将竭尽全力实现这些建议”[③]。国民党改组计划的拟定，是孙中山亲自委托马林和陈独秀去做的，“在一次讨论中，孙中山采纳了这个计划。计划中把主要注意力放在宣传问题上”[④]。虽然国民党改组计划已经提出，但是马林担心“因孙中山至今一直倾全力于控制广东省上，这个计划无法实施”[⑤]。

马林的担忧成了现实。共产国际通过种种途径迭次催促孙中山开始国民党的改组工作。孙中山不想采纳共产国际关于政治工作优先，以政治工作统率军事行动的建议，他急于全歼陈炯明部。于是，广州的军事行动与国民党改组孰先孰后便成了焦点。1923 年 6 月 3 日，马林到石龙，在战地

---

① 中共中央党史研究室第一研究部译:《联共（布）、共产国际与中国国民革命运动》（1920—1925）第 1 卷，中共党史出版社 2020 年版，第 224 页。

② 中共中央党史研究室第一研究部编:《联共（布）、共产国际与中国国民革命运动》（1917—1925）第 2 卷，中共党史出版社 2020 年版，第 442 页。

③ 中共中央党史研究室第一研究部编:《联共（布）、共产国际与中国国民革命运动》（1917—1925）第 2 卷，中共党史出版社 2020 年版，第 444 页。

④ 中共中央党史研究室第一研究部编:《联共（布）、共产国际与中国国民革命运动》（1917—1925）第 2 卷，中共党史出版社 2020 年版，第 492 页。

⑤ 中共中央党史研究室第一研究部编:《联共（布）、共产国际与中国国民革命运动》（1917—1925）第 2 卷，中共党史出版社 2020 年版，第 492 页。

上见到了孙中山，批评孙中山，并“向孙谈了改组国民党和政治宣传的必要性问题”，然而孙中山的回答是“在解决广东问题之后，我们就能着手进行”[①]。马林的前线之行，没有任何成果，于是他亲自出马，以“孙铎”之名在《向导》周报撰文批评国民党。在马林的带领下，张太雷、蔡和森、陈独秀等也撰文批评国民党。共产国际批评越是频繁，孙中山就越是愤怒。马林的努力使其同孙中山的关系越来越紧张。失望至极的马林还萌生了“如果国民党因其领导上的种种错误而垮台，那就一定还要另建一个革命的国民党”[②]“不能为了孙氏王朝控制广东再把200万元塞进南方将领们的腰包，最好是用21000万元[③]帮助为数不多的共产党人从事国民党的宣传，看看他们在这方面会有什么作为”[④]“如果您愿意拿少量的钱支持我提出的宣传工作，我认为派一个共产国际执行委员会的工作人员驻在中国的这个地方是有益的。这样，人数不多的共产党组织可以富有成效地进行工作，我们不用再为孙在南方毫无胜利希望的军事纠葛耗费金钱，如果你们让孙保持控制权，那对于整个运动将是有害的”[⑤]等想法。

马林离华时，国民党改组刚刚起步。1923年8月2日，俄共（布）中央政治局“任命鲍罗廷同志为孙逸仙的政治顾问”[⑥]，接替马林担任莫斯科的使者。与此同时，加拉罕为苏俄驻中国全权代表，继越飞之后同中国政府谈判两国关系正常化的问题。鲍罗廷到来后，积极活动于国共两党之间，奔走于中共中央所在的上海、孙中山所在的广州和加拉罕所在的北京之间。孙中山做了明朗的表态，他要通过鲍罗廷借用苏俄“办

① 中共中央党史研究室第一研究部编:《联共（布）、共产国际与中国国民革命运动》（1917—1925）第2卷，中共党史出版社2020年版，第447页。

② 中共中央党史研究室第一研究部编:《联共（布）、共产国际与中国国民革命运动》（1917—1925）第2卷，中共党史出版社2020年版，第498页。

③ 原文如此，此数字可能有误，估计应为21000元。

④ 中共中央党史研究室第一研究部编:《联共（布）、共产国际与中国国民革命运动》（1917—1925）第2卷，中共党史出版社2020年版，第453页。

⑤ 中共中央党史研究室第一研究部编:《联共（布）、共产国际与中国国民革命运动》（1917—1925）第2卷，中共党史出版社2020年版，第457页。

⑥ 中共中央党史研究室第一研究部译:《联共（布）、共产国际与中国国民革命运动》（1920—1925）第1卷，中共党史出版社2020年版，第266页。

党的经验”来帮助国民党的组织建设。自此国民党改组工作正式启动。11月25日，《中国国民党改组宣言》发表。孙中山在广州大本营发表讲话，说明国民党改组的用意“就是希望吾党造成一中心势力”，革命成功的因素是“革命精神”“人民心力”，并强调指出国民党员只有学习俄国的方法、组织及训练，方有成功的希望①。

二、工人运动推向高潮

（一）成为工人运动的先锋和头脑

1. 中共二大通过《关于“工会运动与共产党”的议决案》

中共二大对工人运动给予密切关注。大会通过的《关于“工会运动与共产党”的议决案》分析了中国工人运动的现状，明确了工会的性质、任务和方针，确定了19项基本政策。议决案提出：要求各地党组织集中力量组织产业工人工会；工会成立的目的是“保护工人切身的利益和为工人的利益奋斗”②，以及开展政治运动；工会工作既要为改良工人状况这一工人阶级的目前利益努力，也要为“完全打倒工银奴隶制的资本制度，并照共产主义原则改造社会”③的长远利益而努力；等等。工会的性质是“一个阶级的群众的工会”④。

该议决案最突出的亮点是对共产党和工会运动的关系作了较为深入的阐述。明确说明共产党和工会之间的区别，“共产党是所有阶级觉悟的无产阶级分子的组合，是无产阶级的先锋军，有一定的党纲，是一个以打倒

---

① 韩信夫、姜克夫主编：《中华民国史大事记》第3卷（1922—1924），中华书局2011年版，第1835页。

② 中共中央文献研究室、中央档案馆编：《建党以来重要文献选编（1921—1949）》第1册，中央文献出版社2011年版，第150—151页。

③ 中共中央文献研究室、中央档案馆编：《建党以来重要文献选编（1921—1949）》第1册，中央文献出版社2011年版，第151页。

④ 中共中央文献研究室、中央档案馆编：《建党以来重要文献选编（1921—1949）》第1册，中央文献出版社2011年版，第153页。

资产阶级和资本主义为目的的无产阶级的政党"[1]，"工会是所有工人的组合（不管政治见解怎样），工人们在工会里，去接受'怎样用社会主义和共产主义精神去奋斗'的教育，与共产党向同一目的进行，但是较缓的全阶级的组合"[2]。同时阐明中国共产党在中国工人运动中起着领导作用，"如战争一样，军队中有一个先锋，所有这大量的军队都跟着这个先锋前进。共产党也可说是一个人的头脑，全体工人便是人的身体。所以共产党无论在哪种劳动运动中，他都要是'先锋'和'头脑'，决不可不注意任何工会活动，并要能适当的诚实的和勇敢的率领工会运动"[3]。

议决案中还明确中国共产党与其他党派在工人运动中的关系，"为工人们目前利益的奋斗，我们共产党人要随时与国民党、无政府党甚至与基督教合作。但是我们要随时证明和解释给工人知道：只有共产党是工人的先锋，是工人的政党"[4]；并阐明中国共产党在这种关系中的策略，"共产党人在国民党、无政府党或基督教所组织的工会里面活动，不得任意引导工人脱离已成的工会。我们的战术是要在他们势力下的工会里面，渐渐积成势力，推翻国民党、无政府党或基督教的领袖地位，自己夺得领袖地位"[5]，这体现了中国共产党关于无产阶级革命领导权的思想。

这个议决案关于工会的性质、任务，党对工会的领导作用，中国工会与国际工会的关系的阐述，开创了中国共产党关于工会的理论。其提出的中国共产党和工人运动关系的根本原则和方针，有力地推动了全国工人运动的发展，也为中国共产党的组织发展提供了有利条件。

---

① 中共中央文献研究室、中央档案馆编：《建党以来重要文献选编（1921—1949）》第 1 册，中央文献出版社 2011 年版，第 154 页。

② 中共中央文献研究室、中央档案馆编：《建党以来重要文献选编（1921—1949）》第 1 册，中央文献出版社 2011 年版，第 154 页。

③ 中共中央文献研究室、中央档案馆编：《建党以来重要文献选编（1921—1949）》第 1 册，中央文献出版社 2011 年版，第 154 页。

④ 中共中央文献研究室、中央档案馆编：《建党以来重要文献选编（1921—1949）》第 1 册，中央文献出版社 2011 年版，第 154 页。

⑤ 中共中央文献研究室、中央档案馆编：《建党以来重要文献选编（1921—1949）》第 1 册，中央文献出版社 2011 年版，第 154 页。

2. 发动领导劳动立法运动

中共二大通过的《关于“工会运动与共产党”的议决案》，明确提出“工会进行劳动者的经济改良运动，必须进于为劳动立法运动。同时使工会明白：获得劳动立法和争得劳动改良条件，均必须工会组织得强固；在资本制度之下，要能够使劳动立法或劳动改良条件真正实现，都必须劳动者的力量能够压迫政府和东家才行的”①。

此时，第一次直奉战争的结果也已见分晓。8月，直系军阀控制下的北京政府宣称要重开国会，制定宪法。中国共产党利用这个机会，由中国劳动组合书记部根据中共二大关于开展劳动立法运动的决定，提出劳动法大纲，要求国会通过，并且动员全国工人广泛开展劳动立法运动。

8月16日，中国劳动组合书记部向全国各劳动团体发出《关于开展劳动立法运动的通告》，指出“近年国会制定新宪法运动，进行颇速，但对于劳动立法之制定，尚未闻有提倡者，幸吾劳动界之奋斗精神与组织能力，尚能坚持不渝，此吾人所可庆幸者。惟吾等之自由屡受他们侵害，正式劳动工会始终未为法律所承认，同盟罢工屡为军警所干涉。凡此种种均缘法律尚未承认劳动者有此权利之故也。倘能趁此制宪运动之机会，将劳动者应有之权利以宪法规定之，将来万事均易进行矣”②。中国劳动组合书记部为劳动立法提出了保障政治上自由、改良经济生活、参加劳动管理和劳动补习教育的四条原则，并拟定了《劳动法大纲》，规定出19条具体的法律权益，要求承认工会有集会、结社、罢工等自由权利，合理规定工作时间、工资及劳动保护等。8月17日，中国劳动组合书记部将《劳动法大纲》发到全国，在全国引起轰动，并得到了广泛支持。

京奉铁路唐山制造厂、开滦煤矿、启新洋灰公司、华新纺纱厂等工人成立“唐山劳动立法大同盟”，举行大规模的游行示威，并通电全国劳动

---

① 中共中央文献研究室、中央档案馆编：《建党以来重要文献选编（1921—1949）》第1册，中央文献出版社2011年版，第151页。

② 冯资荣、何培香编著：《邓中夏年谱》，中国文史出版社2014年版，第113页。

界团体及国会参众两院，要求国会通过劳动法案大纲，呼吁各界舆论和民众给予支持。长辛店铁路工人俱乐部于8月28日复电劳动组合书记部，认为《劳动法大纲》“条条皆是保护劳动者最紧急最切要最低限度之要求”，并表示“所以我等当万众一心，一致主张，誓不达到目的不止！”[①]，还向参众两院发电，主张“当此我国宪法制定伊始，甚望诸公本为大多数谋幸福之本衷，力避帝国主义及资本主义之恶政，从速制定劳动法典，为我们穷苦民众之劳动界谋幸福”[②]。武汉工团联合会也积极行动，致电国会请愿，并组织工人讨论劳动法案大纲各条款。1922年9月，中国劳动组合书记部湖南分部召集木土工会、粤汉路新河工人俱乐部、工友协进社、理发工会、安源路矿工人俱乐部等团体代表，举行劳动立法运动大会，建立劳动立法同盟，选出委员起草同盟章程及劳动法案。天津、上海、济南、广州等各地劳动组合书记部分部纷纷起来组织成立劳动立法大同盟，许多地方的工人也都积极参加了劳动立法运动。

8月31日，中国劳动组合书记部在北京大学举行了新闻记者招待会。中国劳动组合书记部主任邓中夏发言：“现在国会要制宪了，我们应当急切要求在宪法中规定劳动立法，如议员不允许，我们当取相当的对待”。并宣布关于开展劳动立法运动的下一步计划，一是中国劳动组合书记部所属各工会向国会递交《请愿书》；二是发通电争取全国各界人士的支持；三是召集全国工人代表来京请愿；四是如国会不通过这个法案，即增加各地代表人数，先举行游行示威，再向国会提出质问[③]。

9月3日，中国劳动组合书记部在北京大学举行国会议员招待会。邓中夏发表讲演，阐述劳动立法的必要性，强调“希望议员先生们真诚的援助我们，不要欺骗我们”“劳动法即能成立，可否实行，实不敢言，约法便是前例。为其阻碍的，便是军阀”，所以除了“打倒国际资本主义”，还

① 冯资荣、何培香编著：《邓中夏年谱》，中国文史出版社2014年版，第116页。
② 冯资荣、何培香编著：《邓中夏年谱》，中国文史出版社2014年版，第117页。
③ 冯资荣、何培香编著：《邓中夏年谱》，中国文史出版社2014年版，第117—118页。

要“打倒军阀”[①]。

劳动立法运动引起社会各界的关注，他们与工人运动相互呼应，以各种形式呼吁北京政府制定劳动法规，使劳动立法运动声势更为浩大。然而，吴佩孚所提出的“重开国会，制定宪法”本就是其收买人心的政治手腕，根本不可能接受《劳动法大纲》，因此劳动法案自然没有通过。虽然劳动立法运动并未促成劳动法案的出台，但这一运动揭露了北京军阀政府所谓“制宪”的骗局。中国劳动组合书记部提出的劳动立法条款，实际上成了当时全国各地工人罢工斗争的纲领，它推动了工人运动的发展，提高了工人的政治觉悟。

（二）掀起工人运动的第一次高潮

1. 工人运动的高涨

在香港海员大罢工的影响和第一次全国劳动大会和劳动立法运动的推动下，全国的工人罢工斗争迅猛发展起来，并形成了北方区、武汉区、湖南区、上海区和广东区等重点罢工区。在北方罢工区发起了长辛店工人罢工、京奉路山海关铁厂工人罢工、京奉路唐山制造厂工人罢工、京绥路车务工人罢工、正太路工人罢工和开滦五矿大罢工；在武汉罢工区发动了汉阳钢铁厂工人罢工、粤汉路武长段工人罢工、汉口扬子机器厂工人罢工、汉口英美烟厂工人两次罢工、汉口洋花厂工人罢工；在湖南罢工区发动了安源路矿工人大罢工、长沙泥木工人罢工、水口山铅锌矿工人罢工；上海罢工区发动了日华纱厂工人两次罢工、长江海员同盟罢工；广东罢工区发动了盐业工人罢工和澳门华工总罢工等[②]。

1922 年 8 月 24 日上午 7 时，长辛店铁路 3000 多名工人在邓中夏的领导下举行大罢工。罢工缘由主要是京汉铁路局对工人于 6 月提出的改善生活待遇方面的八项条件置之不理。当天下午，大批工人乘火车到达北京向京汉铁路局请愿。罢工发生后，京绥、京奉、正太、津浦等各路工人代表

① 冯资荣、何培香编著：《邓中夏年谱》，中国文史出版社 2014 年版，第 119 页。

② 《中国共产党历史重要事件辞典》，中共党史出版社、党建读物出版社 2019 年版，第 12 页。

来到长辛店工人俱乐部，表示慰问与支援。为援助长辛店工人罢工，郑州工人发动同情罢工；京绥、京汉、津浦、陇海 4 路，也确定 3 日内一齐罢工。经谈判，工人提出的大部分条件予以承认。罢工坚持了 2 天，取得重大胜利。26 日正式复工。

1922 年，毛泽东在湖南岳州发动和领导粤汉铁路工人开展罢工斗争。9 月 9 日，粤汉路工人为要求撤查工贼、增加工资举行罢工，并发布罢工宣言。罢工遭到了军阀的镇压，被捕和死伤 200 多人。在湖南、武汉及全国工人支持下，罢工坚持到 9 月 28 日，迫使军阀接受了工人提出的条件，并释放被捕工人，罢工取得胜利。10 月 1 日，毛泽东主持召开徐家棚、岳州、新河和株萍工人俱乐部代表会议，庆祝罢工胜利，并正式成立粤汉铁路总工会，成为全国铁路工会中最早的统一工会组织。

工人运动中，成绩最显著、坚持时间最长的是安源路矿工人罢工。安源路矿是江西萍乡的安源煤矿和由湖南株洲到萍乡安源的株萍铁路的合称，共有工人 1.7 万人。工人们深受帝国主义和封建主义的残酷剥削与压迫，劳动条件差，生活十分困苦。湖南党组织非常关心安源路矿工人的疾苦。

1921 年秋冬，中共湖南支部书记毛泽东两次到安源调查，向工人进行宣传。年底，湖南党组织派李立三等到安源开展工作。1922 年 2 月，建立了中共安源支部。5 月，安源路矿工人俱乐部成立。9 月初，毛泽东再次来到安源，对罢工作了部署。接着，党组织又派刘少奇到安源，加强对罢工的领导。9 月 12 日，李立三主持召开安源支部会议，并成立罢工指挥部，由李立三任总指挥，刘少奇任俱乐部全权代表。同时还成立侦察队等组织，以负责持续罢工期间的秩序。经过充分的准备，安源路矿工人于 9 月 14 日举行大罢工，提出保障工人政治权利及增加工资、改善待遇等 17 项要求。由于工人的英勇斗争和社会各界的声援，路矿当局被迫承认工人所提的大部分条件，坚持了 3 天的安源罢工宣告胜利结束。工人俱乐部成员迅速由罢工前的 700 人发展到 1 万余人。这是中国共产党第一次独立领导并取得完全胜利的罢工斗争，是中国工人运动史上的一次壮举。

安源路矿工人欢庆罢工胜利。

时隔半月，长沙泥木工人在毛泽东的领导下，举行大罢工，旨在提高工价，改善劳动条件。10月6日，长沙泥木工人发布罢工宣言，实行大罢工。23日上午，4000多名泥木工人向长沙县公署进发，举行请愿。经过持续谈判，历时20天的泥木工人大罢工获得胜利。泥木工人大罢工的胜利，是长沙工人有史以来的第一次罢工胜利，鼓舞了长沙和整个湖南的工人，使全省的工人运动更加蓬勃发展，并提高了中国共产党在工人群众中的政治威望。

帝国主义者和封建军阀对全国工人运动的迅猛发展极为仇视，伺机进行镇压。1922年10月，中国劳动组合书记部领导唐山开滦五矿工人举行大规模罢工斗争，遭到英帝国主义者和封建军阀的联合进攻。开滦五矿包括唐山、赵各庄、林西、马家沟和唐家庄5个矿区，是当时中国规模最大和最早采用新式技术开采的煤矿，有矿工4万余人。1922年9月，开滦五矿先后成立工会。为增加工人工资和改善待遇，10月23日，五矿工人宣布举行同盟大罢工。罢工得到唐山启新洋灰公司、华新纺纱厂等工厂工人的响应，参加罢工者近 5 万人。罢工爆发后，矿务局和军阀政府相勾结，调集保安和军警 3000 多人对罢工实行镇压，英帝国主义派出武装直接参与镇压。26 日，军警向罢工工人开枪，造成重伤 7 人、轻伤 57 人的流血事件。随后，五矿工人俱乐部被查封。罢工持续 25 天之久，考虑到罢工旷日持久、难以坚持，在矿局适当提高工人工资后，工人们接受有关方面的调停，忍痛复工。此次罢工虽然最终没有达到预期目的，但给予中外资本家和封建势力以沉重打击，充分显示了工人阶级的巨大力量，在国内外产生了重大影响，也为中国共产党随后领导京汉铁路大罢工提供了宝贵经验。

1922 年 10 月，开滦五矿工人举行罢工，图为罢工领导人之一邓培（中排左四）与工人合影。

中国共产党领导的第一次工人运动高潮中，铁路工人是一支主要的力量。第一次直奉战争后，直系军阀吴佩孚控制北京政府，原来的交通系内阁倒台。吴佩孚为了清除其政敌交通系的势力，在北方六条铁路设立稽查员，调查交通系的活动及其骨干人物的情况。中国共产党选派党员担任稽查员，以此为掩护积极开展工人运动。此后，罢工风暴很快席卷北方各条铁路线。京汉铁路纵贯直隶、河南、湖北三省，是连接华北和华中的交通命脉，有重要的经济、政治和军事意义。1922 年底，京汉铁路各站已建有 16 个工会分会。为统一全线工会组织，京汉铁路总工会筹备会决定 1923 年 2 月 1 日在郑州召开京汉铁路总工会成立大会。京汉铁路的运营收入是吴佩孚军饷的主要来源之一，为保障其收益，吴佩孚撕下“保护劳工”的假面具，以“军事区域，岂能开会”为借口，命令郑州全城戒严，强行解散京汉铁路总工会成立大会，封闭总工会会所，并令参会代表立即离开郑州。代表们受此凌辱，十分愤怒。为此，京汉铁路总工会执行委员会遂决定 2 月 4 日开始举行全路总罢工，并将总工会临时总办公处移至武汉江岸。2 月 4 日上午，江岸机器厂工人首先罢工。到中午，全路 2 万多人全部罢工，1200 多公里铁路顿时瘫痪。中国共产党领导这次罢工的主要负责人为张国焘、项英、罗章龙、林育南等。京汉铁路大罢工引起列强和军阀当局的恐慌，2 月 7 日，吴佩孚在帝国主义支持下，调动 2 万多军警镇压罢工工人，制造了二七惨案。罢工领导人、共产党员林祥谦，京汉铁路总工会与湖北省工团联合会法律顾问、共产党员施洋壮烈牺牲。二七惨案发生后，中共中央发表《中国共产党为吴佩孚惨杀京汉路工告工人阶级与国民》，号召全国人民和工人阶级团结起来，打倒压迫和惨杀工人的军阀，为自由而奋斗。全国各地工人和各阶层民众，迅速掀起一场声势浩大的声讨军阀、支援京汉铁路工人的运动。为了保存革命力量，京汉铁路总工会和湖北省工团联合会忍痛于 2 月 9 日下令复工。京汉铁路工人大罢工是党领导的第一次工人运动高潮的顶点。这次大罢工进一步显示了中国工人阶级的力量，扩大了中国共产党在全国人民中的影响。

2. 在工人运动实践斗争中取得的经验教训

中国共产党在成立后的近两年里，开始注意理论联系实际，把马克思主义的基本原理与中国革命的实际结合起来，制定出反帝反封建的民主革命纲领，探讨现阶段中国革命的性质、对象、动力、任务、目标和前途等基本问题，实现了党的战略和策略的第一次转变。同时，中国共产党又积极投入发动、组织和领导革命斗争的实践中，扩大了自己在全国的政治影响，很快开创出中国革命的新局面。中共二大通过的《关于“工会运动与共产党”的议决案》，以及中国共产党领导的劳动立法运动，对全国工人运动的发展起到了推动作用。工人阶级在中国共产党的领导下觉悟迅速提高，罢工从主要是为增加工资、改善待遇而进行的经济斗争，发展到主要是为争自由、争民主权利，反对帝国主义、反对封建军阀而进行的政治斗争。此外，工人的组织程度也明显提高，出现了地方总工会和产业总工会。中国工人阶级日益成长为具有全国影响的重要政治力量。在中国共产党的领导下，工人运动持续高涨，形成中国工人运动的第一次高潮。中国共产党在理论上和实践中所体现出来的先进性，表明它能够真正承担起领导中国革命的重大责任。

中国共产党在成立初期，尚缺乏革命斗争的经验。在领导工人运动，特别是在领导京汉铁路大罢工的过程中，中国共产党对工人阶级同帝国主义、封建军阀之间的矛盾已经日益激化的形势估计不足，对于反动军阀可能制造流血事件的阴谋警惕不够。在策略上，不善于把公开斗争与秘密斗争结合起来，也缺乏应变的准备。在组织上，党对发展新党员的标准和要求过高，在工人运动兴起后仍然没有在工人中较多地发展党员。在京汉铁路工人罢工爆发时，全路共产党员还不到50人，因而不能在各个基层单位形成坚强有力的领导核心。这就难以适应日益激烈而复杂的斗争形势，成为这次罢工失败的一个重要原因。

由于遭到军阀残酷镇压，二七惨案后，各地工会组织除广东、湖南、安源外都遭到封闭，工人情绪一时趋于消沉，全国工人运动暂时转入低潮。这一系列斗争充分显示了工人阶级的坚强战斗力，也提供了重要教训：第一，中国革命的敌人是强大的。对于力量相对比较薄弱的工人阶级来说，单靠自身的孤军奋斗是不够的，必须同其他民主力量合作，必须发动广大人民群众，争取一切可能的同盟者，才能取得反对帝国主义、反对封建军阀的革命运动的胜利。第二，中国共产党必须大力吸收工人、农民中的先进分子，尽快壮大自己的队伍，不断扩大和巩固自身的组织，才能适应领导不断发展的革命斗争的需要。第三，在半殖民地半封建的中国，工人阶级不能享受基本的民主权利，几乎所有规模较大的工人斗争都受到反动军警的武力镇压。为了争取革命的胜利，没有革命的武装斗争，单靠罢工这个武器，主要进行合法斗争，是不可能取得革命胜利的。统一战线和武装斗争，是中国民主革命的两个基本特点。年轻的中国共产党正是带着这些从斗争实践中初步得出的经验教训，进入以国共合作为基础的大革命时期。

三、“群众党”建设步入征程

（一）农民、青年、妇女运动的开展

1. 农民运动的新局面

广东海陆丰的农民运动，是建党初期范围广、影响大的一次农民运动，开创者是后来被人们誉为“农运大王”的彭湃。1922 年 6 月，彭湃开始深入家乡广东省海丰县赤山约农民群众中开展工作。7 月，领导成立赤山约第一个秘密农会。10 月下旬，农会活动范围扩大到赤山约所属 20 多个村庄，会员发展到 500 多人。在此基础上，10 月 25 日，赤山约农会正式成立，宣布农会宣言和章程，500 多人参加成立大会。农会成立后，取消城市恶霸的码头捐，用“同盟非耕”对抗地主加租易佃。其组织发展到十余乡，使会员达十余万人。随后，彭湃又辗转奔波于海丰县的其他乡村，号召农民组织起来，成立农会，为自己的利益开展斗争。1922 年 11 月中旬，又成立了守望约农会。至 1922 年底，全县已有 12 个约、98 个乡建立了农会，会员发展到 2 万户，自然人近 10 万人，占全县总人口的四分之一。1923 年 1 月 1 日，海丰总农会成立大会在海丰县城隆重召开。彭湃在会上介绍了海丰总农会筹办的经过，各农会代表报告了当地农运发展的情况。会议通过海丰总农会章程，选举彭湃为海丰总农会会长。随后，彭湃又帮助陆丰、惠阳两县农民建立农民协会。1923 年 5 月，海丰总农会改组为“惠州农民联合会”，彭湃任会长。7 月，普宁、惠来等县也建立了农会，惠州农民联合会改为“广东省农会”，彭湃任会长，会址设在海丰，各县

设立县农会。这时，农会会员总数达2.6万多户，13多万人。农会建立后领导农民开展减租斗争，发展农业生产，创办农民学校，免费为会员诊病，解决农民纠纷，深得农民拥护。在广东省农会领导下，以海丰为中心的广东农民运动初步形成。

这个时期，湖南衡山岳北白果地区的农民运动也很有声势。该地区靠近水口山矿区。1922年11月，水口山矿工举行罢工时，该地区的农民受到鼓舞，在中国共产党领导下，举行了湖南衡山岳北白果水口山矿工大罢工，支援工人的斗争。1923年初，湖南党组织派两名党员到白果地区开展农民运动。经过半年多深入细致的工作，于当年9月成立湖南第一个农运组织——岳北农工会，参加农户6000多家。农工会仿照安源和水口山工人俱乐部的组织形式，并与之有着密切联系。到年底，它发展了数万名会员，并组织农民进行平粜和阻禁地主谷米出境的斗争，在湖南造成了较大的声势和影响。不久，当地土豪地主勾结军阀赵恒惕对农工会进行武力镇压。岳北农民运动被迫转入秘密状态。

初步兴起的农民运动是中国共产党发起民主主义联合战线的基本力量和必要条件。

2. 青年运动的新态势

中共二大通过的《关于少年运动问题的决议案》是中国共产党成立后第一个关于青年运动的文件。决议首先介绍了资本主义国家对无产阶级青年的剥削，欧洲无产阶级青年已奋起反抗，呼吁“劳动的少年与成年联合成一个国际的联合战线，来反抗这个进攻”①。其次，着重分析了中国的情况，“现在中国的重要经济生命是已全操在外国资本家掌握之中，同时国内政治是为极反动的封建军阀们所统治”②，虽然新兴资产阶级反抗外国侵略势力和打倒封建制度，“但这种势力常压服于帝国主义和封建制度交相利用的

---

① 中共中央文献研究室、中央档案馆编：《建党以来重要文献选编（1921—1949）》第1册，中央文献出版社2011年版，第157页。

② 中共中央文献研究室、中央档案馆编：《建党以来重要文献选编（1921—1949）》第1册，中央文献出版社2011年版，第158页。

压迫之下，从一九一一年至今未能成功”[①]，正因为如此，共产主义少年在中国最近奋斗的重要责任是“他不但要在共产主义与少年国际领导之下为了少年劳动者经济和文化利益而奋斗，将他们组成了无产阶级革命的少年军旅，他同时要联络中国一切被压迫的少年们的革命势力在一条民主革命的联合战线上，引导他们做打倒帝国主义和封建势力的奋斗”[②]，并且“共产主义少年在中国的运动是要成个大群众的性质”[③]。中共二大对于中国青年运动的要求是：它要记着，“他是以劳动少年的利益为第一的，他要认目前民主革命的奋斗是训练无产阶级革命的绝好机会，他要收革命的少年劳动者大群众的坚强的团结成了他的唯一主力”[④]。接着，对中国社会主义青年团第一次全国大会作了评价：“大会所采取的纲领和一切决议案都是根据了实际革命需要而下的重要结论。他认这种运动是中国共产运动中重要的一部。”[⑤]最后，对中国社会主义青年团和中国共产党的关系，作了阐述，一方面“在青年劳动者一切经济和教育利益奋斗的方面，中国社会主义青年团应是个独立的团体”[⑥]，另一方面“关于普通政治运动方面，中国社会主义青年团则应当约束他与中国共产党协定之下”[⑦]，此外“为了促进两团体关系的密切和协谋各种运动的顺利起见，大会认为两团体在各级组织中有互派代表的必要”[⑧]。

---

① 中共中央文献研究室、中央档案馆编：《建党以来重要文献选编（1921—1949）》第1册，中央文献出版社2011年版，第158页。

② 中共中央文献研究室、中央档案馆编：《建党以来重要文献选编（1921—1949）》第1册，中央文献出版社2011年版，第158页。

③ 中共中央文献研究室、中央档案馆编：《建党以来重要文献选编（1921—1949）》第1册，中央文献出版社2011年版，第158页。

④ 中共中央文献研究室、中央档案馆编：《建党以来重要文献选编（1921—1949）》第1册，中央文献出版社2011年版，第158页。

⑤ 中共中央文献研究室、中央档案馆编：《建党以来重要文献选编（1921—1949）》第1册，中央文献出版社2011年版，第158页。

⑥ 中共中央文献研究室、中央档案馆编：《建党以来重要文献选编（1921—1949）》第1册，中央文献出版社2011年版，第158页。

⑦ 中共中央文献研究室、中央档案馆编：《建党以来重要文献选编（1921—1949）》第1册，中央文献出版社2011年版，第158页。

⑧《关于少年运动问题的议决案》（一九二二年七月），《建党以来重要文献选编（1921—1949）》第1册，中央文献出版社2011年版，第158—159页。

《关于少年运动问题的决议案》规定了社会主义青年团和中国共产党的关系后，中国社会主义青年团中央执行委员会于1922年9月6日以第17号通告发布《本团与中国共产党之关系》；民权运动大同盟成立后，为了在全国迅速组织民权运动大同盟，团中央执行委员会于9月26日发布第22号通告《民权运动大同盟》，邀请全国人民一起加入，还与民权运动大同盟一起，号召广大学生积极地去参与开展“驱彭运动”；10月10日，和中国共产党一起发动群众开展“双十节”“反对帝国主义大示威”运动，提出“驱除国际帝国主义，打倒军阀，拥护民权”等口号；发动学生和群众开展收回旅大和废除“二十一条”①运动，1923年3月26日，北京各界公民5000人冒雨在天安门开大会，会后举行游行，并派代表往见外交团，大会并通电全国一致力争收回旅大取消换文。此外，还为即将召开的中国社会主义青年团第二次全国大会做好相应的筹备工作。

在第一次工人运动高潮中，中国社会主义青年团也积极开展各方面工作：在青年工人中进行宣传教育，扩大对青年工人的政治影响；注意在青年工人中吸收团员，建立团的组织；动员青年工人积极参加和支援各地的罢工斗争；协助党恢复各地被封闭的工会，促进工会组织的巩固等。首先是开展纪念黄爱、庞人铨②活动。中国社会主义青年团发表《为黄、庞被害事对中国无产阶级宣言》，并在机关报《先驱》连续发表文章，称颂黄、庞。在黄、庞牺牲一周年时，在上海组织召开纪念会，号召广大青年发扬黄、庞烈士为信仰、为无产阶级而不怕牺牲的大无畏精神，继续与反动军阀政府作斗争。其次是为保护工人利益，积极参加劳动立法的斗争。团的

① 1923年3月10日，北京政府外交部分致照会于日本外务省和驻京日使馆，声明取消民国四年5月25日关于中日条约及换文（即“二十一条”），并接洽收回租期届满之旅顺、大连两租借地。3月14日，日本外务省分致复文与东京中国公使馆和北京中国外交部，拒绝取消民国四年“二十一条”换文与收回旅顺、大连之接洽。3月21日，北京众议院通过决议，促请政府拒绝接受关于取消“二十一条”要求之日本复文，并请政府通告日本，对彼复文甚不满意。

② 1922年1月16日，社会主义青年团团员黄爱、庞人铨在组织发动湖南第一纱厂工人加薪的斗争时，遭军警逮捕。翌日，二人一起被赵恒惕的军阀政府惨杀在长沙浏阳门外。这是我国最早牺牲的社会主义青年团团员。

刊物《先驱》第 11 期，全文刊登了中国劳动组合书记部拟定的《劳动法大纲》，并带领团员积极投入这场斗争，广大团员站在斗争前列，一些团的基层组织的负责人担任了劳动组合书记部支部的领导工作，成为工人运动的领导者。接着是在安源路矿工人罢工时，带领广大青年站在罢工前列。1921 年年底，安源第一个团支部建立。1922 年 2 月，安源建立了党组织。5 月，成立了安源路矿工人俱乐部。9 月 14 日，安源路矿工人举行罢工。在这次罢工斗争中，青年团始终站在斗争的最前列。到 1922 年冬，安源的团员发展到 90 多人。年底，安源建立了团的地方执行委员会。这是我国产业工人中，最早建立起来的地方团委之一。1923 年，安源团组织中发展到 160 多人。最后，是参加并声援京汉铁路工人大罢工。1923 年 2 月 4 日中国共产党组织发动京汉铁路 2 万多工人举行大罢工。为了配合这一行动，中国社会主义青年团号召京汉铁路的青年团员，在中国共产党的领导下，积极参加罢工。各地团组织积极响应。二七惨案发生后，2 月 9 日，团中央与中国劳动组合书记部联合举行集会，声援京汉铁路工人的斗争。3 月 1 日，团中央执行委员会又发表《中国社会主义青年团为“二七”大惨案宣言》，揭露了军阀吴佩孚血腥镇压京汉铁路工人的残暴罪行，号召青年团团结起来打倒军阀和帝国主义。

被军阀杀害的黄爱（左）、庞人铨（右）。

3. 妇女运动的新面貌

中共二大通过的《关于妇女运动的决议》，是中国妇女运动史上第一个以政党名义作出的关于妇女问题的决议，也是中国共产党历史上的第一个妇女运动决议。决议分析了在不同社会制度下妇女的不同地位，指出：十月革命后的俄国“妇女们在无产阶级专政之下五年工夫所得的自由和平等，远过于妇女们在欧洲资产阶级专政之下经过一世纪奋斗的结果。这便可证明妇女解放要在社会主义的社会才得完全实现”①。决议阐述了中国妇女被封建礼教束缚，得不到政治上、经济上、教育上的权利等悲惨境遇，提出中国共产党的目标是“除努力保护女劳动者的利益而奋斗——如争得平等工价，制定妇孺劳动法等之外并应为所有被压迫的妇女们的利益而奋斗”②。认为“妇女解放是要伴着劳动解放进行的，只有无产阶级获得了政权妇女们才能得到真正解放”③，并提出中国共产党目前为妇女奋斗的目标是：“（一）帮助妇女们获得普通选举权及一切政治上的权利与自由；（二）保护女工及童工的利益；（三）打破旧社会一切礼教习俗的束缚”④。这个妇女运动决议的提出，真正为中国妇女解放指明了道路。具体来说，既要争取妇女的政治权利，也要保护经济等利益，还要破除封建思想习俗的束缚。长远来说，要使无产阶级获得政权，建立社会主义社会。

“我们党的女党员只有十三人。中国的妇女运动还很不发展。我们对广州和湖北的‘女权联合会’有一些影响。北京和上海也有这种联合会。”“要在妇女中进行工作，女党员的人数也还太少”⑤，这是陈独秀在中共三大中对于中共二大后及中共三大前开展妇女运动的情况报告。中共二

---

① 中共中央文献研究室、中央档案馆编：《建党以来重要文献选编（1921—1949）》第 1 册，中央文献出版社 2011 年版，第 160 页。

② 中共中央文献研究室、中央档案馆编：《建党以来重要文献选编（1921—1949）》第 1 册，中央文献出版社 2011 年版，第 161 页。

③ 中共中央文献研究室、中央档案馆编：《建党以来重要文献选编（1921—1949）》第 1 册，中央文献出版社 2011 年版，第 161 页。

④ 中共中央文献研究室、中央档案馆编：《建党以来重要文献选编（1921—1949）》第 1 册，中央文献出版社 2011 年版，第 161 页。

⑤ 中共中央文献研究室、中央档案馆编：《建党以来重要文献选编（1921—1949）》第 1 册，中央文献出版社 2011 年版，第 245 页。

大结束后，为了纠正和扭转当时的妇女团体脱离民族解放斗争，脱离广大劳动妇女，单纯争取上层妇女参政权的错误倾向，中国共产党决定由李大钊支持北京女子高等师范学校师生发起组织“女权运动同盟会”。1922 年 7 月 12 日，女权运动同盟会于北京成立，其宗旨为要求在宪法上明白规定女子与男子完全平等。北京警察厅以《治安警察法》[①]为据，禁止成立该会。8 月 3 日，北京女子参政协进会又在北京成立，北京警察厅又以同样的依据，禁止成立该会。8 月 13 日，女权运动同盟会遂举行报界学界茶话会，决定：（一）发刊《女权运动号》；（二）举行学理性讲演；（三）实地调查[②]。北大校长蔡元培，教授曹敏、黄日葵、谭仲逵、李大钊先后发言，宣传女权运动。李大钊发言道，“贵会进行，宜首先注意下列三项：（1）要求撤废治安警察法；（2）要求选举法中列入女子；（3）希望劳工保护法内加入女工保护之规定。”[③]8 月 23 日，女权运动同盟会在北京女子高等师范学校开成立大会，到会会员及中外来宾共计五六百人。9 月 7 日，北京女权运动同盟会向国会正式提出请愿书，要求在宪法上规定男女平等，恢复女子一切权利。北京女权运动同盟会成立后，便派代表到全国各地与当地妇女界接洽组织支会。9 月 13 日，上海女权同盟会在香港路开筹备大会。9 月 24 日，女权运动同盟会浙江分会成立，以“扩张女权取得法律上男女平等为宗旨”。此后，湖北、山东、四川等地也相继有女权同盟会建立。

中共二大提出建设一个“大的群众党”的目标，同时对青年运动和妇女运动提了要求、作了部署，表明中国共产党不仅重视工人运动，而且把青年、妇女作为群众工作的具体对象，把群众工作的涉及面发展到更为广

---

① 《治安警察法》是 1914 年 8 月 29 日北洋军阀政府颁布的特殊刑事法规。北洋军阀政府为了维护其反动政治，镇压因辛亥革命推动的人民民主思潮和民主革命，进一步强化其反动统治的举措。该法是在 1914 年 3 月 2 日颁布的《治安警察条例》的基础上进一步修改而颁布的。该法规定，最高当局为维护社会秩序的安宁，有权采用一切力量（包括动用军队武力），禁止一切工人的集会和行动。该法明文规定，禁止工人在以下情形中举行集会：有领导怠工情形者；有领导罢工情形者；有领导要求增加工资情形者；有破坏社会秩序及公众安宁者；有违反一切良好道德习惯者；等等。该法是北洋军阀政府加强反动统治，压制、剥夺人民民主、自由人权的特殊刑事法规。

② 韩信夫、姜克夫主编：《中华民国史大事记》第 3 卷（1922—1924），中华书局 2011 年版，第 1579 页。

③ 《李大钊全集》第 4 卷，人民出版社 2013 年版，第 109 页。

阔的范围。然而中共二大召开以后，青年运动和妇女运动并未像工人运动和农民运动那样如火如荼地开展。但是必须要指出的是，随着中共二大决议中国共产党加入第三国际后，中国共产党领导的工人、青年、妇女组织，也分别加入第三国际领导的赤色工会国际、共产主义少年国际和共产主义妇女国际，这三股力量也开始汇入相应的国际运动中。

（二）开拓民主主义联合战线的尝试

1. 民权运动大同盟的发起

1916 年袁世凯去世后，实际控制北洋政府的段祺瑞，多次声称要“武力统一”全国，引起西南各省的反感。1920 年直皖战争后，湖南地方军阀首次提出“联省自治”的主张，得到十余省的响应，一度与“武力统一”相抗衡。在当时的中国这是独树一帜的标新立异之举，与当时社会名流、社会主义者、自由主义者所向往的由各邦自治而达联邦自治、各邦制宪而致联邦宪法的做法，也相吻合。1922 年，第一次直奉战争结束，直系军阀掌握北京政权后，吴佩孚高举“武力统一”的旗帜，标榜“恢复法统”，呼吁南北总统孙中山、徐世昌同时下野，恢复旧国会。吴佩孚的手法是以“国宪”取消“省宪”，以“中央统一”代替“地方自治”。5 月 14 日，吴佩孚致电各省直系督军征求恢复旧国会意见。5 月 15 日，孙传芳通电主张恢复法统，召集民国六年国会，速制宪法，请黎元洪回任，以谋南北统一。5 月 19 日，曹锟、吴佩孚与直系各督军联名通电，再度向各方“征求”意见，提议召开旧国会，制定宪法，恢复旧的“法统”，以便“名正言顺”地实行“武力统一”和专制统治。6 月 1 日，旧国会议员 150 余人在天津开会，发表宣言，声明：“一、六年 6 月 12 日解散参众两院之令无效；二、徐世昌之选举，属非法总统，应宣告无效；三、广州政府应告终结；四、自今日始，应由国会完全行使职权。”[①] 徐世昌在 6 月 2 日发布辞职令。曹锟、吴佩孚等随即电请黎元洪复职。8 月 1 日，第一届旧国会在北

---

① 韩信夫、姜克夫主编：《中华民国史大事记》第 3 卷（1922—1924），中华书局 2011 年版，第 1541 页。

京集会，会上有数十人提议，此次国会应先行从事制定宪法，暂停行使其他一切职权，并于10日召开第一次宪法审议会议。直系军阀以恢复法统、重开国会为掩饰，一方面是要使各地"联省自治"的活动偃旗息鼓，另一方面是要消除孙中山护法运动的影响，阻挠其北伐计划，从而最终达成其"武力统一"的目的。

面对军阀混战的严重局面，此时的孙中山，已成立广州政府，并就任中华民国大总统（又称非常大总统）。广州政府成立后，出现了南北两政府对立、两总统并存的局面。统一两广后，孙中山决定实行北伐，于1921年12月上旬，抵达桂林，组织北伐大本营，准备取道湖南讨伐直系军阀曹锟、吴佩孚。1922年初，孙中山、段祺瑞、张作霖反直三角同盟逐渐成熟。2月27日，广东北伐军在桂林大本营举行誓师典礼。第一次直奉战争时，孙中山始终以护法为号召，推动北伐，然而其北伐征程并非一帆风顺，其阵营内部对北伐态度不一致是关键。孙中山主张以广东为革命根据地，进行北伐，进而实现统一，争取国际承认。而广东军阀陈炯明主张广东自治，通过实行联省自治，进而形成联邦制国家。这也成为后来双方决裂的主要原因。在孙中山抵达桂林开始实行北伐期间，马林和达林先后与其进行会谈，提出了与苏俄联合，与中国共产党结成民主革命的统一战线的建议，但孙中山并未接受。当直系军阀喊出"恢复法统""重开国会"的口号，并邀请黎元洪担任总统时，孙中山依然幻想着军阀和帝国主义的帮助。6月6日，孙中山以"中国事实上、法律上惟一政府行政首领之资格"发表对外宣言，警告列强不可干涉中国内政，并着重指出："假使列强现承认北京之伪新总统，则其行动仍为干涉中国内政，其结果将更劣于承认徐世昌也。"7日，其还在广东交涉署宴请外宾时再次表示希望各国勿再扶植北方恶势力[①]。六一六事件后，孙中山在极其困难的情况下在永丰舰上与陈炯明军相持，最终下定决心联俄。

中国共产党在初期的斗争实践中认识到工人阶级不能单打独斗，必

① 韩信夫、姜克夫主编：《中华民国史大事记》第3卷（1922—1924），中华书局2011年版，第1544页。

须同其他民主力量合作，必须发动广大人民群众，争取一切可能的同盟者，才能取得反对帝国主义、反对封建军阀的革命运动的胜利。中共二大提出了彻底的反帝反封建的民主革命纲领，并提出了实现此纲领的联合战线策略。在孙中山决心联俄后，共产党与国民党将以何种形式进行联合尚未定论，两党暂时还不能大规模发生联系和合作，并且中国共产党还不能公开活动，在此情况下，中国共产党为了组织普通民众团体，促进民众大联合，以实现民主主义联合战线的主张，民权运动大同盟就此孕育而生。

2. 民权运动大同盟的开展

民权运动大同盟是实现民主主义联合战线的组成部分和组织形式，这也是中国共产党开拓民主主义联合战线的一种尝试。

1922 年 8 月 20 日，高君宇、廖伯英、蔡和森等根据中国共产党的指示，在北京发起成立了民权运动大同盟，以便同国民党及其他社会团体和各界人士结成反帝反封建的联合战线。在北京大学举行的筹备会上，100 多人到会，讨论了民权运动大同盟的宗旨、名称、组织机构等重大问题。高君宇、廖伯英、蔡和森、范鸿劼、刘仁静等 8 人被选为筹备员。范鸿劼负责起草民权运动大同盟的章程。

8 月 24 日，民权运动大同盟成立大会在北京大学召开。400 余人出席成立大会。会议讨论通过了《简章》和《宣言》，提出集会、结社、言论、出版自由；实行普通选举；制定劳动保护法；男女平权四大政治要求。为了扩大宣传，唤起人民觉醒，大同盟决定出版刊物《民权》周刊。会后，选举邓中夏、杨廉为正副主席。

9 月 25 日，民权运动大同盟机关刊物《民权》创刊。9 月 26 日，中国社会主义青年团中央执委会就北京发起“民权运动大同盟”一事发出 22 号通告，要求全国团员加入民权运动大同盟。10 月 15 日，《先驱》12 号全文发表了《民权运动大同盟宣言》。《宣言》指出，“我等人民困于水深火热之中，受尽种种强权者的非法摧残，其痛苦已达极点！同人等于忍无可忍之余，起而组织这个‘民权运动大同盟’，冀得伸张民权，以解厄运”，提出民权运动大同盟“以伸张民权，铲除民权的障碍（即军阀和国际资本帝国主义）为职志”，并表明“宪法是人民的权利保证书，我们该乘此国会重行制宪的时候，来作一番争夺民权的运动，所以我们组织了这个‘民权运动大同盟’。我们揭橥的四大标的，就是：（一）集会结社言论出版有绝对自由权；（二）普遍选举；（三）劳动立法；（四）男女平权。”[①]

民权运动大同盟成立后，积极发动群众开展活动，首先掀起的是废除《治安警察法》的斗争。1922 年下半年，北京许多群众团体在蔡元培等人领导下组织了首都各界人民“裁兵促进会”，发起裁兵运动。为了争取参加裁兵运动的各团体支持反对《治安警察法》的斗争，民权运动大同盟也参加了裁兵促进会召开的各团体联席会议。10 月 4 日，包括民权运动大同盟在内的北京各团体联合召开国民裁兵运动大会，民权运动大同盟主席邓中夏出席会议，并发表了重要讲话，提议废除《治安警察法》。10 月 10 日，北京天安门举行国民裁兵运动大会。10 月 14 日，北京 72 团体代表蔡元培、邓中夏等赴国务院和总统府呈递请愿书，强烈要求废除《治安警察法》。请愿书称：一、该法实大有妨碍人民之自由，如女子参政及劳工集会结社之权，皆被剥夺；二、该法未经国会通过，系袁世凯时代以教令公布者；三、国庆日各团体举行国民裁兵大会时，各界人士要求取消该法[②]。北京政府被迫讨论该法，决定将其交内务部斟量修改。然而内务部对其进行的不痛不痒的修改，引发了广大群众的不满。民权运动大同盟等团体再次发动群众，组织“撤销治安警察法大同盟”，召开群众大会，扩大运动规模，并再次向北京政府递交请愿书。然而国会在军阀的操纵下，借口此法已经内务部修改，不能废除，拒绝了人民的要求。

1923 年 1 月 17 日，北京大学校长蔡元培鉴于教育总长彭允彝为罗文幹

① 《先驱》第 12 号，1922 年 10 月 15 日，转引自：《“二大”和“三大” 中国共产党第二、三次代表大会资料选编》，中国社会科学出版社 1985 年版，第 124—127 页。

② 韩信夫、姜克夫主编：《中华民国史大事记》第 3 卷（1922—1924），中华书局 2011 年版，第 1617 页。

案[①]逢迎军阀，干涉司法独立，蹂躏人权，表示羞与为伍，愤然辞职。1月19日，北京各校学生4000人到国会请愿，反对通过彭允彝任教育总长案，遭到大批军警包围毒打。翌日，为反对彭允彝任教育总长，北京学生联合会宣告成立。同日，北京大学全体教职员发表宣言，要求驱逐彭允彝，挽留蔡元培。1月23日，民权运动大同盟支持北京学生联合会，就开展驱彭运动发出通电，号召全国人民一致声援驱彭运动。许多地方的学生会、教职员联合会纷纷发表宣言通电，声援北京学生的正义斗争，形成了全国性的驱彭运动。

2月3日，民权运动同盟会、北京学生干事会、中国劳动组合书记部、少年中国学会、马克思学说研究会等40多个团体联合在北京北河沿举行会议，讨论对于时局的态度，决定以推翻军阀，建设真民主政治为宗旨。京汉铁路工人罢工开始后，民权运动大同盟、中国劳动组合书记部、北京学生联合会、北京大学学生干事会、社会主义青年团等团体，决定组织工人后援会，发表宣言，进行募捐，声援京汉铁路工人罢工。二七惨案发生后，中国劳动组合书记部等团体，声讨直系军阀惨杀京汉路工的罪行，呼吁国人奋起支援。

民权运动大同盟成立后，各界人士加入者达数百人。1922年底，长沙、南京、武汉、广州、太原、济南、成都、重庆、陕西等地先后组织了民权运动大同盟。这是中国共产党利用公开的群众运动形式组织联合战线的一种有益尝试，对于宣传党的政治主张，组织和动员群众，起了积极的作用。

---

① 1922年11月18日，北京众议院院长吴景濂、副议长张伯烈指控财政总长罗文幹在签订奥国借款展期合同时有受贿嫌疑。黎元洪受胁之下手谕饬令步军统领，送罗文幹至地方检察厅拘押。财政部库藏司长黄体濂亦同时被捕。11月20日，吴佩孚致电黎元洪，指责他拘捕罗实属违法，按照现行内阁制度，罗总长及该司长纵有违法事件，应提出阁议公决，经国务院副署解除官职，方能送交法庭。11月23日，曹锟通电，攻击罗文幹签订奥款合同丧权卖国，并列举五罪，要把罗送上法庭。吴佩孚见附和曹锟的人很多，于11月25日致电黎元洪，声明拥护总统，又致电曹锟，赞成对罗文幹案依法办理。同日，以王宠惠为总理的内阁辞职。12月，经检察厅宣告证据不足，免于起诉，罗文幹与黄体濂一同出狱。1923年1月4日，北京政府改组，黎元洪批准兼代国务总理王正廷及各部长免职，特任张绍曾为国务总理兼署路军总长，彭允彝署教育总长。罗文幹案免于起诉后，因直系军阀和一部分议员反对，1月15日，经内阁议决交司法部令京师地方检察厅再次将罗、黄拘捕入狱。次日，彭允彝在阁议中提出罗案交法庭再议。

四、舆论宣传把好导向

（一）中共中央第一份政治机关报

1.《向导》周报的发刊

为加强党的宣传工作，1922年9月13日，中国共产党第一份公开发行的中央机关报《向导》周报，由陈独秀在上海主持创办。蔡和森、彭述之、瞿秋白先后担任主编。《向导》周报在上海、北京、广州、湖南和河南五个地方出版，全国各地分售，还远销至越南、日本、德国、法国等国。该报旗帜鲜明地宣传党的反帝反封建的民主革命纲领，在革命斗争中发挥了舆论宣传和政策指导的作用，被读者誉为是“黑暗的中国社会的一盏明灯”，是人民革命忠实而勇敢的“向导”。

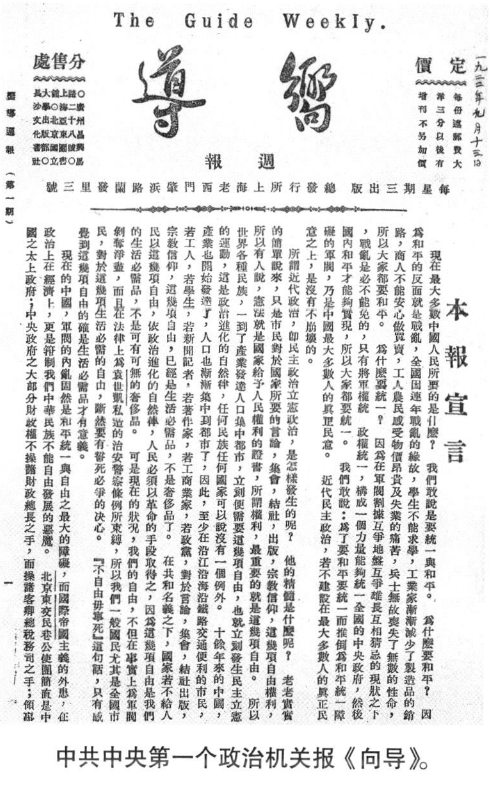
The Guide Weekly.

嚮導 週報

定價　每份連郵費大洋三分以後有增刊不另加價

分售處　○廣州昌興馬路二十八號○上海亞東圖書館○北京大學出版部○長沙文化書社

一九二二年九月十三日

每星期三出版　總發行所上海老西門肇浜路蘭發里三號

嚮導週報（第一期）

本報宣言

現在最大多數中國人民所要的是什麼？我們敢說是要統一與和平。為什麼要和平？因為和平的反面就是戰亂，全國因連年戰亂的緣故，學生不能求學，工業家漸漸減少了製造品的銷路，商人不能安心做買賣，工人農民感受物價昂貴及失業的痛苦，兵士無故喪失了無數的性命，所以大家都要和平。為什麼要統一？因為在軍閥割據互爭地盤互爭雄長互相猜忌的現狀之下，戰亂是必不能免的，只有將軍權統一政權統一，構成一個力量能夠統一全國的中央政府，然後國內和平才能夠實現，所以大家都要統一。我們敢說：為了要和平要統一而推倒為和平統一障礙的軍閥，乃是中國最大多數人的真正民意。近代民主政治，若不建設在最大多數人的真正民意之上，是沒有不崩壞的。

所謂近代政治，即民主政治立憲政治，是怎樣發生的呢？他的精髓是什麼呢？老老實實的簡單說來，只是市民對於國家所要的言論，集會，結社，出版，宗教信仰，這幾項自由權利，所以有人說，憲法就是國家給予人民權利的證書，所謂權利，最重要的就是這幾項自由。所以世界各種民族，一到了產業發達人口集中都市，立刻便需要這幾項自由，也就立刻發生民主立憲的運動，這是政治進化的自然律，任何民族任何國家可以說沒有一個例外。十餘年來的中國，產業也開始發達了，人口也漸漸集中到都市了，因此，至少在沿江沿海沿鐵路交通便利的市民，若工人，若學生，若新聞記者，若著作家，若工商業家，若政黨，對於言論，集會，結社出版，宗教信仰，這幾項自由，已經是生活必需品，不是奢侈品了。在共和名義之下，國家若不給人民以這幾項自由，依政治進化的自然律，人民必須以革命的手段取得之，因為這幾項自由是我們的生活必需品，不是可有可無的奢侈品。可是現在的狀況，我們的自由，不但在事實上為軍閥剝奪淨盡，而且在法律上為袁世凱私造的治安警察條例所束縛，所以我們一般國民尤其是全國市民，對於這幾項生活必需的自由，斷然要有誓死必爭的決心。『不自由毋寧死』這句話，只有感覺到這幾項自由的確是生活必需品才有意義。

現在的中國，軍閥的內亂固然是和平統一與自由之最大的障礙，而國際帝國主義的外患，在政治上在經濟上，更是箝制我們中華民族不能自由發展的惡魔。北京東交民巷公使團簡直是中國之太上政府；中央政府之大部分財政權不操諸財政總長之手，而操諸客卿總稅務司之手；領事

一

中共中央第一个政治机关报《向导》。

马林对《向导》周报的任务有过清晰的概括："联合共产主义者以及青年的力量，开展组建民族主义运动左翼的工作，并引导他们实行强有力的、明确的反帝政策。"[①]《向导》发刊词，开篇便明确"我们敢说：为了要和平要统一而推倒为和平统一障碍的军阀，乃是中国最大多数人的真正民意"，认为民主政治立宪政治的精髓是"市民对于国家所要的言论、集会、结社、出版、宗教信仰，这几项自由权利"，然而"现在的状况，我们的自由不但在事实上为军阀剥夺净尽，而且在法律上为袁世凯私造的治安警察条例所束缚。所以我们一般国民，尤其是全国市民，对于这几项生活必需的自由，断然要有誓死必争的决心"，随后强调"现在的中国，军阀的内乱固然是和平统一与自由之最大的障碍，而国际帝国主义的外患，在政治上在经济上，更是钳制我们中华民族不能自由发展的恶魔"，呼吁"我中华民族为被压迫的民族自卫计，势不得不起来反抗国际帝国主义的侵略，努力把中国造成一个完全的真正独立的国家"，最后喊出了"统一、和平、自由、独立"的口号[②]。

中共三大召开前，《向导》周报"出了二十八期，每期平均印五千至六千份"[③]，并且"利用这个刊物，通过我们的宣传，完成了在中国国民运动中和国民党中建立左翼的任务"[④]。

2. 通过批评的方法促使国民党改组

《向导》周报站在保持共产党人政治上的独立性的立场，采取"经常批评国民党并努力促进国民党加强反帝活动"[⑤]的方法，以期"通过我们的批评和帮助，把这个国民革命的政党引到新的轨道上，从而为一个真正的

---

① 中共中央党史研究室第一研究部译：《联共（布）、共产国际与中国国民革命运动》（1920—1925）第1卷，中共党史出版社2020年版，第180页。

② 中共中央文献研究室、中央档案馆编：《建党以来重要文献选编（1921—1949）》第1册，中央文献出版社2011年版，第179—181页。

③ 陈独秀：《在中国共产党第三次全国代表大会上的报告》（一九二三年六月），《建党以来重要文献选编（1921—1949）》第1册，中央文献出版社2011年版，第243页。

④ 中共中央党史研究室第一研究部编：《联共（布）、共产国际与中国国民革命运动》（1917—1925）第2卷，中共党史出版社2020年版，第490页。

⑤ 中共中央党史研究室第一研究部编：《联共（布）、共产国际与中国国民革命运动》（1917—1925）第2卷，中共党史出版社2020年版，第352页。

共产党的诞生做好准备”[①]。针对1923年5月1日苏联致孙中山的电报中要求加强政治思想工作一项，孙中山回电答应立即开始党的改组和宣传工作。马林和陈独秀拟定的国民党改组计划建议把莫斯科援款的“三分之一用于重新组织革命的国民党和反帝宣传，余款用来在北方或西部地区建立一个军事组织”[②]。然而国民党宣传三民主义的言论比比皆是，忽略了对苏式革命的宣传，使得其招致了《向导》周报上的诸多评论。《统一、借债与国民党》《国民党是什么》《中德俄三国联盟与国际帝国主义及陈炯明之反动》《孙吴可在一种什么基础上联合呢？》《介绍一篇国民革命的纲领》等，这些评论都是温和的，批评也是委婉的，国民党也是接受的。正如马林向共产国际汇报的那样“对国民党某些行动提出的批评，例如对国民党领袖孙逸仙与满洲的张作霖之间的联系提出的批评，在国民党内得到认可，没有给我党造成任何障碍。”[③]

孙中山在军事行动和国民党改组之中选择了前者后，《向导》周报的批评越发激烈，“就是假设明天孙中山靠了外国的帮助得着机会做了民国的总统，岂可说中国已距离他的自决和独立近了一步了吗？决没有，只造成了使孙中山丧失他是一位忠实的革命党的名誉之机会。”[④]“实际上国民党没有做他对于国民应做的事情，没有和国民接近，没有尽一点鼓起国民精神的责任。”“国民现在所以怕国民党的名字因为国民党一直所采的方法和一切混蛋的政团如安福系、交通系、直系、奉系等的无什差别。”[⑤]“现在有两条对立的战线：一是国民的战线，一是军阀的战线，负有国民革命使命的国民党，断不可站在和国民敌对的战线那边，那边战线也终不容他人混迹，国民党除了集合自己的真势力——国民势力，引导国民去做革命运动以

① 中共中央党史研究室第一研究部编：《联共（布）、共产国际与中国国民革命运动》（1917—1925）第2卷，中共党史出版社2020年版，第487页。

② 马林：《致越飞、达夫谦和季诺维也夫的信》（1923年5月31日），《马林与第一次国共合作》，光明日报出版社1989年版，第198页。

③ 中共中央党史研究室第一研究部编：《联共（布）、共产国际与中国国民革命运动》（1920—1925）第1卷，中共党史出版社2020年版，第180页。

④ 孙铎：《中国改造之外国援助》，《向导》第29期，1923年6月13日，第214页。

⑤ 春木：《羞见国民的中国国民党》，《向导》第29期，1923年6月13日，第213页。

外，实无别路可走；断不可徘徊依违于军阀之间而终无所就，徒然失去国民之希望与同情，致阻国民革命的机运。"[1]"国民党若是仍要参与这样军阀（段祺瑞、张作霖、卢永祥、唐继尧等）及无赖政客（南政北安等）的大团结，结果只有仍如从前一样的上当无结果！"[2]此外，马林还推动中共中央通过决定，"以中央委员会诸委员的名义，联名致函孙中山，要求他在华南停止军事行动，到上海去，组织工商学的国民会议，把现有的各［农民］联合会组织成为农村自治政府。"[3]按照马林的建议和中共中央的决定，陈独秀等五名中央执行委员起草并向孙中山提交了建议信[4]。孙中山曾对陈独秀说国民党必须建立自己的革命力量，当陈独秀问其如何建立时，孙中山回答"党只有到紧急关头才能一马当先。现在我们必须发展我们的军事力量，在南方广东可以建立根据地，然后我们必须设法在东北或西北得到一支军事力量。靠这些力量的协作将使革命取得胜利。召开国民会议是不可能的"[5]。然而事与愿违，《向导》周报上的一系列批评的文章，还有五名中央执行委员的联名信，把孙中山激怒了。在1923年7月同马林最后一次谈话时，孙中山十分严厉地表明："象陈独秀那样在他的周报上批评国民党的事再也不许发生。如果他的批评里有支持一个比国民党更好的第三个党的语气，我一定开除他。如果我能自由地把共产党人开除出国民党，我就可以不接受财政援助。"[6]陈独秀后来也说过，"孙中山屡次向国际代表说：'共产党既加入国民党，便应服从党纪，不应该公开的批评国民党，共产党若不服从国民党，我便要开除他们；苏俄若袒护中国共产党，我便要反对

① 独秀：《北京政变与国民党》，《向导》第31、32期合刊，1923年7月11日，第230页。

② 和森：《北京政变与各政系》，《向导》第31、32期合刊，1923年7月11日，第236页。

③ 中共中央党史研究室第一研究部编：《联共（布）、共产国际与中国国民革命运动》（1917—1925）第2卷，中共党史出版社2020年版，第530页。

④ 中共中央党史研究室第一研究部编：《联共（布）、共产国际与中国国民革命运动》（1917—1925）第2卷，中共党史出版社2020年版，第531—533页。

⑤ 中共中央党史研究室第一研究部编：《联共（布）、共产国际与中国国民革命运动》（1917—1925）第2卷，中共党史出版社2020年版，第536页。

⑥ 中共中央党史研究室第一研究部编：《联共（布）、共产国际与中国国民革命运动》（1917—1925）第2卷，中共党史出版社2020年版，第452页。

苏俄’”[①]。

1923年7月19日，中共中央执行委员会召开会议，讨论了共产党的同志在国民党中的处境问题，针对“上海的国民党员抱怨我们《向导》周报上的批评太苛刻”，讨论中“一则强调不希望跟国民党决裂，二则强调为了发展国民运动，必须批评国民党在政治上的无所作为和它的错误行动”[②]。按照共产国际的决议和共产党自身的观点，身为国民党员的中共领导人无法对国民党在政治上的问题和不足视而不见，否则就不足以显示其组织上的独立性，但基于共产国际必须留在国民党内的决议，他们又不能轻易破裂与国民党的关系。

（二）理论建设围绕工作重心

1. 传播马克思主义

在理论建设方面，这一时期，中国共产党依然继续致力于传播马克思主义，尤其是注重对马克思的经济学说的介绍和宣传。

陈独秀在《新青年》第9卷第6期发表了《马克思学说》一文，着重阐述剩余价值、唯物史观、阶级斗争和无产阶级专政的理论。对于剩余价值，陈独秀主要介绍了剩余价值的生产过程和实质、剩余价值的分配，用马克思的学说抨击了资本主义制度的不合理，指出资本主义依其积累规律必然灭亡的趋势。对于唯物史观，陈独秀介绍了唯物史观主要说明人类文化的变动和社会制度的变动，分析马克思社会主义和空想社会主义不同之处。对于阶级斗争，陈独秀阐述马克思社会主义是根据唯物史观来说明阶级斗争的。对于劳工专政，陈独秀强调无产阶级和资产阶级的斗争，无产阶级必然要掌握政权利用政权来达到争斗的目的。

李大钊在《马克思的经济学说》一文中，回答了剩余价值是什么，其

① 中国社会科学院近代史研究所现代史研究室编：《“二大”和“三大” 中国共产党第二、三次代表大会资料选编》，中国社会科学出版社1985年版，第522页。

② 中共中央党史研究室第一研究部编：《联共（布）、共产国际与中国国民革命运动》（1917—1925）第2卷，中共党史出版社2020年版，第455页。

来源是什么的问题，说明资本家取利的方法，阐述马克思的资本集中说，并概括了马克思学说的要点："理论方面——生产行为是不变资本与可变资本之联合。现在不变资本固为资本家所掠夺，即可变资本也被资本家以障眼法欺骗工人，成为他的恩惠。所谓生产，实即以劳力变更自然界物质的位置或形式，其结果完全为劳力之产物；但是分配的时候即全部为资本家所有，而分出一部分仅足维持劳动力的给与工人。事实方面——资本主义发达的结果，即产生适以制其死命的劲敌"①。在北京大学经济学会的演讲《社会主义下的经济组织》中，李大钊指出社会主义是存在于将来的一个新时代，社会主义的实现经过三个阶段："政权的夺取、生产及交换机关的社会化、生产分配及一般执行事务的组织"，政权的夺取有平和的和革命的两种手段，并着重阐述了在无产阶级专政的国家，经济组织是生产交换机关的社会化，是生产的组织、是劳动的组织、是分配的组织②。

2. 对国民革命问题的探索

中共二大确定了反帝反封建的民主革命纲领以后，中国共产党人重新提出了国民革命的问题，并对开展国民革命的必要性和可能性，以及国民革命的性质和任务，进行了深入的探索。

辛亥革命前，孙中山曾把他领导的资产阶级民主革命称为国民革命。"国民革命"这个名词在 1906 年他与黄兴、章太炎等起草的《中国同盟会革命方略》中出现。文中写道："前代为英雄革命，今日为国民革命。所谓国民革命者，一国之人皆有自由、平等、博爱之精神，即皆有革命之责任，军政府特为其枢机而已。"③ 在这里国民革命的含义并不十分清楚，目标也不是很明确。

1922 年 9 月，陈独秀在《向导》周报第 2 期上发表了一篇《造国论》。他认为"中国还在'造国'时代，还在政治战争时代"，指出"中国产业

① 《李大钊全集》第 4 卷，人民出版社 2013 年版，第 62 页。

② 《李大钊全集》第 4 卷，人民出版社 2013 年版，第 164—169 页。

③ 孙中山、黄兴、章太炎等：《中国同盟会革命方略（节录）》（1906 年），《孙中山全集》第 1 卷，中华书局 1981 年版，第 296 页。

之发达还没有到使阶级壮大而显然分裂的程度，所以无产阶级革命的时期尚未成熟，只有两阶级联合的国民革命（National Revolution）的时期是已经成熟了，这个时期的成熟是可以拿十余年来的政治史及眼前要求打倒军阀建设民主政治的呼声可以证明的”，并阐述了他理想中的造国步骤，“我们造国的程序是：第一步组织国民军；第二步以国民革命解除国内国外的一切压迫；第三步建设民主的全国统一政府；第四步采用国家社会主义开发实业”①。陈独秀提出“以国民革命解除国内国外的一切压迫”，就赋予了国民革命以新的明确的政治内容，把国共革命和“打倒列强，除军阀”的革命任务直接联系起来。三年后，他在《向导》周报第128期发表《本报三年来革命政策之概观》中对于“国民革命”口号的提出作出解释：“我们以为真的民主政治固然是我们所需要，然而民主革命这个口号，未免偏于纯资产阶级的，在殖民地半殖民地的经济地位，决没有欧洲十八世纪资产阶级的革命之可能，所以在本报第二期《造国论》上，便改用‘国民革命’来代替‘民主革命’这个口号，这一个口号，不但近来经国民党采用，成了全国普遍的口号，并且实际上适合于殖民地半殖民地各阶级联合革命的需要。”②

1922年10月，高君宇在《向导》周报上撰文答复读者对陈独秀《造国论》的疑问时，阐释了无产阶级和资产阶级在国民革命中如何联合的问题，他写道：“所以在国民革命当中无产阶级是要站个主要的地位，资产阶级是被召集而参加；就是说这个革命是要让群众革命的动因来支配，无产阶级要从事这个革命，他很明白的是为了自己阶级利益，他并不为了任何别阶级利益；他与资产阶级的关系，不过只是个推翻共同仇人的政治连锁。他虽至少要求这个革命给他一定的政治和经济利益，但他决不认这个革命就是解放他们的革命。如这国民革命成功，他们所得的实际完全革命经验

① 独秀：《造国论》，《向导》第2期，1922年9月20日，第9—10页。

② 独秀：《本报三年来革命政策之概观》，《向导》第128期，1925年9月7日，第1173—1174页。

和组织力量充实，是会使完全解放他们的革命马上接着成功的。”①

1923年2月，陈独秀在《统一的国民运动》一文中指出：“散漫不集中的各个运动，决不能打倒困兽犹斗的军阀；能够打倒军阀的只有统一的国民运动。”②在后一期《向导》周报上，他又撰文《怎样打倒军阀》，指出：“必须做统一的国民运动，使全国各阶级各党派各部分争自由争民权的各种势力，在一个统一的目标之下结合起来，成功一个有组织的广大的国民运动，才有充分反抗军阀的力量。”③这两篇文章进一步指出了开展国民革命的重要性和迫切性。

1923年5月，蔡和森在《中国革命运动与国际之关系》一文中认为，“资本主义先进国的民主革命与殖民地半殖民地的民主革命即有如许区别，所以中国革命运动之性质与历程必与从前欧美资产阶级的民主革命大不相同。当此世界资本主义和民主主义业已开始崩坏之时，当此被压迫民族与无产阶级同夷为最少数帝国主义者的奴隶之时，殖民地的革命运动已不是纯粹资产阶级民主革命的问题，事实上业已变成为国民革命（亦可称民族革命）的问题”，指出国民革命运动的特性是“一面打倒国内的封建势力，一面反抗外国帝国主义”，同时强调“朝着国民革命的正轨走去，而且朝着世界革命走去，中国革命才得成功，中华民族才得解放！”④

中共三大集中讨论了国共合作和国民革命等问题，对国民革命的意义、性质、对象、动力，无产阶级及其政党在国民革命中的地位和作用，国民革命与工人运动的关系，如何开展国民革命等一系列重大问题，都作了深入的分析和明确的阐述。国民革命思想的提出，表明中国共产党对中国国情和中国革命的特点已有了比较正确的认识，从而在全世界面前树起了可供人们用于判定党的运动水平的界碑。

---

① 思顺、君宇答：《读独秀君造国论底疑问》，《向导》第4期，1922年10月4日，第35页。

② 致中：《统一的国民运动》，《向导》第20期，1923年2月27日，第158页。

③ 独秀：《怎样打倒军阀》，《向导》第21期，1923年4月18日，第169—170页。

④ 和森：《中国革命运动与国际之关系》，《向导》第23期，1923年5月2日，第169—170页。

在两年多的艰辛探索中，中国共产党人创造性地把马克思列宁主义的普遍原理应用于中国革命的具体实践，根据半殖民地半封建状况的特殊国情，提出应以反帝反封建的国民革命来解放被压迫的中华民族，把国民革命作为在中国开展共产主义运动最初阶段的中心工作，并直接促成了第一次国共合作的建立和国民革命的兴起。

五、出席共产国际四大

（一）大会上的争论

1. 刘仁静的报告

1922 年 11 月 5 日至 12 月 5 日，共产国际四大在彼得格勒、莫斯科举行。出席大会的中共代表团成员是陈独秀、刘仁静、王俊，瞿秋白任翻译。这是中国共产党成立以后，特别是加入共产国际以来，第一次正式派遣代表团参加共产国际代表大会。

刘仁静在大会上作《关于中国形势的报告》。报告首先介绍了中国的政治形势："中国有两个政府被推翻了"。一个是南方政府即孙中山的革命政府，这意味着"革命的军事计划完全失败"，也说明了"为了取得革命成功，就必须组织群众并且在群众中进行宣传，切不可单纯依靠武力。这种单纯依靠武力的方法在中国已经行不通了"①。另一个是亲美的吴佩孚派军阀打败了亲日的奉系军阀，控制了北洋政府。然而吴佩孚"声称不向列强借款，这使他赢得了人民的同情。但他取得政权之后，依靠一帮亲美的知识分子组成内阁，这伙人就立即着手向美国告贷。诸如此类的行为将促使群众觉醒起来。这样的形势将愈来愈有利于中国的革命运动"②。

其次，刘仁静介绍了中国的工人运动。他指出："今年工人运动有了很

① 中共中央党史研究室第一研究部编：《联共（布）、共产国际与中国国民革命运动》（1917—1925）第 2 卷，中共党史出版社 2020 年版，第 373 页。

② 中共中央党史研究室第一研究部编：《联共（布）、共产国际与中国国民革命运动》（1917—1925）第 2 卷，中共党史出版社 2020 年版，第 374 页。

大的发展”，说明“中国的群众运动并不光是社会主义者的梦想，而是明摆着的现实。这还说明，共产党在群众中的宣传工作是能够获得很大成就的”，并且强调“共产党和前几年它还只是一个派别和一个教育组织时的情况相比，今后将会取得很大的发展：今年我们已经有机会看到我们共产党在群众中的影响增长了”[①]。

2. 拉狄克的建议

拉狄克指出中国共产党“不要把事情看得太美好，不要过高估计你们的力量”，认为“那里有许多我们的同志把自己关在书斋里，研究马克思和列宁，就像他们从前研究孔夫子一样”。他提出中国共产党的任务仍旧在于，“把工人阶级中正在形成的现实力量统一到两个目的上来：一、组织年青的工人阶级；二、使它对资产阶级分子的客观革命力量采取明智的态度，以便组织反对欧洲和亚洲帝国主义的斗争”[②]。拉狄克最后呼吁中国共产党人“走出孔夫子式的共产主义学者书斋，到群众中去！不仅到工人群众中去，不仅到苦力中去，而且也到已被这一切事件激动起来的农民群众中去”[③]。

（二）关于东方和中国问题的专门决议

1.《关于东方问题的总提纲》

大会通过的《关于东方问题的总提纲》，是共产国际首次直接就东方问题作出专门决议。该提纲共由八个部分组成，分别是：东方革命运动的发展、斗争条件、土地问题、东方的工人运动、东方各国共产党的共同任务、反帝统一战线、太平洋沿岸地区无产阶级的任务以及各宗主国共产党在殖民地的任务。

共产国际肯定了在共产国际二大上“提出了在帝国主义和无产阶级专

---

① 中共中央党史研究室第一研究部编：《联共（布）、共产国际与中国国民革命运动》（1917—1925）第2卷，中共党史出版社2020年版，第374—375页。

② 中共中央党史研究室第一研究部编：《联共（布）、共产国际与中国国民革命运动》（1917—1925）第2卷，中共党史出版社2020年版，第376—377页。

③ 中共中央党史研究室第一研究部编：《联共（布）、共产国际与中国国民革命运动》（1917—1925）第2卷，中共党史出版社2020年版，第378页。

政进行持久斗争时期民族和殖民地问题的一般原则”，对殖民地和半殖民地国家反帝斗争起到的作用，“在战后帝国主义政治危机和经济危机深化的基础上，殖民地和半殖民地国家反对帝国主义压迫的斗争得到很大的加强。”[①] 提纲指出东方落后国家的民族革命运动具有“多样化”的特点，“随着反对帝国主义的斗争转变为群众的革命运动，殖民地和半殖民地民族的统治阶级，不仅不能领导而且也不愿意领导这一斗争”[②]，认为“一切民族革命运动共同的基本任务，就是实现民族统一和取得国家独立。要想真正而彻底地解决这项任务，就要看这个民族运动能够在多大程度上把广大劳动群众吸引到自己的行列中来，为此，这个运动就要切断同反动封建分子的一切联系，并在自己的纲领中体现广大劳动群众的社会要求”，同时“它支持一切反对帝国主义的民族革命运动”[③]。提纲明确指出了东方落后国家所面临的任务是民族民主革命，反帝统一战线服务于这一中心任务。提纲还强调“土地问题对于反对列强专制压迫的解放斗争，具有首要的意义”，认为“东方各落后国家的革命运动，如果不依靠广大农民群众，就不可能取得胜利”，要求“东方各国的革命党必须明确制定自己的土地纲领。这个纲领应该提出彻底消灭封建主义及其残余的要求。为了使农民群众积极参予民族解放斗争，必须宣布坚决改变土地所有制的基础，同时也必须强迫民族资产阶级政党尽可能接受这一革命的土地纲领”[④]。

对于东方的工人运动，提纲给予了肯定：“在落后国家中，近年来工人阶级的工会运动和政治运动还是大踏步前进了”，认为在东方国家建立了无产阶级政党是“一件了不起的事实”[⑤]。共产国际指出，“摆在殖民地和半

---

① 中共中央党史研究室第一研究部编：《联共（布）、共产国际与中国国民革命运动》（1917—1925）第2卷，中共党史出版社2020年版，第379页。

② 中共中央党史研究室第一研究部编：《联共（布）、共产国际与中国国民革命运动》（1917—1925）第2卷，中共党史出版社2020年版，第380页。

③ 中共中央党史研究室第一研究部编：《联共（布）、共产国际与中国国民革命运动》（1917—1925）第2卷，中共党史出版社2020年版，第381页。

④ 中共中央党史研究室第一研究部编：《联共（布）、共产国际与中国国民革命运动》（1917—1925）第2卷，中共党史出版社2020年版，第381—382页。

⑤ 中共中央党史研究室第一研究部编：《联共（布）、共产国际与中国国民革命运动》（1917—1925）第2卷，中共党史出版社2020年版，第383页。

殖民地国家的共产党和工人党面前的是双重的任务：一方面，它们要力争最彻底地解决资产阶级民主革命的任务，以求得国家政治上的独立；另一方面，它们又要利用民族主义的资产阶级民主阵营内的种种矛盾，把工人和农民群众组织起来，为实现他们的特殊阶级利益而斗争”，工人阶级应当坚信，“只有扩大和加深反对帝国主义列强压迫的斗争，才能把它自己提到革命领袖的地位”①。

对于反帝统一战线，提纲提出“在殖民地东方，就必须提出反帝统一战线的口号”。对于无产阶级该如何在统一战线中进行斗争，提纲指出：“殖民地和半殖民地国家的工人运动，首先应在整个反帝战线中争取成为一个独立的革命因素。只有承认它的这种独立的作用，并保持它在政治上的完全自主，才有可能而且有必要同资产阶级民主派达成暂时的妥协”。提纲还强调“向广大劳动群众阐明同国际无产阶级和苏维埃共和国联合的必要性，是反帝统一战线的一项最重要的策略任务”“同无产阶级苏维埃共和国紧密团结的要求，是反帝统一战线的旗帜”②。

提纲指出太平洋沿岸地区无产阶级的任务是“要大力进行宣传，向群众说明当前的危险，号召他们积极地投入民族解放斗争，并坚决依靠苏俄这个一切被压迫和被剥削群众的支柱”③。对于各宗主国共产党在殖民地的任务，提纲认为要“在思想上和物质上不断帮助殖民地的工人运动和革命运动”，对于共产国际所属各党，强调“必须向广大劳动群众不断地宣传落后国家反对帝国主义统治的极端重要性”④。

《关于东方问题的总提纲》对于革命的民主主义性质的强调，以及提出的迂回的“反帝统一战线”策略，完成了共产国际在革命斗争策略上的一

---

① 中共中央党史研究室第一研究部编：《联共（布）、共产国际与中国国民革命运动》（1917—1925）第2卷，中共党史出版社2020年版，第384—385页。

② 中共中央党史研究室第一研究部编：《联共（布）、共产国际与中国国民革命运动》（1917—1925）第2卷，中共党史出版社2020年版，第385—386页。

③ 中共中央党史研究室第一研究部编：《联共（布）、共产国际与中国国民革命运动》（1917—1925）第2卷，中共党史出版社2020年版，第387页。

④ 中共中央党史研究室第一研究部编：《联共（布）、共产国际与中国国民革命运动》（1917—1925）第2卷，中共党史出版社2020年版，第388页。

次重大转变，是对列宁有关民族殖民地革命理论的成功运用，对中国第一次国共合作的建立起了重要的促进作用。

2.《中国共产党的任务》

作为《关于东方问题的总提纲》的补充，共产国际四大还通过了《中国共产党的任务》的决议。决议认为，“远东的发展给年轻的中国共产党提出一个巨大的任务，这个任务不仅要求它们竭尽全力组织工人群众，而且要清醒地认识到在它们还没有在斗争中得以巩固和赢得群众的信任之前，历史就给它们提出来的复杂问题”[①]。对于中国共产主义运动的开展，决议评价说：“在中国，近几年来共产主义（运动）已开始在南方和北方发展起来。中国共产党人开始参加工人阶级的自发斗争，但是他们还未能贴近人民群众。为了做到这一点，他们应该首先更明确地认清中国政治事件的意义以及工人阶级和共产党在其中的作用。”[②] 对于中国革命的发展阶段，共产国际认为“中国目前还处在资产阶级革命发展的准备期。这种发展的中心任务是联合中国人民和建立统一的资产阶级国家。”[③] 决议强调“中国共产党不应该屈从于中国资产阶级所建立的这些中心中的任何一个，即使这些中心的领导者具有半民主主义的性质，或者甚至是民粹主义的性质”，明确中国共产党人的任务是“要以在民主基础上实现中国统一的倡导者的身份开展活动。中国共产党人要提出统一的中华人民共和国的口号，为实行同唯一不追求帝国主义目标的大国——苏维埃俄国结成联盟的独立自主政策而斗争”[④]。最后，共产国际给予中国共产党下一步工作指示：“为了在这场斗争中能代表一种实际的力量，共产党人应该将自己的主要注意力用到组织工人群众、成立工会和建立坚强的群众性的共产党方面。他们应该利用

---

① 中共中央党史研究室第一研究部译:《联共（布）、共产国际与中国国民革命运动》（1920—1925）第1卷，中共党史出版社2020年版，第161页。

② 中共中央党史研究室第一研究部译:《联共（布）、共产国际与中国国民革命运动》（1920—1925）第1卷，中共党史出版社2020年版，第161页。

③ 中共中央党史研究室第一研究部译:《联共（布）、共产国际与中国国民革命运动》（1920—1925）第1卷，中共党史出版社2020年版，第161页。

④ 中共中央党史研究室第一研究部译:《联共（布）、共产国际与中国国民革命运动》（1920—1925）第1卷，中共党史出版社2020年版，第162页。

中国知识分子的激情，从中挑选最宝贵的坚定的革命分子，用来组织年轻的中国工人阶级。”①

共产国际二大要求中国共产党应与资产阶级民主派建立统一战线，共同完成民族民主革命。共产国际三大为共产国际制定一条争取群众大多数的策略路线。西湖会议后，中国共产党少数负责人以个人名义加入国民党，在国民党中进行共产主义宣传，并开始帮助孙中山筹备改组国民党。共产国际四大通过的《中国共产党的任务》决议强调共产党的独立地位，要求中国共产党建立坚强的群众性政党。对于年轻的中国共产党来说，如何在建立统一战线中建设“群众党”，成为一个新的课题。既要找到统一战线的合适模式，有效地把民族民主革命的力量联合起来共同推进革命的发展，也要找到“群众党”建设与统一战线相结合的正确途径，担负起完成民主革命和发展工人阶级利益的双重任务。

（三）陈独秀的书面报告

1.《关于中国的政治形势》②

报告共分为“中国军阀统治的由来”“奉直战争之前的时期”“奉直战争之后的时期”以及“未来前景”四大部分。

在“中国军阀统治的由来”部分，陈独秀指出：“1911 年的革命由极少数政治上觉醒的革命知识分子（为小资产阶级的代表）发动的，他们利用了中国人民反抗清朝统治的民族意识，以及义和团运动之后外国资本日益增长的经济压榨在人民大众中所引起的不满。这场‘革命’并未唤醒任何新的阶级去追求政治自由。因此，当前清朝皇帝被迫正式宣布退位时，

① 中共中央党史研究室第一研究部译：《联共（布）、共产国际与中国国民革命运动》（1920—1925）第 1 卷，中共党史出版社 2020 年版，第 162 页。

② 2003 年底，原中央党史研究室的研究人员李颖到俄罗斯国家社会政治历史档案馆查档，发现了陈独秀在共产国际四大上的两篇书面报告（俄文）。一篇是《中国的政治形势——中国代表陈独秀同志在共产国际四大上的报告》，文末尾注标为“莫斯科，1922 年 11 月”；另一篇是《中国的政治派别和反帝统一战线的口号——陈独秀同志在共产国际四大上的报告》，标明时间为“1922 年”。

中国的人民大众马上停止了继续斗争，因为他们失去了废除清王朝——这一斗争的主要动因。”①

在报告的第二大部分“奉直战争之前的时期”，包括“北方政府”“南方政权”“孙逸仙与陈炯明的关系”三部分内容。在该部分，陈独秀总结了孙中山与陈炯明之间的主要分歧。孙中山的方案是“以广东为依托，继续北伐，控制全中国；改组执政内阁为总统一长制；迫使西南各省的军事力量承认广东政府。”陈炯明则提倡“管理好广东政府地盘内的事务，待有足够的力量时再进行北伐；保持原有的管理体制，也就是说，仍保持执政内阁制；在‘联邦和省自治’口号的基础上，与西南地区其他各省达成协议”②。

报告的第三大部分“奉直战争之后的时期”，共涉及北京政府和中国的统一、黎元洪与吴佩孚的关系、北京政府的对外政策、曹锟和吴佩孚的关系、张作霖的个性及其政策、吴佩孚的个性及其政策、吴佩孚及其管辖下的西南各省、国民党与孙中山八个问题。陈独秀还报告了国共两党合作的情况，“不久前经中国共产党同意加入国民党的一些共产党员制定了国民党党纲和党章，并正就党纲与孙逸仙磋商，但目前还不清楚他是否会同意接受党纲，并按照这些同志指明的道路推行党的路线。”对于孙中山的对外政策，陈独秀介绍“孙逸仙最近试图接近苏俄和德国”“但是，俄罗斯和德国在中国，尤其是在中国南方的影响很有限，孙逸仙还无法依靠它们，因此，孙逸仙不想与英、美最终决裂。这就是他害怕因为与苏俄亲近而引起这些国家怀疑的原因所在。”③

陈独秀在第四部分“未来前景”中，分析了目前中国社会存在的“力

---

① 俄罗斯国际社会政治历史档案馆馆藏档案，全宗514，目录1，卷宗16，第1—11页。俄文打字稿。转引自李颖：《陈独秀赴俄出席共产国际四大解析——在俄罗斯发现的陈独秀的两篇报告》，《中共党史研究》2005年第3期，第111页。

② 俄罗斯国际社会政治历史档案馆馆藏档案，全宗514，目录1，卷宗16，第1—11页。俄文打字稿。转引自李颖：《陈独秀与共产国际》，上海人民出版社2019年版，第49页。

③ 俄罗斯国际社会政治历史档案馆馆藏档案，全宗514，目录1，卷宗16，第1—11页。俄文打字稿。转引自李颖：《陈独秀赴俄出席共产国际四大解析——在俄罗斯发现的陈独秀的两篇报告》，《中共党史研究》2005年第3期，第112页。

量相当”的北方的吴佩孚和张作霖、南方的孙中山和西南各省拥护“联省自治”的将领们的势力。在报告的最后，陈独秀介绍了中国共产党的任务和目标。他指出：“中国共产党致力于组织人民大众打击国际帝国主义和中国的封建势力，致力于在中国建立真正独立的人民共和国。至于它与国内现有力量的相互关系，则它支持国民党，竭尽全力改正国民党的错误，反对国民党接近张作霖和日本。如果国民党一如既往地与张作霖及日本保持联系，而吴佩孚真正反对日本，则中国共产党将不再支持国民党。中国共产党有自己独立的政治路线，坚持发展这一路线。中国共产党反对任何军阀，打击国际帝国主义的任何组织，并将竭尽全力将此斗争坚持到底。这一斗争的近期目标为：依靠人民大众的力量建立独立的人民共和国。”①

2.《关于中国的政治派别和反帝统一战线的口号》

报告也分为四个部分。第一部分介绍了中国军阀的派别，与上篇报告内容相似。第二部分对中国现有的资产阶级和知识分子派别进行了划分，共分成了十类，即新工业主、大多数商号、大多数大众教育家、进步党、基督徒、广东和香港商人、益友社、交通系、安福系、国民党。陈独秀认为，前五个派别“一方面，他们反对军阀统治，视他们为国家发展的主要障碍。但另一方面，他们从革命一开始就反对，目前仍反对人民大众的革命行动”；第六、七个派别“社会影响力更弱”；第八、九个派别“是中国最反动的力量，迄今为止，他们都是国民党的主要敌人”。关于国民党，陈独秀指出：“这是中国唯一一个有着革命历史，并多少具有革命愿望的政党。”“国民党所代表的那些阶层的社会地位对于实际斗争而言实在太弱，因此，他们只是有着建立将由他们掌握政权的资本主义制度的‘甜蜜的梦想’。在这种资产阶级民主下，国民党只是看到借助国际资本发展中国工业的可能性。但是，他们将会认识到，为了建立这种资产阶级民主，必须推

---

① 俄罗斯国际社会政治历史档案馆馆藏档案，全宗 514，目录 1，卷宗 16，第 1—11 页。俄文打字稿。转引自李颖：《陈独秀赴俄出席共产国际四大解析——在俄罗斯发现的陈独秀的两篇报告》，《中共党史研究》2005 年第 3 期，第 112 页。

翻目前占统治地位的北方军阀集团，并将政权过渡到国民党手中。”①

在第三部分，陈独秀分析了不属于上述某一派别和政党的小资产阶级知识分子、农民和工人的情况。对于小资产阶级知识分子，他指出，“小资产阶级知识分子中投身于整个世界革命运动的先进部分，有时能够在中国的革命中发挥相当大的作用”，但是“他们之中那些失掉本阶级属性的、带有唯心主义倾向的人士”成为已开始的革命发展的主要障碍之一。对于农民，陈独秀认为“农民大众非常保守，但他们具有民族主义的天性。与其他阶层相比，农民更害怕洋货的入侵，因洋货而引起的通货膨胀更令他们仇视和憎恨外国资本主义国家”。对于中国的工人运动，他评价道：“尽管它还很年轻，但由于工人阶级特别受压迫的状况，在这样一个半殖民地国家，工人运动从一开始就走上革命的道路，并且工人阶级具有相当高的民族革命感。像农民一样，工人与帝国主义的关系只是受压迫和受剥削。因此，殖民地和半殖民地国家的工人阶级比任何人都受帝国主义压迫之苦，他们经常比发达国家的工人更能够开展残酷的斗争反对帝国主义的压迫。”②

在第四部分，陈独秀指明了中国共产党在建立反帝统一战线中的任务是：“在这种建立反帝统一战线的形势下，中国共产党应首先组织工人阶级，并吸收农民甚至小资产阶级的革命成分参加这种运动，迫使小资产阶级中的其他更先进部分加入这一阵线。中国共产党应特别致力于影响这些小资产阶级，以便他们不被帝国主义利用反对革命运动。即使他们不能积极投身于反对国际帝国主义的斗争，也必须努力使他们保持中立。”在这篇报告的最后，陈独秀再次喊出了建立反帝统一战线中的口号：“为了进行这种反帝运动，中国共产党应高呼建立独立的人民共和国的口号，并将主要力量集中于反对外国帝国主义和其在中国的同盟者——官僚军阀，以推翻

---

①　俄罗斯国际社会政治历史档案馆馆藏档案，全宗514，目录1，卷宗16，第17—21页。俄文打字稿。转引自李颖：《陈独秀赴俄出席共产国际四大解析——在俄罗斯发现的陈独秀的两篇报告》，《中共党史研究》2005年第3期，第112—113页。

②　俄罗斯国际社会政治历史档案馆馆藏档案，全宗514，目录1，卷宗16，第17—21页。俄文打字稿。转引自李颖：《陈独秀赴俄出席共产国际四大解析——在俄罗斯发现的陈独秀的两篇报告》，《中共党史研究》2005年第3期，第113页。

帝国主义、军国主义和半封建主义对中国的压迫。”[①]

3.《中国共产党对于目前实际问题之计划》

1922年11月，陈独秀还在莫斯科提交了《中国共产党对于目前实际问题之计划》，主要讲了世界无产阶级的策略、“政治问题”“劳动运动”“农民问题”四方面的问题。

陈独秀认为世界无产阶级的策略有三种，中国无产阶级的策略是“应该以这两个策略为不可离的根本原则，应用在各种实际问题，以消除为中国民族发展的两大障碍物——军阀及国际帝国主义”，其所指的“两个策略”是“共产国际第三次、第四次大会，依据世界经济状况发达的程度，为东方的无产阶级指示出目前争斗所需要的两个策略，即民主的联合战线及反对帝国主义的联合战线”[②]。

在“政治问题”这一部分，陈独秀评价国民党“虽然有许多缺点与错误，然终为中国唯一革命的民主派，自然算是民主的联合战线中重要分子”。随后提出了和国民党合作的问题“在国民党为民主政治及统一政策争斗时期，无产阶级不但要和他们合作参加此争斗，而且要在国民党中提出反对帝国主义及为工人阶级利益与自由的口号，以扩大其争斗，更要向国民党中工人分子宣传促进他们阶级的觉悟，使他们了解国民党终非为无产阶级利益争斗的政党”。同时指出：“若国民党与最反动的黑暗势力（如张作霖、段祺瑞、曹锟等）携手或帝国主义者妥协时，吾人即宣反对之绝不容顾忌”。而对于中国共产党在联合战线中的立场，陈独秀强调“我们共产党在任何问题的争斗中及与任何党派联合运动中，总要时刻显示我们的真面目于群众之前，更不可混乱了我们的独立组织于联合战线之中”[③]。对于反

---

① 俄罗斯国际社会政治历史档案馆馆藏档案，全宗514，目录1，卷宗16，第17—21页。俄文打字稿。转引自李颖：《陈独秀赴俄出席共产国际四大解析——在俄罗斯发现的陈独秀的两篇报告》，《中共党史研究》2005年第3期，第113页。

② 中共中央文献研究室、中央档案馆编：《建党以来重要文献选编（1921—1949）》第1册，中央文献出版社2011年版，第195页。

③ 中共中央文献研究室、中央档案馆编：《建党以来重要文献选编（1921—1949）》第1册，中央文献出版社2011年版，第195—196页。

对帝国主义的联合战线，陈独秀的设想是“以工人、农人及小资产阶级革命的党派或分子为主力军，向一切帝国主义者加以攻击，同时亦可联合半民族运动的党派，向一派帝国主义者作战（例如资产阶级反对日本时）”[①]。

关于“劳动运动”，陈独秀提出中国共产党的劳动运动，除了开展普通的运动，比如减时加薪、劳动立法外，还要开展“有系统的巡回政治宣传”“工厂委员会之运动”“组织全国铁路总工会及矿工总工会”“组织铁路工、矿工、海员三角同盟”“提出‘全国劳动运动统一’的口号”等运动，“以增加其实际的战斗力”[②]。

关于“农民问题”，陈独秀强调佃农“自然是工人阶级最有力的友军，为中国共产党所不应忽视的。中国共产党若离开了农民，便很难成功一个大的群众党”。为了解除中国农民的痛苦，陈独秀提出可以采取“限田运动”“组织农民消费协社”“组织农民借贷机关”“限制租额运动”“开垦荒地”“改良水利”等政策[③]。

中国共产党在成立后的近两年里，开始把马克思主义的基本原理与中国革命的实际结合起来，制定出反帝反封建的民主革命纲领，实现了党的战略和策略的第一次转变。同时，党积极投入发动、组织和领导革命斗争的实践，很快开创了中国革命的新局面。党在理论和实践中所体现的先进性，表明它能够真正承担起中国革命的重大责任，是任何敌人无法压倒的新生政治力量。

---

① 中共中央文献研究室、中央档案馆编：《建党以来重要文献选编（1921—1949）》第1册，中央文献出版社2011年版，第196页。

② 中共中央文献研究室、中央档案馆编：《建党以来重要文献选编（1921—1949）》第1册，中央文献出版社2011年版，第197—198页。

③ 中共中央文献研究室、中央档案馆编：《建党以来重要文献选编（1921—1949）》第1册，中央文献出版社2011年版，第198—199页。

第五部分　中共二大在新民主主义革命中的地位作用

中共二大第一次将党在民主革命中要实现的目标同将来进行社会主义革命要实现的长远目标结合起来，不仅第一次明确提出党在现阶段的行动方针和革命任务是进行反对帝国主义反对封建主义的民主革命，而且还指出要通过民主革命进一步创造条件实现社会主义和共产主义。这表明，中国共产党开始以马克思主义基本原理分析中国革命实践问题。这是中国共产党人对中国国情和中国问题认识的一次深化，是党把马克思主义基本原理与中国革命实际相结合的一个重要成果，是党的战略方针的一次重大转变，为中国革命的未来道路指明了方向。为了贯彻党的民主革命纲领，中共二大通过了九个决议案①。这些决议案在统一战线、群众运动、党的建设等方面所开辟的许多新领域以及由此引出的其他命题，成为中国共产党诸多思想理论、路线原则、方针政策，直至理念的梳理和研究过程中无法绕开的历史起点和思想源头。

一、为党探索新民主主义革命理论奠定基础

中共二大提出的民主革命纲领，对以后中国共产党人在中国革命长期艰难的斗争中按照中国社会的特点和不断出现的新情况进行创造性的工作，起了一个很好的先导作用。在大革命时期，党提出的反帝反封建的口号成为广大人民的共同呼声。党在群众中的政治影响迅速扩大，党的组织得到很大发展。大革命失败后，党及时总结正反两个方面的经验，进一步把马

① 中共中央党史研究室:《中国共产党历史》第一卷（1921—1949），中共党史出版社 2011 年版，第 81 页。

克思列宁主义与中国革命实际相结合，逐步认识到中国革命的一些基本问题从而提出了关于新民主主义革命的基本思想。以毛泽东同志为主要代表的中国共产党人提出了中国民主革命的对象是帝国主义和地主买办阶级，揭示地主阶级是帝国主义、封建军阀统治中国的基础，推翻地主阶级则是反帝反封建的民主革命的真正目标。并提出了农民问题是中国民主革命的中心问题，土地革命则是民主革命的基本内容以及农民是革命的主力军的光辉思想，发展了党自二大以来的关于民主革命的思想。抗日战争时期，以毛泽东同志为主要代表的中国共产党人，又深刻分析了中国革命的国际环境和中国国情，阐明了中国新旧民主革命的历史特点和中国革命发展的客观规律，更完备地提出了新民主主义的理论。解放战争时期，毛泽东又完整地概括了党在新民主主义革命时期的总路线和总政策，这就是：无产阶级领导的、人民大众的、反对帝国主义、封建主义和官僚资本主义的革命。根据上述事例，可以证明中共二大提出的民主革命纲领为后来党继续深入地探索中国革命的道路奠定了基础。以历史的眼光来审视，中共二大无疑又是马克思主义中国化第一次历史性飞跃链条中的重要一环。所以，如果把历史连接起来看，中共二大对于马克思主义中国化的贡献，无疑是中共一大以后中国共产党人探索和思考的继续和深化，又为此后的马克思主义中国化作了历史铺垫。

二、开启党的统战工作的探索实践

中共二大第一次明确并系统阐述了民主联合战线的策略，改变了中共一大拒绝与其他一切党派开展合作的主张，为中共三大决定与国民党开展党内合作奠定了重要的思想基础。中共二大不但是党的统一战线工作的开端起源，也开启了党建立民主联合战线的探索与实践。

1. 实现了党的早期斗争策略的重大转变

中共二大提出的民主联合战线实现了中国共产党在探求中国出路进程中，在斗争策略上的一次重大转变，即由中共一大确定的直接推翻资产阶级的政策转变为联合资产阶级共同进行民主革命的政策，标志着中国共产党对国内外形势、革命任务和自身力量开始有了比较客观的认识。中共一大上未提出建立联合战线的主张，时隔半年之后，中国共产党就能够正确认识工人阶级的力量及所担负的革命重任，有必要与资产阶级政党开展合作，从而提出了以民主联合战线为形式的斗争策略，最终实现反帝反封建的阶段目标和共产主义的最高目标，由此彰显了用马克思主义武装起来的中国共产党的先进性和斗争策略的灵活性。中共二大确立民主联合战线的政策，也使中国共产党在共产国际和国内政局中的政治影响不断扩大，在社会上产生了积极的反响。

2. 为开启第一次国共合作奠定思想理论基础

建党初期，党的统一战线政策呈现了从坚持党外合作到接受党内合作的转变，其中，中共二大在这一历程中发挥了重要作用。中共二大虽然主张的是党外联合，但是从民主联合战线主张的提出之日起，中国共产党人就坚持以二大会议的诸多决议为指导，开启了寻求与国民党开展合作的实践探索，最终促成了第一次国共合作的实现。随后，中共三大制定的《关于国民运动及国民党问题的议决案》中指出，“中国共产党须与中国国民党合作，共产党党员应加入国民党”①。自此，以党内合作方式开展的第一次国共合作，将中国共产党的统一战线工作推向了一个全新的阶段。虽然，从中共二大提出建立民主联合战线到真正实现国共合作经历了一段艰辛波折的历程，但中共二大是中国共产党向国民党表达合作意向的开端，为第一次国共合作的最终实现奠定了坚实的思想理论基础。

3. 开启了中国共产党统一战线工作的先河

中共二大不但提出了民主联合战线政策，是党的统一战线工作的开端和起源，而且还具体阐述了建立这一战线的任务、原则、活动方式等内容。中共二大关于建立民主联合战线的论述，充分体现了党民主革命时期最低纲领和最高纲领的精髓，也就是说，民主联合战线建立的目的就是为了实现打倒军阀和帝国主义的阶段目标，而二大关于民主联合战线的主张特别

---

① 中共中央文献研究室、中央档案馆编：《建党以来重要文献选编（1921—1949）》第 1 册，中央文献出版社 2011 年版，第 259 页。

强调无产阶级的独立性，也即是体现了党最终要实现共产主义的奋斗目标。一年后的中共三大上，中国共产党最终接受了共产国际关于同国民党进行党内合作的指示，决定共产党员以个人身份加入国民党。在第一次国共合作时期，年幼的中国共产党，在理论上不够成熟、在实践中也缺乏经验，党的领导机关犯了右倾机会主义错误，再加上共产国际的错误指导和资产阶级的叛变，最终导致了大革命的失败。在之后的革命实践中，中国共产党吸取了以往的历史经验教训，艰难探索推进统战工作，建立了广泛的抗日民族统一战线和爱国民主统一战线，并拥有了自己的革命武装，主动掌握了革命的领导权，独立自主地开展革命活动。中国共产党坚持将民主联合战线的理论政策丰富发展，形成了统一战线的新理论，与武装斗争和党的建设构成了党取得新民主主义革命胜利的三大法宝。正如毛泽东在《〈共产党人〉发刊词》中指出：统一战线问题主要是同中国资产阶级关系的问题，“中国共产党的政治路线的重要一部分，就是同资产阶级联合又同它斗争的政治路线”[①]；在统一战线中，正确地处理了同资产阶级又联合又斗争的关系，党就发展和壮大，否则，就会遭受挫折，“当我们党的政治路线是正确地处理同资产阶级建立统一战线或被迫着分裂统一战线的问题时，我们党的发展、巩固和布尔什维克化就前进一步；而如果是不正确地处理同资产阶级的关系时，我们党的发展、巩固和布尔什维克化就会要后退一步”[②]。

三、通过的首部党章为党的建设提供制度遵循

首先，中共二大在强化党的集中统一领导机制及组织体系上迈进了重要一步。如二大通过的《中国共产党章程》第十九条规定：“下级机关须完全执行上级机关之命令，不执行时，上级机关得取消或改组之。”第二十一条规定：“区或地方执行委员会所发表之一切言论倘与本党宣言章程及中

① 中共中央文献研究室、中央档案馆编：《建党以来重要文献选编（1921—1949）》第16册，中央文献出版社2011年版，第679页。

② 中共中央文献研究室、中央档案馆编：《建党以来重要文献选编（1921—1949）》第16册，中央文献出版社2011年版，第677页。

央执行委员会之决议案及所定政策有抵触时，中央执行委员会得令其改组之。”① 这意味着，下级党组织对上级党组织、全党对中央执行委员会，前者必须严格服从和执行后者的决议，不得有违背和抵触。对于党组织与党员个人的关系，中共二大也提出了更严格的要求，二大通过的《中国共产党章程》第十八条规定，“全国大会及中央执行委员会之决议，本党党员须绝对服从之”②。中央领导机构是党的领导中枢，实行党的集中统一领导，本质上便要求全党听从党中央的指挥，令行禁止，步调一致地行动。不确立党中央的地位和权威，党的集中统一领导便无从谈起。在这一意义上可以说，是否确认党中央的地位和权威，是无产阶级政党能否真正实行集中统一领导的关键问题。中共二大对中央领导机构地位和权威的确认，在当时具有很强的现实针对性和历史意义。它表明新生的中国共产党彻底摒弃了无政府主义等非马克思主义思想的影响，对实行党的集中统一领导意志坚定、方向明确，对土地革命时期党在军队思想政治工作上创立“支部建在连上”“党指挥枪”等制度，具有非常重要的启示意义。

其次，需要指出的是，在中共成立初期“集中统一制”概念其实是民主集中制的表现形式。中国共产党早期对集中和纪律的强调，是在认可民主集中制组织原则的大框架下进行的。中共一大已经包含了民主集中制的精神，中共二大间接承认了民主集中制是党的组织原则，对其基本思想作出了明确阐释，并初步探索了民主集中制的实践形式和制度安排。虽然这种阐释有偏重于强调集中和纪律的倾向，但毋庸置疑，中共二大阐释的民主集中制原则的基本思想，与党当时所处的革命环境和残酷的革命斗争现实是相适应的。中共二大为强化党的集中统一领导所作的探索，对新时代党的建设工作具有长远的历史意义。通过实行集中统一领导以积聚全党的力量，不仅是处于夺取政权时期的无产阶级政党所需要的，也对新时代党

① 中共中央文献研究室、中央档案馆编:《建党以来重要文献选编（1921—1949）》第1册，中央文献出版社2011年版，第167页。

② 中共中央文献研究室、中央档案馆编:《建党以来重要文献选编（1921—1949）》第1册，中央文献出版社2011年版，第167页。

的建设工作具有启示价值。对无产阶级政党而言，掌握政权只是手段，它的最终目标是建立共产主义社会，实现人自由全面的发展。因此，无产阶级政党掌握政权以后，虽然没有了革命时期来自居统治地位的政治势力的压制或迫害，但依然会面临一系列严峻挑战，要领导完成社会经济、政治、文化等各领域的变革和建设，遭遇国际上敌对政治势力的遏制和围堵并且必须战而胜之，所以仍需要最大限度地积聚、增强党的力量。以此，中共二大提出的确立和维护党中央的权威、坚持党的集中统一领导，是始终伴随着无产阶级政党全部奋斗历程的一个重大政治课题。党的十九届六中全会通过的《中共中央关于党的百年奋斗重大成就和历史经验的决议》强调："治理好我们这个世界上最大的政党和人口最多的国家，必须坚持党的全面领导特别是党中央集中统一领导，坚持民主集中制，确保党始终总揽全局、协调各方。只要我们坚持党的全面领导不动摇，坚决维护党的核心和党中央权威，充分发挥党的领导政治优势，把党的领导落实到党和国家事业各领域各方面各环节，就一定能够确保全党全军全国各族人民团结一致向前进。"这说明，把坚持党中央权威和党的集中统一领导并列在一起，与中共二大对强化党的集中统一领导的思路是一脉相承的，即坚持党中央权威和集中统一领导是我们党最高的原则，是我们党最大的政治优势、组织优势、制度优势。中共二大把坚持党中央权威和集中统一领导与党的全面领导联系起来，表明中国共产党对党的政治建设的核心要义有了更深刻的认识。

最后，中共二大在全面分析了国内外形势的基础上，指出："我们共产党，不是'知识者所组织的马克思学会'也不是'少数共产主义者离开群众之空想的革命团体'，'应当是无产阶级中最有革命精神的大群众组织起来为无产阶级之利益而奋斗的政党，为无产阶级做革命运动的急先锋'；我们既然不是讲学的知识者，也不是空想的革命家……我们便要'到群众中去'要组成一个大的'群众党'；我们既然要组成一个革命运动的并且一个大的'群众党'，我们就不能忘了两个重大的律：（一）党的一切运动都必须深入到广大的群众里面去。（二）党的内部必须有适应于革命的组织和练训。”[①] 除此之外，中共二大认识到，要实现党的奋斗纲领，除了必须有适应于革命形势发展需要的组织外，还需要对党员实行适应于革命形势发展需要的训练。中共二大指出，对党员的训练主要集中在两个方面：一是要有铁的纪律，“凡一个革命的党，若是缺少严密的集权的有纪律的组织与训练，那就只有革命的愿望便不能够有力量去做革命的运动”；二是要求党员认识形势，使党员不只是在言论上，重在行动上表现出是共产主义者，党员必须牺牲个人的感情意见及利益关系以拥护党的一致[②]。中共二大以后，“教育党员，组织党员学习”逐渐成为党的基层组织的一项基本职责，从中共七大开始，成为一名党员的义务和权利。在以后的历史重大转折时期，我们党都是首先针对党员队伍中在思想、组织和作风上存在的突出问题抓党员的教育和训练，并不断改进教育管理方法和手段，创新活动载体，不断地探索让广大党员长期受教育、永葆先进性的教育管理机制。

四、党的群众路线的理论起点

中共二大提出了无产阶级政党建设的一个关键问题：深入群众。二大明确提出了“大的群众党”概念，表明党开始认识到党与群众之间的血肉关系。“大的群众党”的提法，着重强调了党的群众基础、群众意识、群众工作，强调了党必须深入群众，不能脱离群众，不能做知识分子的学会和空想的革命团体；而且还有规模的要求，是“全国各城市，集合工会、农民团体、商人团体、职教员联合会、学生会、妇女参政同盟团体、律师公会、新闻记者团体等，组织‘民主主义大同盟’”[③]。这不是一部分人、一部分阶级的群众，还是动员具有广泛性的群众，为了党的民主纲领而奋斗。这一思想促进了党内干部不断在实践中探索工作方法。如毛泽东对湖南的工作就提出：用接近群众的方法，如在工人中办夜校、读书班，在学生中办

① 中共中央文献研究室、中央档案馆编：《建党以来重要文献选编（1921—1949）》第1册，中央文献出版社2011年版，第162页。

② 中央档案馆编：《中共中央文件选集（1921—1925）》第1册，中共中央党校出版社1989年版，第90页。

③《中国共产党第二次至第六次全国代表大会文件汇编》，人民出版社1981年版，第6—8页。

刊物或组织社团，从中发现和培养积极分子，并逐步扩大成为建立工会、学生会的核心。中共二大对群众工作的思考，也对党的群众路线的形成奠定了最初的基础。群众路线是党的根本的政治路线，也是党的根本组织路线[①]。在延安时期得到发展。中国共产党先后提出“抗日民族统一战线”“一切为了人民、一切依靠人民”以及“全心全意为人民服务”等概念，中国共产党形成了著名的三大作风。“凡属正确的任务、政策和工作作风，都是和当时当地的群众要求相适合，都是联系群众的；凡属错误的任务、政策和工作作风，都是和当时当地的群众要求不相适合，都是脱离群众的”[②]，这是对二大“群众党”思想的发展。习近平总书记在庆祝改革开放40周年大会上指出：“以人民为中心是中国共产党的初心，是中国特色社会主义道路的根本遵循。”可以说，新时代党始终坚持以人民为中心的群众观，是对二大提出的“大的群众党”论述的继承和发展。党的十九届六中全会《决议》强调：“全党必须永远保持同人民群众的血肉联系，站稳人民立场，坚持人民主体地位，尊重人民首创精神，践行以人民为中心的发展思想”。

中国共产党正式成立仅一年的时间，就能够从中国的国情出发，初步地认识到最低纲领与最高纲领的辩证关系。这表明，只有以马克思主义为指导并将它与中国革命实际相结合的中国共产党，才能科学地分析中国社会的现状，反映中国人民的愿望和要求，指明中国革命的正确方向，肩负起领导中国革命的历史重任。

① 中共中央文献研究室编：《毛泽东年谱（1893—1949）》上卷，中央文献出版社1993年版，第113页。

② 《毛泽东选集》第3卷，人民出版社1993年版，第1095页。

第六部分　二大研究述评

中共二大第一次将党在民主革命中要实现的目标同将来进行社会主义革命要实现的长远目标结合起来，不仅明确提出反对帝国主义、反对封建主义的民主革命任务，并指出要通过民主革命进一步创造条件，实现社会主义和共产主义。这是中国共产党人对中国国情和中国革命问题认识的一次深化，是党把马克思主义基本原理同中国革命实际相结合的一个重要成果。它为灾难深重的中华民族获得独立和解放、为中国革命的正确进行指明了方向。在这种飞跃式的发展变化中，很多因素在背后推动了刚成立不久的中国共产党不断前进。这其中不可否认有共产国际的直接指导，但是更重要的是中共早期领导人对中国革命认识的不断加深以及革命形势的持续发展，这些因素都与中共二大的顺利召开有着重要关系。

一、中共早期领导人对二大的回顾

关于中共早期领导人对二大的回顾，多见于他们的著作、回忆录之中。从中共一大到二大，前后只相隔一年，大会召开的时间非常紧凑。对于这两次大会的内在联系以及他们对于二大和时局的认识，中共早期领导人也有自己的回顾。

中共二大的历史作用，普遍受到早期党的领导人的重视和肯定。第一，从理论上看，关于二大提出革命“分两步走”的理论得到了早期领导人的普遍认同，并指导了革命实践。虽然毛泽东没有出席中国共产党第二次全国代表大会[①]，但他曾于 1945 年在《论联合政府》中精辟地指出：“在整个资产阶级民主革命的阶段上所主张的一般纲领，或基本纲领。对于我们的社会主义和共产主义制度的将来纲领或最高纲领来说，这是我们的最低纲领。”[②]这表明，二大通过的革命纲领对于毛泽东构建新民主主义革命理论起到了奠基作用[③]。李大钊在《北京代表李大钊意见书》（1924 年 1 月 28 日）中直接指出，“因为在今日经济落后沦为帝国主义下半殖民地的中国，只有国民革命是我民族惟一的生路，所以国民革命的事业，便是我们的事业，本党主张的胜利，即是我们的胜利。”[④]这说明，二大制定的中国革命“分两步走”理论得到了早期领导人的普遍认同，对他们革命思想的形成和发展起到了理论指导作用，更直接影响了党在建党早期和大革命时期的革命实践。

第二，从党史上看，相比中共一大，中共二大第一次制定了正确具体的政治任务并开始了政治宣传，具有明显的历史进步。李达认为，二大的“大会情况比第一次稍有进步”，会上根据共产国际的理论，“分析了国际局势，又研究了国内局势，提出了本党对时局的主张，……第一次提出反帝反封建的口号（在此前不知道什么是帝国主义），认为中国人民的敌人是帝国主义和封建主义，农民问题在会上也提了一点”[⑤]。显然，李达认为二大对于中国革命任务的准确判断的确较一大有明显的进步，这对于后来党开展的“民主联合战线”显然具有直接影响。陈独秀在中共三大闭幕词[⑥]中也明确提出：“党的一大时，还没有纲领和规章，党提出的无产阶级专政，实际上悬在半空。到了党的二大，有了最低纲领和党的章程，从而实际上

---

① ［美］埃德加·斯诺：《西行漫记》，东方出版社 2010 年版，第 150 页。

② 《毛泽东选集》第 3 卷，人民出版社 1991 年版，第 1058 页。

③ 黄伟力：《中共二大对党的政治建设的历史贡献》，《上海交通大学学报（哲学社会科学版）》2021 年第 1 期。

④ 中国李大钊研究会：《李大钊文集》第 4 卷，人民出版社 1999 年版，第 370 页。

⑤ 中国社会科学院现代史研究室、中国革命博物馆历史研究室：《“一大”前后 中国共产党第一次代表大会前后资料选编》（二），人民出版社 1980 年版，第 17 页。

⑥ 关于中共三大是否有闭幕式的问题，过去的党史对此语焉不详。但马林在 1923 年 6 月 20 日致共产国际执行委员会的报告中，明确指出有“陈独秀同志致闭幕词”。参见李蓉、叶成林：《中共三大轶事》，人民出版社 2015 年版，第 159 页。

找到了党需要走的道路。”[①] 这说明，他认为党在二大的时候已经开始产生了自己的政治主张。蔡和森也认为一大“因为对政治问题没有政策的决议”而“到第二次大会时党已有政策，开始作政治的宣传，从前完全是鼓吹主义，这时是政治的主张了。”[②] 以上观点表明，党的早期领导人普遍认为中共二大无论在理论自觉还是革命实践方面，已经能够从中国的国情出发，初步认识到最低纲领与最高纲领的关系。

第三，在出席大会人员方面，早期领导人对中共二大代表情况的回忆不尽相同。关于参加二大代表的名单，一些当事人也有回忆。现在所能找到的当事人的回忆录有李达、张国焘和罗章龙等。李达回忆，“(党的）第二次全国代表大会是在上海举行的，出席这次代表大会的代表不是经过民主选举产生的，而是由陈独秀、张国焘指定从莫斯科（参加远东会议后）回国的是那省的人就作为那省的代表。其中除陈独秀、张国焘外，有邓中夏、蔡和森、向警予、李达等[③]。张国焘在《我的回忆》中是这样写的：“第二次代表大会终于于七月十日左右在上海成都路一所中共中央所租的房子里正式开幕了。当时党员人数是一百二十三人，但这次到会的正式代表却只有九人。陈独秀、李达和我（张国焘）三个上届中央委员是当然代表，蔡和森是留法中共党支部的代表，高尚德（君宇）是北京代表，包惠僧是武汉代表，社会主义青年团中央的代表是施存统，此外还有一位上海代表、一位杭州代表，名字我记不起了，一共九人；非正式代表列席会议的有张太雷、向警予等人。”[④] 20世纪80年代初，罗章龙在接受采访时回忆说：“参加二大的代表有陈独秀、张国焘、谭平山、王尽美、许白昊、罗章龙等。”对于到底哪些人参加了中共二大，目前较为权威的资料是中共六大形成的《中共历次大会代表和党员数量增加及其成分比例表》的二大代表名单。它是迄今为止所能找到的，时间最接近于二大的原始文献资料，因

① 李玉贞主编：《马林与第一次国共合作》，光明日报出版社1989年版，第243页。

② 《蔡和森文集》下，人民出版社2013年版，第818页。

③ 李达：《中国共产党的发起和第一次、第二次代表大会经过的回忆》，《“二大”和“三大” 中国共产党第二、三次代表大会资料选编》，中国社会科学出版社1985年版。

④ 张国焘：《我的回忆》第1册，东方出版社1980年版，第235—236页。

此具有相当的可靠性和权威性，应该受到重视。但是，毛泽东在回忆二大时说："第二次党代表大会在上海召开，我本想参加，可是忘记了开会的地点，又找不到任何同志，结果没有能出席。"[①]《中共历次大会代表和党员数量增加及其成分比例表》的二大代表名单中却把他列入进去，可能是因为毛泽东的这种威望，使六大代表觉得他最应该参加二大，因此这份文献才会将毛泽东的名字收入名单。正因为如此，中共中央党史研究室2002年编著的《中国共产党历史》第一卷上册也基本上沿用了这个名单，书中记载，参加中共二大的有中央局的代表陈独秀、张国焘、李达，上海代表杨明斋、北京代表罗章龙、山东代表王尽美、湖北代表许白昊、湖南代表蔡和森、广州（广东）代表谭平山、劳动组合书记部代表李震瀛、社会主义青年团代表施存统等12人[②]，尚有一人无法确定。

二、十一届三中全会以来对二大的研究

对于中共二大经过的记述和梳理，始于20世纪20年代中共早期领导人的文章之中，对其系统研究是在新中国成立以后。十一届三中全会后，研究者在挖掘整理原始资料的基础上发表一些论著，提出许多新观点，中共二大史研究进入一个新的时期。进入21世纪后，以中共二大80周年、85周年、90周年、95周年纪念活动为契机，中共二大史研究取得了令人瞩目的新成就。

20世纪八九十年代，党史学界对中共二大的研究出现了一个小高潮。这段时期，大量史料得以重新整理出版。最具代表性的著作有：中国社会科学院现代史研究室编的《"一大"前后 中国共产党第一次代表大会前后的资料选编（二）》（人民出版社，1980年）、中共中央书记处编的《六大以前》（人民出版社，1980年）、中国社会科学院现代史研究室组织编的《马林在中国的有关资料》（人民出版社，1980年）、中共中央党校党史研

① ［美］埃德加·斯诺：《西行漫记》，东方出版社2010年版，第150页。

② 中共中央党史研究室：《中国共产党历史》第一卷（1921—1949），中共党史出版社2011年版，第79页。

究室的《中国共产党史稿》(人民出版社，1981年)、中央档案馆的《中国共产党第二次至第六次全国代表大会文件汇编》(人民出版社，1981年)、中央档案馆编的《中共中央文件选集》第1册(中共中央党校出版社，1982年)、中国社会科学院近代史研究所编的《"二大"和"三大"中国共产党第二、三次代表大会资料选编》(中国社会科学出版社，1985年)等。随着档案资料的不断开放，学者们在俄、美、日等国继续发掘大量与中共二大有关的珍贵资料[①]。此外，一些中共创始人或早期中共党员撰写的回忆录及其访谈资料，也受到学界重视[②]，为推进中共二大史研究提供了丰富的史料来源。

进入21世纪以来，中共二大的研究取得了新的进展。第一，一批高水平论著得以发表和出版。具有代表性的著作有：中共中央党史研究室著的《中国共产党历史》第一卷(1921—1949)上册(2002)、上海三联书店出版的《上海革命史资料与研究》(第2辑)(2002)、上海古籍出版社的《上海革命史资料与研究》(第7辑)(2007)、中共党史出版社出版的《中国共产党第二次全国代表大会》(2006)和《中国共产党第二次全国代表大会档案文献选编》(2014)。此外，还有沙健孙的《中国共产党史稿》(1921—1949)(第二卷)(2006)、李君如主编的《中国共产党历次全国代表大会研究》(2007年)、徐振岐主编的《革命纲领：中国共产党第二次全国代表大会》(2012年)、齐卫平等著的《中国共产党创建与上海》

---

① 如，[日]石川祯浩，袁广泉：《中共二大与中共党史研究史》，《上海革命史资料与研究》2005年第00期；[俄]C. A. 达林：《中国回忆录1921—1927》，中国社会科学出版社1981年版；[美]陈公博，韦慕庭：《共产主义运动在中国》，中国社会科学出版社1982年版，第49页；[俄]《共产国际有关中国革命的文献资料》第1辑，中国社会科学出版社1981年版；[俄]《共产国际、联共(布)与中国革命文献资料选辑》(1917—1925)第2卷，北京图书馆出版社1997年版；[俄]中国社会科学院现代史研究室编译：《维经斯基在中国的有关资料》，中国社会科学出版社1982年版；等等。

② 如，李达：《中国共产党的发起和第一次、第二次代表大会经过的回忆》，《"一大"前后 中国共产党第一次代表大会前后的资料选编》(二)，人民出版社1980年版；张国焘：《我的回忆》，东方出版社1998年版；陈独秀：《告全党同志书》，《陈独秀文集》第4卷，人民出版社2013年版；蔡和森：《中国共产党史的发展》，《"二大"和"三大" 中国共产党第二、三次代表大会资料选编》，中国社会科学出版社1985年版；[俄]米夫：《英勇奋斗十五年》，《"二大"和"三大"中国共产党第二、三次代表大会资料选编》，中国社会科学出版社1985年版；等等。

（2011）、邵维正主编的《日出东方——中国共产党创建纪实》（2011）、田子渝等著的《马克思主义在中国初期传播史（1918—1922）》（2012）、中共上海市委党史研究室与中共二大会址纪念馆合编的《腾蛟起凤——中共二大历史影像图录》（2013）、李蓉著的《中共二大轶事》（2015）等。据中国知网统计，以“中共二大”为主题的论文，从党的十一届三中全会至今，有关中共二大研究的成果就多达400余篇。

第二，文献资料的整理更为系统和完善。具有代表性的有：中共党史出版社出版的《中国共产党第二次全国代表大会》（2006）。该书由中共二大史料编纂委员会编辑，不仅收录了二大通过的文件和决议案、二大前后中共中央以及共产国际的有关文件，而且收录了共产国际和二大代表关于中共二大的回忆和评论。中共党史出版社出版的《中国共产党第二次全国代表大会档案文献选编》（2014），由中共中央党史研究室和中央档案馆合编，主要收录中共二大文件、中共二大相关文献、共产国际相关文献、中共二大有关回忆资料等。

第三，学术交流更为活跃。21世纪以来，每次逢纪念中共二大召开的“逢五”和“逢十”周年，学术界围绕中共二大研究中的重要议题都要召开一次大型学术讨论会。2002年，为纪念中共二大召开80周年，中共上海市委党史研究室举办理论研讨会，会议共收到论文46篇，其中24篇入会论文收录在会后出版的《上海革命史资料与研究》第2辑（上海三联书店，2002年）中；2007年，为纪念中共二大召开85周年，中共上海市委党史研究室举办理论研讨会。会议共收到论文30余篇，其中8篇入会论文收录在会后出版的《上海革命史资料与研究》第7辑（上海古籍出版社，2007年）中；2012年中共中央党史研究室、中共上海市委党史研究室等单位联合举办纪念中共二大召开90周年理论研讨会，入会论文77篇；2017年，由中共上海市委党史研究室和中共上海市静安区委员会联合主办，中共二大纪念馆承办的纪念中共二大召开95周年学术研讨会，经过专家评审和筛选，28篇论文进入会议讨论。这几次理论研讨会及会议论文比较集中地反映了21世纪以来有关中共二大的研究。本部分在以往综述的基础上，尝试对十一届三中全会以来学界对中共二大研究的代表性成果和观点进行梳理，并与之前观点作简要的比较和分析，以此纪念中共二大召开100周年。

（一）关于中共二大的历史背景研究

从历史发生学角度来看，一个重大历史事件发生的背后必然由特定的客观条件所决定。关于这些重大历史事件背后的内在联系，毛泽东曾于1942年在《如何研究中共党史》中精辟地指出："如何研究党史呢？根本的方法马、恩、列、斯已经讲过了，就是全面的历史的方法。我们研究中国共产党的历史，当然也要遵照这个方法。我今天提出的只是这个方法的一个方面，通俗地讲，我想把它叫作'古今中外法'，就是弄清楚所研究的问题发生的一定的时间和一定的空间，把问题当作一定历史条件下的历史过程去研究。"[①] 毛泽东这里所讲的"古今中外法"，就是党史研究的时空观，就是要站在一定的时间和空间角度来分析党史、研究党史、看待党史、认识党史[②]。

1. 共产国际与中共二大的关系研究

共产国际与中共二大的关系，一直以来受到学界重视和肯定。学界主流看法认为共产国际为中共二大的胜利召开提供指导，在思想上和理论上为中国共产党民主革命纲领的提出创造了良好条件。近年来，有学者对此作了进一步阐释，认为中共二大较之一大在理论认识上有了显著的提高，而这同中国共产党的领导人不断得到共产国际的具体帮助是分不开的[③]，以列宁为首的苏俄和共产国际基于世界无产阶级革命理论和国际形势提出的东方战略理论，积极推动和帮助中国共产党在中共二大制定出符合中国革命实际的民主革命纲领、作出"民主联合战线"政策、通

① 中共中央文献研究室编：《毛泽东文集》第2卷，人民出版社1993年版，第400页。

② 郭庆松：《用"古今中外法"学党史》，《学习时报》2021年4月26日。

③ 张静如：《党的新民主主义革命基本思想形成之史的考察》，《教学与研究》1980年第6期。

过“加入第三国际”的决定，对中国民主和民族革命产生了深远的影响[①]。列宁关于民族殖民地问题的理论借助远东会议在短时间内传播到中国国内，直接推动了中共二大提出切合实际的革命理论和革命策略，除了马克思主义思想武器和中共组织条件的成熟外，还与以陈独秀为代表的中共中央“欣然接受”了共产国际的意见是分不开的[②]。此外，还有学者强调早期共产党人在一大后对中国革命实际问题的实践探索推动了二大的理论进步，“一大会议后，党在积极领导工人运动、青年运动和妇女运动等革命斗争中加强了党与人民群众的联系，同时华盛顿会议促使西方列强操作各派军阀混战使人民群众苦不堪言，党在这些实际革命斗争中已开始逐步认识到中国革命的首要任务是反对帝国主义和封建军阀”[③]；同时，近来也有学者开始注重中共早期领导人的独立自主作用，提出二大的召开不是陈独秀为代表的中国共产党人积极贯彻共产国际重要指示精神的会议，而是试图摆脱共产国际命令的一次尝试，是抵制马林提出的中共加入国民党的主张[④]。以上论文实际强调，中共二大的召开不是偶然的，是由当时的主客观条件决定的，是在特定的世情、国情、党情的历史背景下召开的。

2. 中共二大与马克思主义中国化的关系研究

对于马克思主义中国化与中共二大召开之间的联系问题，学界多年来给予了较多的关注。中共二大提出民主革命纲领和政治决策，既有共产国际的理论输出和指导作用，也有早期领导人思想上的进步。在 2012 年纪念中共二大召开 90 周年之际，有多篇文章涉及这一主题。学者们认为，中国共产党在实践中探索中国国情和中国革命实际问题的同时，又接受了列宁

---

① 徐云根：《中共二大与共产国际关系辨析》，《上海党史与党建》2012 年第 7 期。

② 马建萍：《试析陈独秀思想与中共二大纲领之关系》，《上海革命史资料与研究》2002 年第 00 期。

③ 陆米强：《试述中共二大提出民主革命纲领的背景与意义》，《上海革命史资料与研究》2002 年第 00 期。

④ 朱洪：《中共二大：陈独秀应对马林和共产国际的一次紧急会议》，《党的文献》2012 年第 1 期。

关于民族和殖民地问题理论的指导，并开始了二者的结合。当前，学界主流观点认为中共二大对马克思主义中国化起到了非常重要的作用，但对二大是不是马克思主义中国化的初步成果，学界观点不一。有学者认为二大是马克思主义中国化的起点[①]，中国共产党人的一系列新思考和新认识不仅反映了当时中国共产党将马克思主义中国化的水平，而且也是中共二大继续推进马克思主义中国化的历史和逻辑起点[②]；二大通过的《宣言》和相关决议案，标志着我们党开始运用马克思主义的基本原理解决中国革命的实际问题，并取得了适合中国国情的重要理论成果，二大是马克思主义中国化的肇始[③]。有学者进一步从历史发生学角度分析了二大具备马克思主义中国化的条件，指出"中共二大具备早期马克思主义中国化理论传播、中共创立、实践活动、具有中国特色的理论形态四项条件，因此成为早期马克思主义中国化的历史起点"[④]；还有研究认为二大是马克思主义中国化的重要成果。如《中国共产党历史》第一卷（1921—1949）上册认为这是中国共产党人对中国国情和中国革命问题认识的一次深化，是党把马克思主义基本原理同中国革命实际相结合的一个重要成果[⑤]，中共二大之所以能制定"两步走"战略，是因为早期共产党人对中国特殊社会性质的正确定位，这标志着党在马克思列宁主义与中国革命相结合的道路上发生了质的飞跃[⑥]。关于二大与马克思主义中国化的关系研究，并不能仅仅根据二大是党的创建任务完成的界碑，具有使党定型的意义[⑦]，就轻易得出二大是马克思主

① 任伟、王云飞：《纪念中共二大召开九十周年学术研讨会综述》，《中共党史研究》2012年第9期。

② 王先俊：《中共二大与马克思主义中国化》，《北京航空航天大学学报（社会科学版）》2013年第1期。

③ 汤兆云：《中共二大：马克思主义中国化的肇始》，《党的文献》2013年第2期。

④ 徐方平、曾银慧：《中共二大：早期马克思主义中国化的历史起点》，《湖北大学学报（哲学社会科学版）》2014年第2期。

⑤ 中共中央党史研究室：《中国共产党历史》第一卷（1921—1949）上册，中共党史出版社2011年版，第80页。

⑥ 田子渝等：《1921—1922年：中国共产党人对中国社会、革命认识的飞跃》，《湖北大学学报（哲学社会科学版）》2012年第4期。

⑦ 曾景忠：《中共"二大"是党的创建任务完成的界碑》，《中国延安干部学院学报》2013年，第71页。

义中国化的起点，但是也不能忽视二大在马克思主义中国化进程中的历史地位。关于两者的关系，还需要学界继续通过新的史料进行研究、阐释和论证。

（二）关于中共二大的历史地位研究

二大历史地位问题研究一直是学界比较关注的问题之一。当前学界倾向于认为，中共二大是中共一大的延续，与中共一大共同完成了党的创建任务，在党的创建过程中起着重要的作用，是党的历史上具有划时代意义的一个重要里程碑①。有学者概括了二大在党史上的“六个第一”：第一次鲜明地制定了党的最高纲领与最低纲领；第一次完整地制定了党的章程；第一次通过了建立民主的联合战线的决议；第一次对中国社会政治经济状况作了详细分析；第一次比较完整地提出了对工会、青年、妇女运动的要求；第一次提出和通过了加入共产国际的决定②。正是这些“第一”，鲜明地反映了党从一大到二大在革命指导思想上的重大转变，凸显了幼年时期的党已经具备了理论创新的品格和能力③。此外，还有学者将二大的历史地位与一大联系起来考察，认为其进一步解决和完成了党在建立之初面临的一些紧迫任务，它所取得的成就不仅对指导当时的革命斗争，而且对后来整个民主革命的进程和中国共产党建设都产生了重大影响④。同时，与一大相比，中共二大在战略策略上取得重大突破，它不仅为中国革命指明了正确方向，找到了实现政治纲领的途径，而且使党的思想建设和组织建设前进了一大步。以此来看，二大在更完整意义上完成了党的创建任务⑤，而且

---

① 任伟、王云飞：《纪念中共二大召开九十周年学术研讨会综述》，《中共党史研究》2012年第9期。

② 任武雄：《党的二大——第一次从国情出发制定伟大的革命纲领》，《上海党史与党建》2002年7月号。

③ 张云：《论中共二大党的指导思想的创新》，《文汇报》2012年7月16日。

④ 李忠杰：《从党的奋斗历程中汲取智慧和力量——纪念中共二大召开90周年》，《光明日报》2012年7月16日。

⑤ 肖甡：《论中共二大的重大成就及其历史地位》，《湖北大学学报（哲学社会科学版）》2012年第4期。

二大提出党在民主革命时期的政治纲领，通过确立党中央权威强化党的集中统一领导，针对党内存在的突出问题严明党的政治纪律，中共二大对党的政治建设的历史贡献为中国共产党的百年发展厚植了政治根基[①]。以上学者们的观点从思想、组织、政治建设和革命实践四个方面肯定了二大的历史地位。

（三）关于中共二大会议内容的研究

中共二大会议通过的民主革命纲领、民主联合战线、党的建设、党的群众工作等决议案是这次会议的主要内容，这些内容是中共党史、中国近现代政治思想史研究的重要课题，相关研究起步较早。改革开放后，研究的深度和广度都呈现前所未有的变化。21 世纪以来，一批高水平的专著陆续出现，学者们围绕二大会议内容研究提出了许多新的见解。

1. 关于中共二大纲领研究

对于中共二大制定的民主革命纲领问题的研究，改革开放以来越来越多的学者保持了较高的关注，也得到了学界普遍较高的评价。代表性的观点有如下几个方面：第一，民主革命纲领的诞生对中国革命的巨大战略意义。从一大确立直接搞社会主义革命，到二大确定首先进行民主革命然后进行社会主义革命，这是党的战略方针的重大转变[②]，二大的民主革命纲领规定了反帝反封建的民主革命的具体奋斗目标，表明党在中国革命的最根本问题上，开始把马克思主义的普遍真理与中国革命的具体实践结合起来[③]，它不同于原来意义上的旧民主主义革命，是在中国革命史上第一个彻底反帝反封建的革命纲领，为中国的新民主主义革命指明了方向[④]，为党继

---

① 黄伟力:《中共二大对党的政治建设的历史贡献》,《上海交通大学学报（哲学社会科学版）》2021 年第 1 期。

② 中共中央党史研究室:《中国共产党历史》第一卷（1921—1949）上册，中共党史出版社 2011 年版，第 80 页。

③ 张静如:《党的新民主主义革命基本思想形成之史的考察》,《教学与研究》1980 年第 6 期。

④ 姜华宣:《党的民主革命纲领的提出和国共合作策略确立的几个问题》,《近代史研究》1985 年第 2 期。

续深入探索中国革命道路奠定了基础[①]。但也有学者认为，二大未能理解新民主主义革命的历史特点，所制定的民主革命纲领虽是真正的民主革命纲领，但还不是完全成熟的、彻底的民主革命纲领[②]。第二，民主革命纲领的提出对于中国革命的理论价值。一些学者对此观点不一。有学者认为二大全面、系统地提出了党的民主革命政治纲领，从而使最低纲领形成了初步理论体系[③]。而有学者却认为，中共二大还无法“阐明”新民主主义革命的一系列基本问题，其内容不可能全面系统，也不可能形成中国民主革命政治纲领的初步理论体系[④]。第三，民主革命纲领的制定与共产国际的帮助。学界普遍认为，民主革命纲领的制定得到了共产国际的理论指导。有学者认为，中共二大较之一大，在理论认识上有了显著的提高，而这同中国共产党的领导人不断得到共产国际的具体帮助是分不开的[⑤]。有学者进一步考察了共产国际在中国共产党制定民主革命纲领过程中发挥作用的因素，认为中国共产党人对中国社会和中国革命性质的认识逐渐深化、列宁关于民族和殖民地问题的思想已经开始传入中国以及中国共产党人参加了远东劳动人民代表大会并带回了大会精神是全面妥当认识共产国际作用的三个重要方面[⑥]。有的学者通过考察民族殖民地理论传入中国的时间，认为在此次大会前直至1921年初，该理论就已经传入中国，中共依据该理论结合中国革命实际已经作了初步探索[⑦]。还有学者通过校勘《中国共产党宣言》，认

---

① 陆米强：《试述中共二大提出民主革命纲领的背景与意义》，《上海革命史资料与研究》第2辑，上海三联书店2002年版，第154页。

② 陈章干：《对评价我党“二大”的民主革命纲领的一点看法》，《厦门大学学报（哲学社会科学版）》1984年第2期。

③ 马连儒：《究竟应该如何评价党的二大——与丁卫平商榷》，《中共党史研究》2007年第4期。

④ 丁卫平：《关于新民主主义革命最低纲领若干问题的探讨——兼与马连儒先生商榷》，《中共党史研究》2005年第3期。

⑤ 张静如：《党的新民主主义革命基本思想形成之史的考察》，《教学与研究》1980年第6期。

⑥ 杨若云：《1921—1927年共产国际和中国革命关系的若干研究课题》，《教学与研究》1985年第3期。

⑦ 田子渝、杨荣：《列宁民族殖民地问题的理论传入我国的时间与最初影响》，《江汉论坛》2010年第8期。

为中共二大通过并发布的宣言，提出的民主革命纲领，不仅向世人昭示了中国共产党的政治主张，而且置于党的创建史的经纬度更具有标志意义[①]。以上观点说明，二大提出的民主革命纲领在中国革命史中产生了巨大影响，同时也在一定程度上反映出共产国际与中国共产党在理论政策上的互动关系。

2. 关于“民主的联合战线”研究

中共二大提出的民主联合战线策略，受到学界较高关注且高度评价，而且在进入新世纪以后研究热度不减。代表性的观点主要有几个方面：第一，民主联合战线策略的历史地位。有学者提出“民主的联合战线”方针的提出是中共二大重大历史功绩之一[②]，为党的杭州会议[③]和三大作了思想上和理论上的准备，在建立国共合作的大道上迈出了一大步[④]，是中国共产党对民主革命的重大贡献，它是党的统一战线的雏形[⑤]，改变了党的一大文件中关于不同其他党派建立任何联系的规定，这是党最早关于统一战线的思想和主张，对推动中国革命的发展有着重大意义[⑥]。第二，民主联合战线政策的形成与转变。当前学界普遍认同二大制定的民主联合战线方针是在共产国际的帮助和指导下完成的[⑦]。对于民主联合战线方针在后期执行过程中的转变，有学者认为二大通过的关于民主联合战线的决议精神，是不符合

---

① 吴海勇：《〈中国共产党宣言〉校勘记》，《图书馆杂志》2019 年第 7 期。

② 肖甡、姜华宣：《第一次国共合作统一战线的形成》，《历史研究》1981 年第 2 期。

③ 即西湖会议，编者注。

④ 黄修荣：《共产国际和第一次国共合作的形成》，《江汉论坛》1983 年第 1 期。

⑤ 邵雍：《中共二大“民主的联合战线”的由来》，《上海师范大学学报（哲学社会科学版）》2011 年第 4 期。

⑥ 中共中央党史研究室：《中国共产党历史》第一卷（1921—1949）上册，中共党史出版社 2011 年版，第 81 页。

⑦ 代表性成果有：肖甡、姜华宣：《第一次国共合作统一战线的形成》，《历史研究》1981 年第 2 期；邵雍：《中共二大“民主的联合战线”的由来》，《上海师范大学学报（哲学社会科学版）》2011 年第 4 期；邵雍：《“民主的联合战线”的提出》，《文汇报》2012 年 7 月 16 日；邵雍：《“民主的联合战线”的提出与转变》，《江西师范大学学报（哲学社会科学版）》2013 年第 1 期；黄修荣：《共产国际和第一次国共合作的形成》，《江汉论坛》1983 年第 1 期；杨爱珍、徐奋：《中共二大与“民主的联合战线”》，《上海市社会主义学院学报》2012 年第 3 期；等等。

共产国际的指示精神的[①]，孙中山领导的国民党并不同意中国共产党打算同国民党建立的这种“党外合作”形式的联合战线，因而国共两党平行合作的联合战线在实际上难以实现[②]，同时西湖会议上马林将自己的意见说成是共产国际的决定，中共作为共产国际的一个支部只得接受，让二大提出的“民主联合战线”政策有了重大的转变，在具体实行中迫不得已改为难度很高的党内合作形式，同时给年轻的中国共产党带来极大的机遇与风险[③]。以上观点表明，二大提出的统一战线理论显示出党在把握历史主动，探索革命规律方面的巨大进步，但这种思想上的突破还需要与革命实践具体结合才能发挥指导意义。

3. 关于党的建设研究

中共二大有关党的建设理论包含在大会通过的《关于共产党的组织章程决议案》《关于“工会运动与共产党”的议决案》和《关于议会行动的决案》等文献中。代表性的观点有：第一，二大党章诞生的历史地位。二大讨论通过的《中国共产党章程》，包含着比较具体和完善的内容，是我们党历史上第一个正式党章[④]，它的产生标志着党的创立工作的圆满完成[⑤⑥]，并明确以党法的规范形式力求确保我们党的先进性和纯洁性[⑦]，从二大党章开始，我们党就已经开始注意到借鉴其他国家共产党和共产国际的经验和中国革命的具体实际相结合的问题，党章在整体结构、具体条文以及用语方面，都有自己的某些特色[⑧]。但是，也有学者认为二大党章移植了苏共党章中的很多内容，虽然促进了中共的高度组织化，却给党内民主的正常发

① 肖甡、姜华宣:《第一次国共合作统一战线的形成》,《历史研究》1981 年第 2 期。

② 黄修荣:《共产国际和第一次国共合作的形成》,《江汉论坛》1983 年第 1 期。

③ 邵雍:《“民主的联合战线”的提出与转变》,《江西师范大学学报（哲学社会科学版）》2013 第 1 期。

④ 中共中央党史研究室:《中国共产党历史》第一卷（1921—1949）上册，中共党史出版社 2011 年版，第 81 页。

⑤ 范平、姚桓:《中国共产党历届党章简介（上）》,《党校教学》1985 年第 1 期。

⑥ 张晓燕:《中国共产党历次党章修改的启示》,《中共中央党校学报》2001 年第 1 期。

⑦ 叶笃初:《论中国共产党先进性的党法保障——纪念〈中国共产党章程〉问世八十周年兼为迎接党的十六大而作》,《江汉论坛》2002 年第 9 期。

⑧ 张晓燕:《中国共产党历次党章修改的启示》,《中共中央党校学报》2001 年第 2 期。

育带来了消极影响[①]。第二，民主集中制是党的组织原则。当前学界对二大提出“民主集中制”这一概念观点不一。有学者认为，二大通过的《中国共产党加入第三国际决议案》表明我们党在建党初期实际上或间接地承认共产国际规定的民主集中制原则[②③]，与中共一大所通过的党纲相比，它明确地阐释了党的民主集中制原则[④]。还有学者认为民主集中制原则并不能确定是在二大上提出的，认为即使依据该说法，也不能肯定二大的组织制度就是民主集中制，因为“确认”不等于采用，“基本思想”更不等于实际制度[④]。第三，把党建设成为“群众党”。有学者认为，二大提出“群众党”的党建目标体现了政党的阶级性、群众性与包容性的高度统一[⑤]，认识到人民群众是革命运动中的最大要素，为党的群众路线、基层组织建设和党员教育工作奠定了基础[⑥]，中共二大第一次在党的历史上提出了党应该是一个“大的群众党”的重要观点，关于党和群众关系、群众工作的论述，翻开了党史上新的一页[⑦]，“两个重要原则”在纠正党内错误思想、实现党的群众观转变、实现党建理论突破等方面具有重要意义[⑧]。第四，有学者还探讨了其他党建问题，如二大关于“群众党”理论对工人、青年、和妇女运动的贡献；二大关于党内民主的开拓性认识与实践，对处于成长初期的党组织增强自身力量和领导革命斗争起到巨大作用，也为之后党的

① 何益忠：《论二大至“六大”期间中共对苏共党章的“移植”》，《海南大学学报（人文社会科学版）》2011 年第 2 期。

② 王贵秀：《民主集中制的由来与含义新探》，《理论前沿》2002 年第 8 期。

③ 何益忠：《中共创建时期“民主集中制”考》，《党的文献》2012 年第 1 期。

④ 管怀伦：《集中制是中共“二大”、“三大”、“四大”的组织制度》，《江苏社会科学》2009 年第 5 期。

⑤ 朱翊：《“群众党”的当代意蕴——从党的二大“要组成一个大的群众党”说开去》，《上海党史与党建》2012 年第 9 期。

⑥ 乐基伟、朱翊：《党的一切运动都必须深入到广大群众中去”——中共二大对党组织建设的探索及启示》，《上海革命史资料与研究》2007 年第 00 期。

⑦ 李蓉、叶成林：《中共二大与党的群众工作》，《中国井冈山干部学院学报》2013 年第 3 期。

⑧ 中共一大会址纪念馆编：《中国共产党创建史研究》，上海人民出版社 2012 年版，第 647—652 页。

建设尤其是党内民主建设留下宝贵经验和启示[①]；二大尚未认识设立中央机关部门的必要性，二大后全党地方组织有限，对党务工作不太熟悉[②]；等等。

4. 关于群众工作的研究

中共二大在党的历史上第一次通过了有关工人运动、青年运动、妇女运动的决议案，正好展示了还处于幼年阶段的中国共产党的开阔视野，特别是如何开展党的群众工作的广阔思路[③]。代表性观点有：第一，关于工人运动。《关于“工会运动与共产党”的议决案》对于工人运动奋斗目标和策略方针的明确规定，为第一次工人运动的迅猛发展，提供了理论上、思想政治上的可靠保证[④]，二大的召开及劳动立法运动的开展，把已兴起的工人运动进一步引向深入[⑤]，是马克思主义与中国工人运动相结合水平进一步提高的表现之一[⑥]。第二，关于青年运动。二大通过的《关于少年运动问题的决议案》对青年团的特殊性的可贵探索，明确了革命青年运动是中国革命运动的组成，将共产党的最高纲领作为青年团的最高纲领，推动了中国“社会主义青年团”被“共产主义青年团”替代[⑦]，首次对党团关系进行了明确规定，中国社会主义青年团则应当约束他与中国共产党协定之下，为三大后党团关系定型奠定了基础[⑧]。第三，关于妇女运动工作。妇女运动是无产阶级革命运动的重要组成部分，尤其被学界关注。主要观点有：一是妇女运动决议案的历史地位。有学者认为，该决议是中国历史上首次以政

---

① 蔡文华：《中共二大与党内民主发展的探索》，《上海党史与党建》2012 年第 5 期。

② 王健英：《中共二大及其后的中央机关》，《上海党史与党建》2003 年第 4 期。

③ 李蓉、叶成林：《中共二大与党的群众工作》，《中国井冈山干部学院学报》2013 年第 3 期。

④ 夏燕月：《党的二大与中国工人运动第一次高潮》，《上海革命史资料与研究》2012 年第 00 期。

⑤ 董令仪：《从工人运动到国民革命——论党的工作中心的第一次转变》，《山东师大学报（社会科学版）》1988 年第 3 期。

⑥ 熊杏林：《中国共产党创建时期马克思主义与中国工人运动相结合的道路》，《湘潭大学学报（社会科学版）》1993 年第 2 期。

⑦ 张国新：《对中国共产主义青年团名称变更的思考》，《毛泽东思想研究》2003 年第 1 期。

⑧ 胡献忠：《从早期青年团的创建及活动看党团关系的雏形》，《上海革命史资料与研究》2011 年第 00 期。

党名义提出的妇女运动决议案，它所制定的目标、途径、组织方式等内容，反映出党在民主革命阶段指导妇女运动的总体思想①，是中国妇女运动的伟大转折点，标志着马克思主义妇女观主流地位在中国的确立②。二是妇女运动决议案文本的深度阐释。与一些研究者注重对决议的背景、内容、特点、意义的梳理和阐述相比，有学者侧重对决议文本的深度解读，认为，在阶级视域下，决议将中国妇女分为三个群体（无产阶级的妇女、半无产阶级的妇女、全中国所有的妇女），其中无产阶级妇女是二大妇女运动决议的核心概念③，决议针对中国半殖民地半封建化过程中妇女生存状况的变化，运用马克思主义的唯物史观、阶级斗争学说等阐释妇女解放和妇女运动，开启了马克思主义妇女理论中国化的重要时期，初步构建了中国化马克思主义妇女理论的框架④。中共二大在党的历史上第一次通过了有关工人运动、青年运动、妇女运动的决议案表明，中国共产党开始运用群众观点对党的群众工作进行初步的实践分析和理论阐述。

（四）关于中共二大代表名单的研究

关于与二大代表名单有关的原始文献迄今并不多见，这也决定了确定参会代表人数及名单已成党史界难题，其中最权威的版本是《中国共产党历史》第一卷（1921—1949）提出二大代表“12 人说”，他们是杨明斋、罗章龙、王尽美、许白昊、蔡和森、谭平山、陈独秀、张国焘、李达、李震瀛、施存统（其中一人姓名不详）⑤。这份名单的确立依据主要有二：（1）英译文的出席共产国际四大的中共代表团向共产国际提交的《关于我

---

① 顾秀莲：《20 世纪中国妇女运动史》，中国妇女出版社 2008 年版，第 195—196 页。

② 陈文联：《冲决男权传统的罗网——五四时期妇女解放思潮研究》，中南大学出版社 2003 年版，第 126 页。

③ 韩贺南：《阶级、性别与民族关系交融的多重身份——中国共产党第二次全国代表大会对妇女的阶级分析》，《华南师范大学学报（社会科学版）》2009 年第 6 期。

④ 韩贺南：《阶级与性别的“联盟”——中共首部妇女运动决议及相关文献研究》，《党的文献》2011 年第 1 期。

⑤ 中共中央党史研究室：《中国共产党历史》第一卷（1921—1949）上册，中共党史出版社 2011 年版，第 79 页。

们党的组织问题（补充报告）》（1922 年 12 月 9 日）；（2）中共六大期间，六大代表通过回顾一大至五大情况，整理出一大至五大代表情况的《中共历次大会代表和党员数量增加及其成分比例表》[①]。但是，近年来对该名单的质疑声一直不断，其中既有对“第 12 人”是谁的考证，也有对其他代表身份的疑问，目前有“7 人说”[②]“9 人说”[③]“13 人说”[④]等。面对疑惑，有学者认为，六大形成的《中共历次大会代表和党员数量增加及其成分比例表》的二大代表名单，毕竟是集体回忆的结果，而且是迄今为止所能找到的时间最接近于二大的原始文献资料，因此具有相当的可靠性和权威性[⑤]，还有学者进一步指出，当时会议观念不像今天这般有组织的程式化，也没有专门严格的代表资格审查之类的要求，更谈不上有任何规格上的考虑。所以参加二大的代表除上述 11 人外，张太雷、陈望道、高君宇、项英、邓恩铭、邓中夏、向警予 7 人完全有可能参加了二大的一次或几次全体会议或小组会议[⑥]。

三、研究展望

进入 21 世纪以后，随着史料的重新挖掘、学科的交叉和实践的深化，关于中共二大研究视角不断多元，研究内容逐步细化，研究方法有所创新。当然，在肯定成绩的同时也应看到，党史界对二大研究同样存在着不足，有些问题和领域有待继续探讨和深化。主要内容有三个部分：

第一，关于二大历史地位的研究。与一大相比，二大虽然没有那么多“开天辟地”的划时代意义，但二大的历史地位同样不应被低估[⑦]。这不仅表

① 李蓉：《中共二大轶事》，人民出版社 2015 年版，第 89—90 页。

② ［日］石川祯浩：《关于中国共产党第二次代表大会——历史上是如何记述的》，《中共党史资料》2006 年第 1 期。

③ 张国焘：《我的回忆》（上），东方出版社 2004 年版，第 214 页。

④ 李黎明、金铁锋：《出席中共二大的代表为 13 名》，《上海革命史资料与研究》第 8 辑，2008 年，第 312—336 页。

⑤ 周霜梅、刘明钢：《关于中共二大代表的考辨》，《光明日报》2012 年 7 月 19 日；周霜梅、刘明钢：《中共二大代表“尚有一人无法确定”之谜》，《北京日报》2013 年 3 月 11 日。

⑥ 王志明：《中共二大代表考证》，《中共党史研究》2011 年第 9 期。

⑦ 姚宏志：《新世纪以来中共二大研究述评》，《中共党史研究》2014 年第 7 期。

现在时间上，两次大会前后相隔不到一年，而且在内容上，二大所讨论的内容是一大未完成的任务和发展。它所制定的革命纲领是中国共产党创建过程中不可或缺的组成部分，而且它在统一战线、群众运动、党的建设等方面所开辟的许多新领域以及由此引出的其他命题，成为中国共产党诸多思想理论、路线原则、方针政策，直至在科学概念的梳理和研究过程中都无法绕开的重大问题。不可否认，21 世纪以来党史界在这方面取得了一些研究成果，但挖掘得还远远不够，需要深化和探讨的空间还很大。

第二，关于二大与马克思主义中国化的研究。改革开放以来，学者对一大的研究更多地从政治组织、理论传播、革命人物实践等视角阐释一大召开的历史必然和中国共产党诞生的历史意义。但是，二大所取得的历史成就一方面是承接一大的历史成果，另一方面是会议形成的历史决议对后期党的革命实践所产生的巨大影响，这些都是不能不被重视的。不可否认，当前研究成果充分体现了二大时早期中国共产党人在革命实践基础上把马克思主义基本原理与中国革命实践初步结合的伟大尝试。然而，二大与马克思主义中国化历史之间的关系并没有得到清晰而明确的阐释，即二大是不是中国共产党第一次将马克思主义基本原理与中国革命具体实践相结合的第一次伟大成果。对于这一点，党史界的观点还没有完全统一，需要进一步的深化。

第三，关于二大通过的群众工作决议案的研究。中共二大通过了 11 份文件，其中包括 9 份决议案、1 部宣言、1 部党章。而在这些决议案中，包括中国共产党群众工作的重要组成部分：工人运动、青年运动、妇女运动等相关决议案。可以说，现有的研究成果已经说明，这些涉及群众运动的文件，都贯彻和体现了中国共产党的群众观点。党的一切运动，无论是工人运动还是青年运动、妇女运动，都是党“深入到广大的群众里面去”的具体途径。但是，既然二大已经认识到群众工作的重要性，为什么没有制定关于农民运动的决议案？如何解读这种看似矛盾的现象？如何诠释二大对后来工人运动、青年运动和妇女运动的理论指导作用？对于这些问题的理解和回答，显然需要研究者具备更深的层次和更宽广的视野。

地和势力范围，美、英、日、法、意、比、葡、荷和中国北洋政府代表团在华盛顿召开会议，史称华盛顿会议，亦称太平洋会议。

11月15日　中国劳动组合书记部发表退出上海各工界联席会议宣言。

11月　中共中央局发出《中国共产党中央局通告——关于建立与发展党、团、工会组织及宣传工作等》。

11月　中共上海地方委员会成立，陈望道为第一任书记。

11月　张太雷受中国共产党和少共国际的委托，重新组建社会主义青年团。

12月10日　马林由张太雷陪同，离沪赴桂林与孙中山会晤，商谈国共两党建立联合战线问题。

12月　中国共产党筹办平民女校。1922年2月开学，校址在南成都路辅德里632号A。

1922年

1月8日　中国劳动组合书记部等10余个工团，联合发起召开上海工界外交大会，表示“对华府会议决定誓死不予承认的决心”。同时，通电全国各省。

1月12日　香港海员工人举行罢工，后发展为香港工人同盟总罢工。在中国共产党的领导下，全国各地工人积极支援香港海员的罢工斗争，罢工取得胜利。

1月13日　中国劳动组合书记部在上海联合均安水手公所、焱盈社等团体，组成香港海员罢工后援会。

1月15日　上海马克思学说研究会、社会主义青年团等团体发起召开“德社会学者纪念会”，纪念李卜克内西、卢森堡被害三周年。

同日　中国社会主义青年团机关刊物《先驱》在北京创刊，1923年8月15日出版第25期后停刊。

1月21日—2月2日　共产国际在莫斯科召开远东各国共产党和民族革命团体第一次代表大会。中共代表张国焘、国民党代表张秋白以及工、农、学生、妇女等革命团体的代表共39人出席大会。

1月28日　上海党组织发动党团员发放印有宣传共产主义的贺年贴、传单等。

2月1日　中国劳动组合书记部为湖南劳工领袖黄爱、庞人铨惨遭杀害，致电孙中山，要求伸张正义，惩办军阀赵恒惕。

2月11日　上海三新纱厂、日商上海第二纱厂分别举行罢工。

2月17日　湖南劳工会创办的《劳工周刊》在上海复刊，出版《黄爱、庞人铨被害纪念号特刊》。

2月　上海社会主义青年团创立的马克思学说研究社成立并发表宣言。

3月1日　创造社机关刊物《创造》季刊在上海创刊，1928年12月停刊。

3月5日　《妇女声》杂志出“平民女校特刊号”。

3月6日　谭平山致信施存统，建议中国社会主义青年团第一次全国代表大会在广州召开。

3月15日　社会主义青年团在上海组织“非基督教学生同盟”（5月21日正式成立）。

3月19日　在中国劳动组合书记部的指导和帮助下，浦东日华纱厂工人召开上海纺织工会浦东分会成立大会。

3月26日　上海举行黄爱、庞人铨追悼会。李启汉主持会议，陈独秀等作演说。

3月下旬　上海船员在香港海员罢工的影响下举行罢工。在海员工会总会和中国劳动组合书记部的指导下，资方被迫履行协议。

3月　少共国际代表达林抵达上海。在沪期间，达林会见陈独秀、张太雷、刘仁静等，讨论即将召开的社会主义青年团第一次全国代表大会的议程和大会的组织事项。

3月　马林会见孙中山后回到上海，向中共中央提出中国共产党党员和社会主义青年团团员加入国民党，到国民党中去进行政治活动的建议。

4月6日　陈独秀致信共产国际远东局东方部部长维经斯基。表示反对马林提出的关于“中国共产党及社会主义青年团均加入国民党”的提议，陈述了六条理由，要求维经斯基转达共产国际。

4月10日　中国劳动组合书记部通告：5月1日在广州召开第一次全国劳动大会，纪念五一劳动节，联络劳动界感情，讨论改良工人生活及各代表的提案。

4月16日　浦东日华纱厂工人为要求增加工资罢工。中国劳动组合书记部组织浦东纺织工人经济后援会支援罢工斗争。5月20日，工人再次举行罢工。中国劳动组合书记部发动工人、学生、妇女各界予以援助。

4月23日　陈独秀、陈望道在吴淞中国公学演讲，陈独秀讲题为《马克思学说》。

4月24日　上海市邮务总局更改邮务人员储蓄金与保证金办法激起全体邮差罢工。这是上海发生的第一次政府雇员罢工，中国劳动组合书记部参与并指导了这次罢工。

4月25日　《东方杂志》第19卷第8期转载蔡元培、李大钊、陶行知、胡适等16人发表的《我们的政治主张》。文章认为中国政治的最低要求是“建立一个好政府”。

4月26日　少共国际代表达林在张太雷的陪同下从上海到达广州，同孙中山多次会谈国共合作问题。

4月27日—30日　根据少共国际代表达林的建议，中共中央在广州召开会议，陈独秀、张国焘及各地党组织负责人出席。会议讨论了党在第一次全国劳动代表大会和中国社会主义青年团第一次代表大会中应该遵循的路线，以及国共合作的问题。

4月28日　中国劳动组合书记部董锄平与工界各团体代表召开五一纪念筹备会。

4月29日　第一次直奉战争爆发。5月20日，奉军败退关外，直系军阀控制北京政权。

5月1日　中国劳动组合书记部等团体在北四川路怀恩堂举行纪念五一大会。董锄平、张秋人等发表演讲。会后举行游行。

5月1日—6日　根据中共中央的决定，由中国劳动组合书记部发起，在广州举行第一次全国劳动大会。到会代表173人，代表着12个城市，110多个工会，34万有组织的工人。

5月5日　由中共中央发起组织，上海学界举行马克思诞生104周年纪念会，会后散发中国劳动组合书记部编印的《马克思纪念册》。

5月5日—10日　中国社会主义青年团第一次代表大会在广州举行。到会代表25人，代表全国15个地区团组织的5000多名团员。大会宣告青年团的正式成立，选举高君宇、施存统、张太雷、蔡和森、俞秀松为青年团中央执行委员会委员，施存统为团中央书记。

5月20日　共产国际执委会远东部在华工作全权代表利金致信远东部。报告上海之行和各地的“共产主义小组活动的情况”。

5月　中共中央召开会议讨论时局及月前蔡元培等北京名流联名发表政治主张宣扬“好人政府”问题。会议决定不必顾虑到与蔡元培、胡适等好人政府派的原有友谊，即应公开我们的主张。会议推选陈独秀起草宣言。

6月1日　工部局以“唆使邮差罢工，发表激烈文告”等罪名逮捕李启汉。同日，《劳动周刊》被工部局查封，9日被勒令停刊。

6月8日　《申报》刊载商务印书馆出版新时代丛书《马克斯学说概要》（日本高岛素之著，施存统翻译）的广告。同时刊载《马克斯主义与达尔文主义》《社会主义与进化论》等书的广告。

6月15日　中共中央首次公开发表政治声明《中国共产党对于时局的主张》。主张和国民党等民主党派、革命团体建立民主主义联合战线，共同反对帝国主义列强和封建军阀的双重压迫。

6月16日　陈炯明[①]部炮轰广州总统府，孙中山避驻永丰舰。

① 陈炯明：粤系军阀。

6 月 30 日　陈独秀致信共产国际，报告中国共产党的“现在状况”和“将来计划”。信中从党务、政治宣传、劳动运动三个方面报告了中共一大召开以来一年的工作。同时，从上述三个方面提出了将来工作的打算。

7 月 16 日—23 日　中国共产党第二次全国代表大会在上海召开。大会的第一次全体会议在南成都路辅德里 625 号举行。出席大会的代表有陈独秀、张国焘、李达、杨明斋、罗章龙、王尽美、许白昊、蔡和森、谭平山、李震瀛、施存统等 12 人（有一人姓名不详），代表着 195 名党员。大会发表了《中国共产党宣言》，制定了党的最低纲领和最高纲领。大会选举陈独秀、张国焘、蔡和森、高君宇、邓中夏为中央执行委员，陈独秀被推选为委员长，张国焘、蔡和森分别负责党的组织工作和宣传工作。

7 月 18 日　公共租界会审公廨查封中国劳动组合书记部。此后，中国劳动组合书记部迁往北京，上海设立分部，袁达时任主任。

同日　共产国际执委主席团正式决定在中国实行马林关于国共合作的建议，并指示中国共产党：中共中央委员会在接到本通知后，必须立即由上海迁往广州，所有的工作必须在和马林紧密联系下进行。

7 月　孙中山因陈炯明叛乱，离开广州到达上海。中国共产党为了建立民主联合战线，先后派李大钊、陈独秀等同孙中山等国民党领导人会晤，商谈国共合作问题。孙中山决定实行联俄联共，并邀请共产党员帮助改组国民党。

7 月　彭湃在广东海丰成立第一个秘密农会。

8 月 9 日　陈独秀在上海寓所（环龙路铭德里 2 号）被法租界巡捕房逮捕。18 日，法租界当局判决罚陈独秀大洋 400 元，交保释放；查抄书籍、底稿全部销毁。

8 月 12 日　苏俄政府全权代表越飞率随员 24 人抵达北京，同北京政府谈判中俄建交问题。马林随即赴上海。

8 月 16 日　中国劳动组合书记部发布《劳动法大纲》，并动员全国工人广泛开展劳动立法运动。

8月23日　李大钊代表中国共产党在上海会见孙中山，讨论“振兴国民党以振兴中国之问题”。

8月29日—30日　中共中央执行委员会在杭州西湖举行全体会议。会议讨论共产党员加入国民党的问题。会议决定在国民党改组的条件下，共产党员以个人名义加入国民党。

9月4日　孙中山在上海召开改组国民党会议。陈独秀、张太雷、马林等应邀出席。

9月6日　中国社会主义青年团中央执行委员会据青年共产国际第二次代表大会关于共产党与青年团关系的决议发出第17号通告[①]。

9月13日　中共中央机关刊物《向导》周报在上海创刊。蔡和森任主编。1927年7月停刊，共发行201期。

9月14日—18日　安源路矿工人在湖南党组织的领导下举行罢工，取得重大胜利。

9月20日　陈独秀在《向导》第2期发表《造国论》。

9月27日　中华海员工人联合会总会上海支部（即上海海员工会）在百老汇路（今大名路）会所举行正式成立庆典。

9月28日　淞沪警察厅查封浦东纺织工会。

10月4日　浦东纺织工会、粤侨工界联合会、金银业工人俱乐部、中华全国工界协进会、上海职工俱乐部等20余团体开会讨论成立上海总工会等事宜。

10月7日　因业主拒绝承认金银业工人俱乐部的要求，银楼工人罢工。罢工坚持27天，部分经济要求得到满足。

10月18日　东南高等专科师范学校学生因对伙食不满而罢课。19日，该校学生自治会议决将校名改为上海大学。23日，上海大学召开成立大会。

10月23日　开滦煤矿工人在中国劳动组合书记部的领导下举行罢工。

① 标题为编者所加。

26日，反动军警开枪打死打伤工人60余人，造成流血惨案。

10月29日　女权同盟会上海支部在江苏省教育会召开成立大会，400余人出席，章太炎、邵力子、陈望道等到会演说。

10月　中共中央机关从上海迁到北京。陈独秀离沪赴京，筹组中共出席共产国际第四次代表大会的代表团，张国焘代理中央局书记。

11月5日—12月5日　共产国际第四次代表大会召开。中国共产党代表团由陈独秀（代表共产党组织）、刘仁静（代表青年团组织）、王均（京汉铁路工人，代表工人组织）三人组成。

11月15日　孙中山召集会议，审议中国国民党改进案。

12月5日　共产国际第四次代表大会通过决议《中国共产党的任务》。提出中国共产党要以在民主基础上实现中国统一的倡导者的身份开展活动，应该将自己的主要注意力用于组织工人群众、成立工会和建立坚强的群众性共产党方面。

12月16日　孙中山召集国民党各省代表65人开会，审查中国国民党改进案宣言以及党纲党章。

12月　中共中央制定《对于目前实际问题的计划》，指出：在中国工人阶级中，铁路工人、海员、矿工是“三个有力的分子”，在全国总工会成立以前，要先成立这三个产业的联合组织，作为工会运动的中坚。

1923年

1月1日　广东海丰县农会成立，彭湃任会长。会员约十万人，占海丰全县人口的四分之一。

同日　孙中山在上海发表《中国国民党宣言》，提出国家建设计划及斗争方针，并对三民主义作了某些新的解释。

1月12日　共产国际执委会通过《关于中国共产党与国民党的关系问题的决议》。决议指出国共合作是必要的。“但是共产党绝对不能与它合并，也绝不能在这些运动中卷起自己原来的旗帜”。

1月26日　《孙文越飞[①]联合宣言》在上海发表。

2月1日　在中国共产党领导下，京汉铁路总工会成立大会在郑州召开。4日，京汉铁路总工会宣布京汉铁路总同盟大罢工。7日，在帝国主义支持下，吴佩孚调动军警在京汉铁路沿线对工人进行血腥镇压，杀害罢工领导人共产党员林祥谦、施洋，制造了流血惨案。

2月中旬　中共中央在北京召开会议，听取张国焘关于“二七工潮”的报告。鉴于二七惨案后北方白色恐怖严重，根据共产国际代表马林建议，中共中央机关迁回上海，并派张国焘赴共产国际报告“二七大罢工”经过。

2月26日　位于上海肇嘉路（今复兴东路）兰发里8号的《向导》发行处被查封。

2月27日　陈独秀在《向导》第20期发表《统一的国民运动》一文。文章指出：散漫的各个争斗是不济事的，必须是各阶级各部分争自由争民权的各种势力，在一个统一的目标之下集中起来，成功一个有组织的广大的国民运动，才有充分反抗军阀的力量。

同日　中共中央发布《中国共产党为吴佩孚惨杀京汉路工告工人阶级与国民》，号召全国人民和工人阶级团结起来，打倒压迫和残杀工人的军阀，为自由而奋斗。

2月　京汉铁路总工会与湖北全省工团联合会在上海设立驻沪办事处。任务是宣布军阀压迫惨杀工人的真相，联合各界同胞向军阀总进攻。

3月3日　共产国际执委会发表《就京汉铁路罢工工人流血事件告中国铁路工人书》。

3月15日　全国学生联合会第四次代表大会在上海举行。会议通过《全国学生总会对于现时政治态度建议案》等文件。

4月18日　陈独秀在《向导》第21期发表《怎么打倒军阀》一文。

4月25日　陈独秀在《向导》第22期发表《资产阶级的革命与革命

---

①　越飞，苏俄驻华全权外交代表。

的资产阶级》一文。

5月2日　蔡和森在《向导》第23期发表《中国革命运动与国际关系》一文。

5月24日　共产国际执委会作出《对中共三大的指示》。指示共13条，改变了1月决议对中国工人阶级力量估计不足的缺点，明确提出中国无产阶级在民主革命中的领导权和农民土地革命的问题。

5月　中共中央由上海迁往广州。

5月　马林由上海到广州，指导筹备中国共产党第三次全国代表大会。

参考文献

B

《包惠僧回忆录》，人民出版社，1983 年。

C

《陈独秀文集》第 2 卷，人民出版社，2013 年。

《蔡和森文集》下，人民出版社，2013 年。

蔡文华:《中共二大与党内民主发展的探索》,《上海党史与党建》2012 年第 5 期。

陈文联:《冲决男权传统的罗网——五四时期妇女解放思潮研究》，中南大学出版社，2003 年。

陈章干:《对评价我党“二大”的民主革命纲领的一点看法》,《厦门大学学报》(哲学社会科学版) 1984 年第 2 期。

D

董令仪:《从工人运动到国民革命——论党的工作中心的第一次转变》,《山东师大学报》(社会科学版) 1988 年第 3 期。

丁守和:《中华文化辞典》，广东人民出版社，1989 年。

《党史资料》丛刊，1982 年第 1 期。

丁卫平:《关于新民主主义革命最低纲领若干问题的探讨——兼与马连儒先生商榷》,《中共党史研究》2005 年第 3 期。

丁言模，刘小中：《瞿秋白年谱详编》，中央文献出版社，2008 年。

《邓中夏文集》，人民出版社，1983 年。

《党章知识辞典》编委会：《党章知识辞典》，中共中央党校出版社，1996 年。

F

方宁：《中共二大党外合作统战观的确立、转变及其评析》，《上海党史与党建》2007 年第 7 期。

范平、姚桓：《中国共产党历届党章简介（上）》，《党校教学》1985 年第 1 期。

冯资荣、何培香编著：《邓中夏年谱》，中国文史出版社，2014 年。

G

谷安林主编：《中国共产党历史组织机构辞典》，中共党史出版社、党建读物出版社，2019 年。

《共产党》月刊第 3 号，1921 年 4 月 7 日。

《共产主义运动在中国》，中国社会科学出版社，1982 年。

管怀伦：《集中制是中共“二大”、“三大”、“四大”的组织制度》，《江苏社会科学》2009 年第 5 期。

《高君宇文集》，人民出版社，2011 年。

共青团中央青运史档案馆：《历史的轨迹——中国共产主义青年团 90 年》，重庆出版社，2012 年。

高万娥：《为有牺牲多壮志：武汉红色文化故事》，长江出版社，2019 年。

顾秀莲：《20 世纪中国妇女运动史》，中国妇女出版社，2008 年。

H

鹤：《说明本校工作底内容》，《妇女声》第 6 期，1922 年 3 月 5 日。

何干之遗著，刘炼整理修订:《中国民主革命时期的资产阶级》，上海人民出版社，1980 年。

韩贺南:《阶级、性别与民族关系交融的多重身份——中国共产党第二次全国代表大会对妇女的阶级分析》,《华南师范大学学报》(社会科学版)2009 年第 6 期。

韩贺南:《阶级与性别的“联盟”——中共首部妇女运动决议及相关文献研究》,《党的文献》2011 年第 1 期。

何民胜编著:《施复亮年谱》，商务印书馆，2019 年。

会悟:《入平民女学上课一星期之感想》,《妇女声》第 6 期，1922 年 3 月 5 日。

黄伟力:《中共二大对党的政治建设的历史贡献》,《上海交通大学学报》(哲学社会科学版)2021 年第 1 期。

韩信夫、姜克夫主编:《中华民国史大事记》第 3 卷(1922—1924),中华书局，2011 年。

黄修荣:《共产国际与中国革命关系史》(上、下两册)，中共中央党校出版社，1989 年。

黄修荣、黄黎:《共产国际、联共(布)视角下的中国革命》，河北教育出版社，2020 年。

黄修荣:《共产国际和第一次国共合作的形成》,《江汉论坛》1983 年第 1 期。

黄小同主编:《中国共产党历史重要文献辞典》，中共党史出版社、党建读物出版社，2019 年。

胡献忠:《从早期青年团的创建及活动看党团关系的雏形》,《上海革命史资料与研究》2011 年。

胡艳辉、唐振南、王国宇:《中国共产党与中国农民》第 1 卷，湖南人民出版社，2002 年。

何益忠:《论“二大”至“六大”期间中共对苏共党章的“移植”》,《海南大学学报》(人文社会科学版)2011 年 4 月第 29 卷第 2 期。

何益忠:《中共创建时期“民主集中制”考》,《党的文献》2012年第1期。

J

金冲及:《二十世纪中国史纲 增订版》第1卷,生活·读书·新知三联书店,2021年。

姜华宣:《党的民主革命纲领的提出和国共合作策略确立的几个问题》,《近代史研究》1985年第2期。

K

康文龙:《列宁主义在中国早期传播史料长编》(1917—1927)(上中下),武汉大学出版社,2019年。

L

罗重一主编:《共产国际与广州国民政府关系史》,中国社会科学出版社,2013年。

《李达文集》第1卷,人民出版社,1980年。

乐基伟、朱翊:《党的一切运动都必须深入到广大群众中去——中共二大对党组织建设的探索及启示》,《上海革命史资料与研究》2007年。

李黎明、金铁锋:《出席中共二大的代表为13名》,《上海革命史资料与研究》第8辑2008年。

陆米强:《试述中共二大提出民主革命纲领的背景与意义》,《上海革命史资料与研究》2002年。

李蓉:《中共二大轶事》,人民出版社,2015年。

李蓉、叶成林:《中共二大与党的群众工作》,《中国井冈山干部学院学报》2013年第3期。

罗伟虹:《中国基督教(新教)史》,上海人民出版社,2016年。

李新主编:《中国新民主主义革命时期通史》第1卷,人民出版社,

1962 年。

龙新民主编：《中国共产党历史重要事件辞典》，中共党史出版社、党建读物出版社，2019 年。

李颖：《陈独秀与共产国际》，湖南人民出版社，2005 年。

李颖：《陈独秀与共产国际》，上海人民出版社，2019 年。

李颖：《陈独秀赴俄出席共产国际四大解析——在俄罗斯发现的陈独秀的两篇报告》，《中共党史研究》2005 年第 3 期。

李玉贞：《国民党与共产国际》（1919—1927），人民出版社，2012 年。

李玉贞主编：《马林与第一次国共合作》，光明日报出版社，1989 年。

李忠杰：《领航——从一大到十九大》，人民出版社，2017 年。

李忠杰：《从党的奋斗历程中汲取智慧和力量——纪念中共二大召开 90 周年》，《光明日报》2012 年 7 月 16 日。

李忠杰、段东升：《中国共产党第一次全国代表大会档案文献选编》，中共党史出版社，2015 年。

M

［美］埃德加·斯诺著，董乐山译：《西行漫记》，东方出版社，2010 年。

马建萍：《试析陈独秀思想与中共二大纲领之关系》，《上海革命史资料与研究》2002 年。

马连儒：《陈独秀思想论稿》，人民出版社，2010 年。

马连儒：《究竟应该如何评价党的二大——与丁卫平商榷》，《中共党史研究》2007 年第 4 期。

《毛泽东自述》，人民出版社，1933 年。

《毛泽东文集》第 2 卷，人民出版社，1993 年。

《毛泽东选集》第 3 卷，人民出版社，1991 年。

马振犊、唐启华、蒋耕：《中华民国专题史第三卷：北京政府时期的政治与外交》，南京大学出版社，2015 年。

N

倪兴祥:《中国共产党创建史辞典》，上海人民出版社，2006 年。

R

［日］石川祯浩著，袁广泉译:《中国近代历史的表与里》，北京大学出版社，2015 年。

［日］石川祯浩著，乔君译:《关于中国共产党第二次代表大会——历史上是如何记述的》,《中共党史资料》2006 年第 1 期。

任伟、王云飞:《纪念中共二大召开九十周年学术研讨会综述》,《中共党史研究》2012 年第 9 期。

任武雄:《党的二大——第一次从国情出发制定伟大的革命纲领》,《上海党史与党建》2002 年 7 月号。

S

［苏］C. A. 达林著，侯均初等译:《中国回忆录 1921—1927》，中国社会科学出版社，1981 年。

沙海林、马俊生:《光荣的城市 统战的摇篮 统一战线“法宝”在上海熠熠生辉》,《上海党史与党建》2020 年第 8 期。

上海市档案馆:《党在这里诞生——中共一大会址、上海革命遗址调查记录》，东方出版中心，2020 年。

孙武霞，许俊基:《共产国际与中国革命资料选辑》(1919—1924)，人民出版社，1985 年。

邵雍:《中共二大“民主的联合战线”的由来》,《上海师范大学学报》(哲学社会科学版)2011 年第 4 期。

邵雍:《“民主的联合战线”的提出与转变》,《江西师范大学学报》(哲学社会科学版)2013 第 1 期。

沈志华主编:《中苏关系史纲：1917—1991 年中苏关系若干问题再探

讨（第三版）》上，社会科学文献出版社，2016 年。

孙中山著，郝盛潮主编：《孙中山集外集补编》，上海人民出版社，1994 年。

T

《谭平山文集》，人民出版社，1986 年。

田子渝等：《1921—1922 年：中国共产党人对中国社会、革命认识的飞跃》，《湖北大学学报（哲学社会科学版）》2012 年第 4 期。

田子渝、杨荣：《列宁民族殖民地问题的理论传入我国的时间与最初影响》，《江汉论坛》2010 年第 8 期。

汤兆云：《中共二大：马克思主义中国化的肇始》，《党的文献》2013 年第 2 期。

W

王贵秀：《民主集中制的由来与含义新探》，《理论前沿》2002 年第 8 期。

王光远：《陈独秀年谱》，重庆出版社，1987 年。

王炯华：《李达评传》，人民出版社，2004 年。

王健英：《民主革命时期中共历届中央领导集体述评》上册，中共党史出版社，2007 年。

王健英：《中共二大及其后的中央机关》，《上海党史与党建》2003 年第 4 期。

王萌萌：《铿锵序曲——中国劳动组合书记部》，上海人民出版社，2019 年。

王先俊：《中共二大与马克思主义中国化》，《北京航空航天大学学报》（社会科学版）2013 年第 1 期。

王志民：《山东重要历史人物》第 5 卷，山东人民出版社，2009 年。

王志明：《中共二大代表考证》，《中共党史研究》2011 年第 9 期。

X

徐方平、曾银慧:《中共二大：早期马克思主义中国化的历史起点》,《湖北大学学报》(哲学社会科学版) 2014 年第 2 期。

向警予:《中国妇女运动》,《前锋》第 1 期，1923 年 7 月 1 日。

向警予:《女子解放与改造的商榷》,《少年中国》1920 年第 2 卷第 2 期。

《新青年》第 9 卷第 4 号，1921 年 8 月 1 日。

《先驱》第 4 号，1922 年 3 月 15 日。

《先驱》第 5 号，1922 年 4 月 1 日。

《先驱》第 8 号，1922 年 5 月 15 日。

肖甡:《中共党史百人百事 第 2 版》上，上海人民出版社，2011 年。

肖甡:《论中共二大的重大成就及其历史地位》,《湖北大学学报》(哲学社会科学版) 2012 年第 4 期。

肖甡、姜华宣:《第一次国共合作统一战线的形成》,《历史研究》1981 年第 2 期。

熊杏林:《中国共产党创建时期马克思主义与中国工人运动相结合的道路》,《湘潭大学学报》(社会科学版) 1993 年第 2 期。

肖扬:《中国妇女运动百年简史》上，中国妇女出版社，2009 年。

徐云根:《中共二大与共产国际关系辨析》,《上海党史与党建》2012 年第 7 期。

夏燕月:《党的二大与中国工人运动第一次高潮》,《上海革命史资料与研究》2012 年。

Y

杨奎松:《国民党的“联共”与“反共”》上，广西师范大学出版社，2016 年。

杨奎松:《中间地带的革命：国际大背景下看中共成功之道》，山西人民出版社，2020年。

杨若云:《1921—1927年共产国际和中国革命关系的若干研究课题》，《教学与研究》1985年第3期。

杨晔:《中共二大代表名单研究述评》,《上海党史与党建》2012年第7期。

姚宏志:《新世纪以来中共二大研究述评》,《中共党史研究》2014年第7期。

杨振武、周和平主编:《红色起点——中国共产主义运动早期稀见文献汇刊》25《向导》(一至八十期)，中西书局，2012年。

Z

曾成贵:《锤头镰刀旗下——中共建党之路与共产国际》，福建人民出版社、海峡出版发行集团，2017年。

中国大百科全书总编辑委员会、《新闻出版》编辑委员会、中国大百科全书出版社编辑部:《中国大百科全书 新闻出版》，中国大百科全书出版社，1990年。

《中国共产党简史》编写组编著:《中国共产党简史》，人民出版社、中共党史出版社，2021年。

中国李大钊研究会:《李大钊文集》第4卷，人民出版社，1999年。

中国李大钊研究会:《李大钊全集》第4卷，人民出版社，2013年。

中国社会科学院近代史研究所现代史研究室编:《“二大”和“三大” 中国共产党第二、三次代表大会资料选编》，中国社会科学出版社，1985年。

中国社会科学院现代史研究室、中国革命博物馆党史研究室:《“一大”前后 中国共产党第一次全国代表大会前后资料选编》(二)，人民出版社，1980年。

中国社会科学院马列所、近代史研究所编:《马林与第一次国共合作》，光明日报出版社，1989年。

《中国社会主义青年团一大及其筹备会议和第一届团中央执委会会议记录》，《党的文献》2012 年第 1 期。

钟恭line、高志菲、闫永飞：《创生 1921—1925：从中国劳动组合书记部到中华全国总工会》，中国工人出版社，2020 年。

中共上海市委党史研究室编：《中国共产党上海史》（1920—1949）上、下册，上海人民出版社，1999 年。

中共上海市委党史研究室：《1921—1933：中共中央在上海》，中共党史出版社，2006 年。

中共上海市委党史研究室编：《上海党史资料汇编》第一编 建党和大革命时期，上海书店出版社，2018 年。

中共上海市委党史研究室、中共二大会址纪念馆编：《腾蛟起凤——中共二大历史影像图录》，上海锦绣文章出版社，2013 年。

中共上海市委党史研究室、中国社会主义青年团机关旧址纪念馆编：《觉悟渔阳里——上海社会主义青年团创建史料选辑 1919.5—1922.5》，上海人民出版社，2017 年。

张国焘：《我的回忆》第 1 册，东方出版社，1980 年。

张国焘：《我的回忆》上，东方出版社，2004 年。

张国新：《对中国共产主义青年团名称变更的思考》，《毛泽东思想研究》2003 年第 1 期。

中共一大会址纪念馆、上海革命历史博物馆筹备处编：《上海革命史资料与研究》第 7 辑，上海古籍出版社，2007 年。

中共一大会址纪念馆编：《中共首次亮相国际政治舞台》，上海人民出版社，2016 年。

中共一大会址纪念馆编：《中国共产党创建史研究》，上海人民出版社，2012 年。

中共中央党史研究室第一部译：《共产国际、联共（布）与中国革命档案资料丛书》，北京图书馆出版社，1997 年。

中共中央党史研究室第一研究部译：《联共（布）、共产国际与中国国民革命运动》(1920—1925)第1卷，中共党史出版社，2020年。

中共中央党史研究室第一研究部译：《联共(布)、共产国际与中国国民革命运动》(1917—1925)第2卷，中共党史出版社，2020年。

中共中央党史研究室、中央档案馆编：《中国共产党第一次全国代表大会档案文献选编》，中共党史出版社，2015年。

中共中央党史研究室、中央档案馆编：《中国共产党第二次全国代表大会档案文献选编》，中共党史出版社，2014年。

中共中央党史研究室、中央档案馆编：《中国共产党第三次全国代表大会档案文献选编》，中共党史出版社，2014年。

中共中央党史研究室编：《中共党史资料》第38辑，中共党史出版社，1991年。

中共中央党史研究室：《中国共产党历史》第一卷(1921—1949)上册，中共党史出版社，2002年。

中共中央党史研究室：《中国共产党的九十年》新民主主义革命时期，中共党史出版社、党建读物出版社，2016年。

中共中央党史研究室第一研究部编著：《中国共产党第一至第六次全国代表大会代表名录(增订本)》，中共党史出版社，2014年。

中共中央党史和文献研究院：《中国共产党一百年大事记》，人民出版社，2021年。

《中共中央关于党的百年奋斗重大成就和历史经验的决议》，人民出版社，2021年。

中共中央马克思恩格斯列宁斯大林著作编译局：《列宁选集》第3卷，人民出版社，2012年。

中共中央马克思恩格斯列宁斯大林著作编译局：《列宁选集》第4卷，人民出版社，2012年。

中共中央文献研究室、中央档案馆编：《建党以来重要文献选编(1921—1949)》第1册、第16册，中央文献出版社，2011年。

中共中央组织部、中共中央党史研究室、中央档案馆编：《中国共产党组织史资料》第1卷 党的创建和大革命时期（1921.7—1927.7），中共党史出版社，2000年。

朱洪:《中共二大：陈独秀应对马林和共产国际的一次紧急会议》，《党的文献》2012年第1期。

朱汉国、杨维真、林辉峰等:《中华民国专题史第四卷：国民革命与北伐战争》，南京大学出版社，2015年。

中华全国总工会:《中国工会百科全书》上卷，经济管理出版社，1998年。

中华全国总工会:《中国工会百科全书》下卷，经济管理出版社，1998年。

张静如:《党的新民主主义革命基本思想形成之史的考察》，《教学与研究》1980年第6期。

曾景忠:《中共"二大"是党的创建任务完成的界碑》，《中国延安干部学院学报》2013年。

张启华主编:《中国共产党历史重要会议辞典》，中共党史出版社、党建读物出版社，2019年。

曾庆榴:《国民革命与广州》，广州出版社，2011年。

周霜梅、刘明钢:《关于中共二大代表的考辨》，《光明日报》2012年7月19日。

周霜梅、刘明钢:《中共二大代表"尚有一人无法确定"之谜》，《北京日报》2013年3月11日。

张天行:《二大思潮鼎立格局的形成 五四后期的思想文化论战》，百花洲文艺出版社，2008年。

张同新:《中国国民党史纲》上册，人民出版社，2011年。

张晓燕:《中国共产党历次党章修改的启示》，《中共中央党校学报》2001年第1期。

张云:《论中共二大党的指导思想的创新》，《文汇报》2012年7月16日。

朱翊:《“群众党”的当代意蕴——从党的二大“要组成一个大的群众党”说开去》,《上海党史与党建》2012 年第 9 期。

中央档案馆:《中共中央文件选集》第 1 册(1921—1925),中共中央党校出版社,1989 年。

中央团校青运史编:《中国新民主主义革命时期青年运动简史》,中央团校青运史研究室印,1982 年。

政治学院党史研究室:《中共党史教学参考资料》第 12 册。

后　记

适逢伟大的时代，迎来党史研究前所未有的机遇。为向党的二十大献礼，并推动党史研究不断向深度、广度发展，中共党史出版社组织出版《中国共产党历次代表大会史丛书》，中共上海市静安区委党史研究室承担《中共二大史》的编写工作。中共二大是党的历史上一次重要的会议。它第一次将党在民主革命中要实现的目标同将来进行社会主义革命要实现的长远目标结合起来，不仅提出反对帝国主义、反对封建主义的民主革命任务，并指出要通过民主革命进一步创造条件，实现社会主义和共产主义。这是中国共产党人对中国国情和中国革命问题认识的一次深化，是党把马克思主义基本原理同中国革命实际相结合的一个重要成果。

习近平总书记深刻指出："以史为鉴，可以知兴替。我们要用历史映照现实、远观未来，从中国共产党的百年奋斗中看清楚过去我们为什么能够成功、弄明白未来我们怎样才能继续成功，从而在新的征程上更加坚定、更加自觉地牢记初心使命、开创美好未来。"为了重温中共二大召开前后的历史，我们坚持以尊重史实为原则，经过近半年的努力，在广泛收集资料的基础上，认真考证、核准史实、梳理脉络、厘清观点，数易其稿，终于完成了本书的编写工作。本书从策划到编写出版，得到了中共党史出版社的大力支持，本书的政治站位、框架结构、重大史实方面得到了原中共中央党史研究室研究一部副主任李蓉研究员、中共上海市委党史研究室严爱云主任的悉心指导，中共上海市委党史研究室研究一处处长吴海勇对本书的逻辑体系、内容框架提出了宝贵建议。此外，本书在编写过程中还吸收了党史学界前人的研究成果。在此，谨向所有为本书编写和出版给予支持和帮助的同志表示衷心的感谢。

本书执笔人分别为：郭晓静、化燕楠（序言）、化燕楠（从一大到二大、二大的筹备与召开、附录）、李烨洁（二大的主要会议成果、二大以后）、强成文（中共二大在新民主主义革命中的地位作用、二大研究评述）。全部书稿由吴海勇、郭晓静、化燕楠统改。林捷对书稿审定。

由于历史的原因，关于中共二大的相关史料留存较少，对于大会的筹备工作、会议地点、会议代表、会议相关报告等问题还有待发现新的史料后一步研究。在掌握史料和编著者研究水平所限，书中疏漏与不足在所难免，敬请专家学者和广大读者批评指正。

2022 年 2 月